인물로 만나는
라이벌 한국사

우리 역사를 바꾼 숙명의 라이벌 28인의 이야기

김갑동 지음

—— 인물로 만나는 ——

라이벌 한국사

삼국시대부터 현대사까지 지모와 책략을 배우다

애플북스

살아가는 동안 우리는 매 순간 선택의 기로에 선다. 물건 하나를 고르는 것부터 직장, 집 등을 정할 때도 선택은 피할 수 없으며 친구나 배우자, 각종 선거에서처럼 사람을 선택해야 하기도 한다. 그뿐인가. 몇시에 일어날지, 버스를 탈지 택시를 탈지, 각각의 상황에서 어떤 행동을 취할지 등 우리의 삶은 매 순간이 선택으로 이루어진다고 해도 과언이 아니다. 때로 그 선택은 삶을 완전히 다른 방향으로 이끌기도 한다. 즉 순간의 선택이 평생을 좌우하는 것이다.

개인의 삶이 그러할진대 사회나 국가의 지도자들이 맞닥뜨리는 선택의 순간은 어떻겠는가. 당연히 그들은 그 선택의 무게를 알고 책임감을 느껴야 한다. 자신들이 어떤 길을 택하느냐에 따라 본인의 삶은 물론 구성원들의 삶에까지 영향을 미치기 때문이다. 다시 말해 그들은 일반인보다 이념이나 정책, 행동을 선택하는 데 신중해야 한다. 특권은 언제나 그에 맞는 책임을 요구하기 마련이다.

이러한 선택의 중요성은 역사 속에서도 얼마든지 확인할 수 있다. 지도자의 잘못된 선택 때문에 많은 국민이 고통을 받기도 했고 반대로 현명한 선택 덕분에 역사는 값진 진전을 보이기도 했다. 개인의 선택이 역사를 전쟁과 평화, 분열과 화합, 분단과 통합의 경계를 넘나들게 한 것이다. 이러한 특성은 서로 다른 선택을 한 역사 속 라이벌들에게서 더욱 극명하게 확인된다. 가령 오늘날에도 끊임없는 대척점이 되는 보수와 개혁의 선택 사이에서 서로 다른 길을 택한 지도자들이 그 선택의 결과 어떤 길을 가게 되었으며, 나라에는 어떠한 영향을 미쳤는지 생각해보라. 싸울 것인가 협력할 것인가, 지킬 것인가 버릴 것인가……. 이 책은 이렇듯 역사 속 다양한 라이벌들의 서로 다른 선택과 그 결과를 이야기하고자 한다.

인류가 존재하는 한 역사는 영원히 진행형이다. 그리고 신기하게도 역사는 유행의 '복고' 성향처럼 되풀이되는 양상을 보여준다. 똑같지는 않더라도 과거의 어느 시기와 비슷한 상황이 연출되며, 그럴 때 우리는 역사 속에서 현재의 선택에 대한 조언을 얻거나 미래를 예측해볼 수 있다. 선택의 기로에 선 오늘날의 지도자들은 자신과 비슷한 상황에서 과거의 지도자들이 어떤 선택을 했는지를 살피고 현재의 상황에 맞는 최선의 선택을 위해 고민한다. 국민 역시 어떤 지도자를 선택해야 하며 그들의 선택을 어떻게 바라볼 것인지 심각하게 고민한다.

특히 과거와 달리 민주주의와 다수결이 정착된 오늘날에는 한 사람의 지도자가 모든 결정을 내리지도, 나라의 운명이 그에 좌우되지도 않는다. 각종 선거와 제도는 국가의 선택에 여론이 적극 참여하게 보장한다. 국가의 운명을 결정하는 선택에 대한 고민에서 우리는 더 이상 소극적일 수 없는 것이다. 광화문 촛불 시위, 각종 토론 프로그램, 국가 대소사가 있을 때마다 인터넷을 뜨겁게 달구는 네티즌들의 설전에서 우리는 이미 주인공이다. 따라서 역사 속 선택의 순간에서 우리는 지금보다 더 고민하고 책임감을 느껴야 하며 그 정도는 갈수록 더해질 것이다.

　이 책은 그러한 고민에 조금이라도 보탬이 되기를 바라는 마음으로 시작되었다. 각각의 지도자들은 왜 그런 선택을 해야 했을까, 왜 같은 시대에 살면서도 극명하게 다른 길은 선택했을까, 그것은 과연 잘한 선택이었는가, 그 선택의 결과가 역사의 진전에 얼마나 기여했는가, 오늘날의 우리는 그 속에서 어떤 점을 배워야 할 것인가. 이에 대한 견해와 평가를 독자들과 함께 나누고자 한 것이다. 필자 나름의 평가와 견해를 이야기하지만 그것이 꼭 옳다고 고집하지는 않는다. 그것은 각자의 견해가 다를 수 있기 때문이다. 다만 역사의 진실은, 어떤 평가와 견해에 더 많은 사람이 동조하느냐에 따라 가려질 것이라 믿는다.

　이 책의 특징은 다음과 같다. 첫째는 사건과 인물의 순서를 시대순으로 배열하였다. 그것은 한국사의 흐름을 잘 파악할 수 있게 하기 위함이었다. 둘째는 각 장마다 〈생각해 보기〉 항목을 제시하여 자유로운 토론은 물론 스스로의 생각을 재정리하도록 하였다. 셋째는 참고 문헌을 제시하여 더 알고 싶은 독자의 길잡이 역할을 해줄 것이다.

　끝으로 이 책을 흔쾌히 출간해준 애플북스의 이범상 대표에게 감사드리며, 기획과 편집, 교정을 맡아준 편집부 직원들에게도 고맙다는 말을 전하고 싶다.

2025년 3월 금강이 바라다보이는 설원재에서

원오 김갑동

차례

1부 삼국시대부터 통일신라까지

2부 고려 전기부터 고려 후기까지

인물을 알면 역사가 보인다

과거를 넘어 미래로—역사의 현재성

역사란 단순한 사건의 나열이 아니다. 그렇다고 해서 그저 재미있는 옛날이야기의 모음인 것도 아니다. 그것은 우리가 처한 현실의 모순이 어디에 기원하며 이를 해결하려면 어떠한 태도를 지니고 행동해야 하는가를 탐구해보려 할 때 필요한 학문이다. 나아가 역사 연구는 과거의 기록을 넘어 바람직한 미래 사회의 실현과 연결되어야 한다. 즉 역사에는 언제나 현재성이 내재해 있다.

우리는 역사를 탐구하고 역사책을 읽으면서 역사적 사실을 이해한다. 단순한 기록만으로 어떻게 당시의 상황과 전개 과정 모두를 '이해'할 수 있는 것일까. 그것은 한마디로 '인간의 동질성' 때문일 것이다. 즉 인간의 모습은 각기 다르고 개인에 따라 또는 시대와 환경에 따라 감정 표현 방식도 다르겠지만 근본적으로 인간은 동질적이라는 것이다. 예컨대 이틀간 밥을 먹지 못했다면 과거의 인간이나 현재의 인간이나 똑같이 배가 고프다고 느끼지 않는가. 물론 그 표현 방식은 다를 수 있다. 밥을 달라고 소리를 지를 수도 있고 배가 고프지 않은 척 참고 있을 수도 있다. 똑같은 논리로 백성들이 지배자에게 억압과 착취를 당했을 때 그들은 불만을 가진다. 그것이 극에 달하면 결국 폭동이나 무력 항쟁이 벌어지는 것은 예나 지금이나 똑같다. 그렇기에 우리는 역사를 이해할 수 있고 나아가 거기서 교훈을 얻기도 한다. 또한 역사적인 한 인간의 생애를 기록으로 읽게 되면 우리는 그의 처지가 되어 '추체험追體驗'을 통해 그를 이해하고 그의 사상을 체득할 수 있다.

그러나 인간은 한 개체로서 의식의 독자성과 자율성을 가진다. 때문에 과거의 사건이나 인물을 완전히 이해하지는 못한다. 다시 말해 완전한 역사적 진실에는 도달할 수 없다. 근대 역사학의 아버지 랑케Leopold von Ranke의 말처럼 "그것이 본래 어떻게 존재했는가Wie es eigentlich gewesen ist"를 완전하게 그려내지 못한다는 것이다. 결국 역사가나 역사책을 읽는 독자는 항상 자신의 관점에서 과거의 역사적 사실을 이해하게 된다. 그러나 그 자신의 관점이란 자신의 독자적인 것이 아니라 그가 처한 사회적 현실이나 사회적 위치, 그리고 그가 속한 집단이나 정당 등의 영향을 받는다. 즉 인간은 누구나 '입장 구속성'을 가진다.

인식론적 측면에서 볼 때 이것은 주체主體를 강조하는 경우다. 아무리 객체客體가 객관적으로 존재한다 해도 그것을 인식하는 주체가 없으면 인식은 불가능하다. 마찬가지로 과거의 시간 속에 아무리 많은 역사적 사실이 묻혀 있을지라도 현재의 우리가 그것을 모른다면 그것은 무의미하다. 가령 역사 교육이 없어지고 과거에 대한 기록이 소멸되어 그 누구도 과거에 이순신이나 송시열 같은 인물이 있었음을 모른다든지, 임진왜란이나 동학혁명이라는 역사적 사건을 모른다고 해보자. 그때 역사는 그것이 있었다는 사실 외에 아무것도 아니다. 후대가 그것을 기억하고 현재와의 연결성을 인식할 때 역사는 비로소 의미를 띠고 존재하게 된다.

창밖의 아름다운 단풍나무는 우리가 있건 없건 언제나 객체로 그 자리에 존재한다. 그러나 우리가 그것을 보고 아름답다고 느낌으로써 그것은 의미를 가진다. 그런데 개인에 따라서는 그것을 아름답게 보지 않을 수도 있다. 예를 들어 가을이 되면 색깔이 변하는 나무는 지조가 없다며 사철 푸른 소나무를 더 아름답게 여기고 좋아할 수도 있다. 이 주체를 거울에 비유하면 거울이 평면거울이냐 볼록거울이냐 아니면 오목거울이냐에 따라서 상은 달리 나타나는 것이다. 이렇듯 우리가 역사를 이해할 때는 항상 그의 현재 시각과 처지가 반영되게 마련이다. 그래서 크로체Benedetto Croce는 "모든 진정한 역사는 현재의 역사"라고 했으며 카 E. H. Carr는 "역사란 과거와 현재 사이의 끊임없는 대화"라고 했다.

그렇다면 역사가는 어떤 입장에서 역사를 서술해야 하는가. 즉 어떤 당파나 어떤 계급의 시각에서 역사를 기술해야 하는가 하는 문제가 대두된다. 가장 바람직한 것은 특정 당파나 계급의 입장을 대변하지 않고 최대한 객관적인 입장에서 기술하는 것이다. 역사의 기본은 사실을 있는 그대로 "기술할 뿐이지 지어내는 것은 아니기述而不作"때문이다. 그러나 역사가도 인간인 이상 완전히 객관적일 수는 없다. 따라서 부득이하게 어떤 입장에서 역사를 써야 한다면 보다 많은 사람들의 이익을 대변하여 서술해야 한다고 말할 수 있다. 즉 지배자나 자본가와 같은 소수를 위해서가 아니라 민중의 시각에서 역사를 이야기해야 하는 것이다. 역사의 근본적인 목표는 헤겔G. W. F. Hegel이 말한 것처럼 보다 많은 사람들에게 행복과 자유를 가져다주는 것이기 때문이다.

그러나 여기에서 유의할 점이 있다. 지나치게 주체나 역사의 현재적

의미를 강조하면 역사적 사실을 왜곡하게 된다는 점이다. 예컨대 현대의 역사에서 민중의 역할이 중요한 것은 사실이다. 그렇지만 이러한 관점을 왕권이 강력했던 신라시대나 고려시대 등에 그대로 적용해 지나치게 민중의 역할을 강조하는 것은 곤란하다. 오히려 점차적인 민중의 역할 증대를 한국사의 발전 과정으로 보는 것이 올바른 시각일 것이다. 역사학의 본질은 과거의 사실을 바탕으로 해야 하기 때문이다.

또 하나 유의할 점은 역사가가 민중의 입장에서 역사를 기술하고 평가했다고 해서 그것을 완전한 진실로 생각해서는 안 된다는 점이다. 아무도 시간을 거슬러 과거로 가서 완전한 정답을 얻어 올 수는 없다. 때문에 같은 역사가끼리도 서로 다른 입장과 시각을 가진 견해 속에 부분적인 진실이 있음을 인정해야 한다. 그러기 위해서는 끊임없는 자기반성과 입장 전환이 필요하다.

역사 읽기와 '인지상정'―인물사 탐구의 장단점

역사를 공부하는 방법으로서 인물사 탐구는 흥미와 친근감을 준다는 장점이 있다. 과거를 살아간 인물의 생애와 활동이 현재 자신의 생과 비슷하리라 느끼기 때문이다. 과거의 인물도 살아가면서 가족 관계·교우 관계·이성 관계·사회관계 등을 겪었다. 그 속에서 그들이 어떻게 고민하고 대처했는가는 똑같은 처지를 살아가는 인간들에게 흥미와 친근감을 준다. 누구나 타인의 연애담, 모험담 등 살아가는 이야기에 흥미를 가지지 않는가. 이러한 과정에서 우리는 생활의 지혜와 교훈을 얻는다. 나아가 그들이 살던 집이나 성장한 지역, 그가 남긴 저작물, 묘소 등을 답사한다면 그 흥미와 친근감은 더해진다.

인물사 탐구의 두 번째 장점은 이를 통해 바람직한 인간관을 가질 수 있다는 점이다. 인류 역사나 문화 발전에 공헌한 사람들의 행동과 사상을 탐구해보고 역사 속 인물을 현재에 되살림으로써 자신이 되고 싶은 모습을 그려보고 올바른 인간관에 대한 안목과 능력을 가질 수 있다. 예컨대 왕건에게서는 바람직한 정치적 지도자상을, 김구에게서는 분단 체제를 극복하려 노력한 인물상을 습득할 수 있다.

세 번째로 인물사 탐구는 역사의 과학적 인식과 구조적 이해를 내세우는 사관에서 간과하기 쉬운 인간의 역할을 온전히 느낄 수 있게 한다. 사학계 일부에서 현재 행해지는 역사에 대한 사회 경제적·구조적 파악에 대한 경향은 역사를 체계적이고 집단적으로 이해하는 데 큰 공헌을 한 것이 사실이다. 그러나 한편으로는 역사를 집단화·구조화함으로써 역사 발전에 있어 인간 개개인의 책임과 역할을 소홀히 할 수 있는 단점을 가진다. 또한 모든 인간은 역사의 전개에 공동의 책임이 있지만 그가 처한 사회적 지위나 입장에 따라 책임이 같을 수는 없다. 예컨대 해외에서 구입한 고가의 보석을 몰래 들여오려던 한 시민과 상공부 장관이 각각 공항에서 적발되었다고 하자. 그것은 똑같은 행위지만 똑같은 비중으로 다룰 수는 없다. 그 행위가 미치는 파장과 그에 대한 책임이 다르기 때문이다. 즉 인물사 탐구는 역사의 구조적 파악 방식이 간과하기 쉬운 인간의 역할을 앎으로써 인간 개개인뿐 아니라 각 방면의 지도자들에게 경각심과 아울러 역사에 대한 책임 의식을 갖게 하는 데 효과적이다.

이렇게 많은 장점을 가진 인물사 탐구에도 단점은 있다. 그것은 잘못하면 한 시대의 역사가 몇몇 인물에 의해 주도된 듯한 인식을 심어줄 수 있다는 점이다. 예컨대 임진왜란 하면 우리는 이순신을 떠올리고 신라의 삼국 통일 하면 김유신을 떠올리지 않는가. 그것은 지금까지 그들을 지나치게 영웅시하여 결점이 전혀 없는 인간으로 신성시한 경향에서 비롯된 것이기도 하다. 몇몇 인물이 역사의 전개에 많은 영향을 미쳤다고 해서 그들이 역사를 좌우한 것으로 생각하면 곤란하다. 그들의 행동이나 업적은 당시의 시대 상황 때문에 가능했으며 또한 그 속에서 살아간 민중의 희생이나 역할이 있었기에 가능한 일이었다. 이러한 문제점을 극복하기 위해서는 인물에 주목하기 이전에 당시의 시대 상황과 당면 과제를 살펴보아야 한다. 그리고 그 인물들의 결점이라 할 수 있는 부분도 지적할 필요가 있다.

요컨대 인물사 탐구는 다른 많은 민중의 역할을 간과할 수 있는 약점이 있지만 올바른 인간관을 배양하고 바람직한 지도자상을 형성하는 데 매우 효과적이다. 더욱이 그들도 우리와 똑같이 한 생을 살아갔다는 측면에서 흥미와 친근함을 제공한다는 장점이 있다.

이 책에서는 우리의 역사를 인물사 연구의 방법으로 살펴볼 것이다. 우선 시대별 상황을 제시함으로써 각 인물 행동과 역사의 전개를 균형 잡힌 시각으로 이해하게 한 뒤, 역사의 중요한 전환점을 만든 인물들의 활약과 사상, 그들의 라이벌들이 선택한 길과 후대의 평가 등을 이야기할 것이다. 부디 이 책을 읽는 독자들이 역사의 사건뿐만 아니라 그러한 역사를 이끌어간 우리 '인간'을 바라보는 올바른 판단력과 시각을 갖기를 바란다.

삼국시대부터

1부

통일신라까지

1장

큰 적을 잊고
눈앞의 복수전에
급급하니

◆

삼국의 대립과 성왕 vs 진흥왕

1 고구려와 백제의 쟁패 상황

같은 뿌리에서 갈라져 나온 두 국가

우리 역사에서 삼국시대는 고구려·백제·신라가 서로 경쟁을 벌인 시대다. 삼국은 때로는 협조 관계를 유지했지만 대부분 끊임없이 상쟁을 벌였다. 특히 4세기에는 고구려와 백제의 대립이 심각했다. 그런데 사실 이들은 같은 뿌리에서 갈라져 나온 국가로, 둘 다 부여족에 연원을 두고 있다.

우선 고구려는 기원전 37년 부여에서 남하한 고주몽이 건국했다고 기록에 전한다. 《삼국사기》나 《삼국유사》 등을 보면 고구려의 건국자 고주몽은 유화부인의 몸에서 태어난 것으로 되어 있다. 하백의 딸 유화부인이 천제의 아들 해모수와 사통한 죄로 우발수라는 시냇가로 추방되었다. 유화부인은 북부여의 왕이던 금와에게 발견되어 궁중으로 오게 되었다. 이곳에서 유화부인은 햇빛을 몸에 받고 알을 낳았는데 거기서 고주몽이 태어났다. 그는 활을 잘 쏘았을 뿐 아니라 재능도 뛰어나

부여의 왕자들이 그를 매우 시기했다. 이 때문에 해를 당할 것을 염려한 어머니의 권고로 고주몽은 남쪽으로 망명해 압록강의 지류인 퉁자강佳江 유역의 홀본忽本(현재 중국 랴오닝성의 환런桓仁으로 추측) 지역에 이르러 도읍했다. 이가 곧 고구려였는데 졸본부여라고도 했다. 북부여의 한 일파였기 때문이다.

물론 고구려가 건국된 압록강 중류 유역에는 이미 기원전 4세기경부터 예맥족이 자리하고 있었다. 따라서 이 주몽 집단은 선주민들과의 적당한 타협과 협조로 고구려를 건국했다고 볼 수 있다. 고구려의 중심 세력은 주몽 집단이라 여겨지는 계루부를 비롯한 연노부·절노부·순노부·관노부의 5부족이었다.

백제 역시 부여족의 일파다. 《삼국사기》의 기록에 의하면 백제의 건국자 온조는 고주몽의 서자다. 주몽은 북부여에서 도망하여 졸본부여에 이르렀는데 졸본부여의 왕은 그가 범상치 않은 인물임을 알고 둘째 딸을 아내로 맞게 했다. 왕이 죽자 그는 선왕의 사위 자격으로 왕위에 올랐고 여기서 비류와 온조 두 아들을 낳았다. 그러나 얼마 지나지 않아 부여에서 주몽의 전처 소생인 아들이 찾아왔다. 그러자 자신들이 왕위를 물려받지 못할 것이라 짐작한 온조는 형 비류와 함께 남쪽으로 내려와 한강 유역에 나라를 세웠다(기원전 18년). 이것이 모태가 되어 백제가 탄생했다. 비류는 미추홀(인천)에 나라를 세우고 온조는 하남 위례성에 도읍해 국호를 십제十濟라 했는데, 후일 국가 경영에 실패한 비류 세력이 온조에게 합세함으로써 백제가 되었다는 것이다. 물론 같은 기록에는 백제의 건국자가 비류라는 설도 소개되어 있어 혼란을 주지만, 백제 건국의 주체 세력이 부여족 계통의 고구려 유이민이었다는 것은 변함없다. 즉 백제는 고구려와 밀접한 관계에 있던 어느 족단이 한강 유역에서 세력을 넓혀 이웃의 소국을 정복하면서 성립된 국가다.

그러나 정치나 국가 간의 경쟁에서 동족이란 요인은 별것이 아니다. 부자나 형제간이라도 언제든지 적이 될 수 있다. 이들 양 국가가 성장하면서 세력 확장을 위한 경쟁은 피할 수 없는 것이었다.

고구려의 지나친 팽창 정책, 백제에 발목 잡히다

고구려는 1세기 초에 이르러 강력한 군사력을 바탕으로 사방으로 영토를 개척하려 했다. 이러한 팽창 정책에서 중국과의 충돌은 피할 수 없는 일이었다. 왕망이 세운 신新나라와의 충돌도 그 때문이었다. 왕망은 신에 반발해 반란을 일으킨 흉노를 토벌하는 데 고구려군을 동원시켰다. 그러나 마지못해 출동한 고구려군은 모두 도망해 오히려 현도군의 변경을 공격했다. 이에 분개한 왕망은 고구려를 '하구려下句麗'라 멸시하기까지 했다.

이러한 중국과의 충돌은 태조왕太祖王(재위 53~146?) 대부터 본격화되었다. 그는 동으로 옥저를 공격하여 복속시키고 요동군과 현도군의 두 군을 끈질기게 공격했다. 그리하여 일부 지역을 점령하고 요동 태수를 전사시키기도 했다. 고구려의 요동 진출 노력은 차대왕次大王(재위 146?~165)과 신대왕新大王(재위 165~179) 대에도 계속되었다.

고국천왕故國川王(재위 179~196) 대에 와서는 왕권이 더욱 강화되고 중앙집권체제도 정비되었다. 부족적인 전통을 유지하던 5부部의 명칭이 단순한 방향만 표시하는 동서남북중의 5부로 개편되었다. 즉 왕실이던 계루부를 중심에 해당하는 내부內部로 고친 것을 비롯하여 절노부는 북부, 순노부는 동부, 관노부는 남부, 소노부는 서부로 개명한 것이다. 이 조치는 이제 5부의 독립 부족적 성격을 인정하지 않고 계루부를 중심으로 뭉쳐야 한다는 뜻을 내포한 것이었다. 그리고 왕위 계승이 형제상속에서 부자상속으로 바뀌었다. 이는 왕의 형제를 제치고 현왕의 직계 아들로 왕위를 계승하여 왕권의 수직적인 승계를 표방하는 것이었다. 아울러 특정 부족인 연나부橡那部(=절노부絶奴部)를 왕비족으로 선택하여 그 부족과는 연합을 꾀했지만 다른 부족을 억누르려 했다.

체제를 정비한 고구려는 계속 중국과 대립하다가 동천왕東川王(재위 227~248) 대에 이르러 위魏의 관구검에게 침입을 받아 수도가 함락되는 불운을 맞기도 했다. 그러나 미천왕美川王(재위 300~331) 대에는 국력을 가다듬어 요동의 현도성을 크게 공파하고 서안평을 공격하여 점령했다. 그 뒤 낙랑군과 대방군까지 공격하여 중국이 설치한 군현은 없어지게 되었다.

이렇듯 중국과의 지속적인 대립은 국력을 소진케 했다. 물자 손실은 물론이고 전쟁에 지친 백성들은 농사를 제대로 지을 수 없었다. 재정 적자는 불을 보듯 뻔했다. 이런 상황에서 고국원왕故國原王(재위 331~371) 대가 도래한다.

반면 백제는 착실하게 내부적인 성장을 거듭했다. 2세기 후반에는 중국 내부의 혼란으로 군현의 통제력이 약화되자 많은 유이민이 북방에서 내려왔다. 이는 백제의 성장에 많은 도움을 주었다. 그러다가 3세기 중엽인 고이왕古爾王(재위 234~286) 대에 이르러 백제는 국가 체제를 정비하고 정복 사업을 활발히 했다. 동왕 27년(260) 관제를 정비하여 6좌평佐平을 두고 16단계의 관등을 제정했으며 품계에 따른 복색服色을 정했다. 이는 왕을 정점으로 신료들의 서열과 체계를 정할 수 있을 만큼 왕권이 성장했음을 의미한다. 동왕 29년에는 관리로서 재물을 받은 자와 도둑질한 자는 물건 값의 세 배를 보상하고 종신토록 금고禁錮에 처한다는 법령을 반포하기도 했다. 이러한 조치로 고이왕은 전제왕권의 체제를 강고히 하고 중앙집권적 지배 체제를 정비했다. 《주서周書》나 《수서隋書》에는 백제의 시조가 구이仇台로 나와 있는데 이는 바로 고이古爾(또는 古尔)를 가리킨다. 즉 중국에서는 고이왕을 백제의 시조로 인식할 만큼 그는 국가 체제를 일신한 왕이었다.

이후 백제는 4세기 중엽인 근초고왕近肖古王(재위 346~375) 대에 이르러 비약적으로 발전했다. 이른바 백제의 전성기였다. 이 시기는 근초고왕에서 그의 아들 근구수왕近仇首王(재위 375~384) 집권기까지 이어졌다. 왕위에 오른 근초고왕은 우선 왕권에 반발하는 세력을 제거했다. 그리고 관등을 세분화해 관리들의 서열 체계를 분명히 했다. 종래의 솔率 계층을 달솔達率에서 나솔奈率까지의 5등급으로, 덕德 계층도 장덕將德에서 대덕對德까지의 5등급으로 분화함으로써 명령 계통의 일원화를 꾀했다. 지방에 대한 통제도 강화해, 담로제를 실시하여 지방 세력의 근거지를 통치 체제 안으로 편입시켰다. 정신적 결속력도 강화했는데 이는 역사 편찬을 통해서였다. 이에 따라 박사 고흥이 《서기書記》를 편찬했다. 왕실 중심으로 전대의 역사적 사실을 정리함으로써 왕실의 위엄과 이에 대한 자발적인 복종심을 유도한 것이다. 관리들의 공과도 기록해 신상필벌 체제를 강화했으니, 이는 유교 정치이념에 입각한 지배 체제 정비였다.

내부적인 체제를 정비한 근초고왕은 대외적인 팽창 정책을 썼다. 가야 지역으로 진출하여 이들을 복속국화했으며 전라도 지역으로 진출하여 마한을 정복하고 자신들의 영역으로 편입했다. 이제 남은 것은 북방의 고구려였다. 북쪽으로 진출해 옛 대방군 지역을 공격하여 점령함으로써 고구려와의 충돌은 피할 수 없는 운명이 되었다.

당시 고구려의 집권자는 고국원왕이었다. 이때도 중국과의 갈등은 계속되었다. 요동 지역으로 진출하던 모용씨慕容氏의 침입을 받아 수도인 환도성을 잃기도 했다. 모용씨는 4만의 병력으로 고구려를 침입했고 이에 고국원왕은 5만의 병력으로 맞섰다. 그러나 적은 예상을 뒤엎고 험하고 비좁은 남쪽 통로로 침입했다. 고국원왕은 할 수 없이 수도를 버리고 피신하는 수모를 겪었으며 환도성은 적에게 약탈당했다. 그 약탈물에는 선왕인 미천왕의 시신이 포함되어 있었고 왕비와 5만여 명이 포로로 끌려갔다. 고구려에게 이는 치명적인 타격이었다.

이런 상황에서 고구려는 백제의 북방 진출 정책과 부딪쳤다. 369년 고국원왕은 선제공격을 감행했는데, 군사 2만을 거느리고 백제의 북쪽 변경을 친 것이다. 그러나 오히려 태자 근구수가 거느린 군대에 의해 치양(황해도 백천)전투에서 패했다. 이는 고구려의 자존심에 상처를 입혔으며, 2년 뒤 고구려는 다시 한 번 백제를 쳤다. 그러나 패강(예성강)에서 백제군의 기습을 받아 또다시 패배했다. 백제를 너무 얕본 탓이었다. 게다가 두 번에 걸친 고구려의 선제공격은 백제를 자극했다. 371년 겨울 백제의 근초고왕 부자는 3만여 군대를 거느리고 평양성을 기습했다. 고국원왕은 미처 손쓸 틈도 없이 전투에서 전사하고 말았고, 고구려는 수도 함락과 국왕의 전사라는 대위기를 맞게 되었다.

이 시기는 고구려에게 치욕의 세월이었지만 백제에게는 더없는 전성기였다. 태자 시절부터 아버지의 정복 사업을 크게 도운 근구수왕은 고구려의 공격을 효과적으로 막아내면서 왕 3년(377) 10월에 자신이 직접 군사를 거느리고 평양성을 공격하기도 했다. 또한 중국의 역사서인《송서宋書》·《양서梁書》등에는 백제가 요서 지방을 경략한 기록이 나오는데 학자들은 이것을 근초고왕 대의 사실로 보고 있다.

상황의 역전 — 광개토왕, 대제국의 꿈을 품다

고국원왕의 뒤를 이어 즉위한 고구려 소수림왕은 부왕의 원수를 갚기 위한 작업에 착수했다. 그는 가장 중요한 것은 내부적인 단결과 일사불란한 국가 체제라고 생각했다. 그 뜻은 차례로 실현되었는데, 이는 국제 정세가 그간 지속되어온 외부의 도전에서 어느 정도 벗어날 수 있는 상황으로 전개된 것과도 관련이 있다. 고구려를 괴롭히던 모용씨의 전연前燕이 전진 왕 부견苻堅(재위 357~385)에 의해 멸망했고 백제도 근초고왕 이후 국력이 상대적으로 약화되었던 것이다. 게다가 중국 쪽에서 망명해 온 한인漢人 관료들은 개혁을 도울 인적 자원이 되었다.

소수림왕은 우선 동왕 2년(372) 전진에서 불교를 수용했다. 새 술은 새 부대에 담아야 한다는 생각이었다. 국민의 정신을 일신하려면 새로운 사상이 필요했기에 불교를 중심으로 국민의 정신적 통일을 꾀하려 한 것이다. 그리고 그해에 태학을 설립했는데, 이는 자신에게 충성할 수 있는 유교적 관료의 양성이라는 목적이 깔려 있었다. 유교에서 강조하는 충효의 논리를 강화하여 국가와 왕에게 충성할 수 있게 한 것이다. 이어 동왕 3년에는 율령律令을 반포했다. 율은 범죄나 형벌에 관한 규정 등 일종의 금지법이며 령은 국가 제도 전반에 관한 일종의 명령법이었다. 이런 율령의 제정과 공포를 통해 그는 왕권의 합법화와 정점화를 꾀했다.

소수림왕의 뒤를 이어 그의 동생 고국양왕故國壤王(재위 384~391)이 즉위하면서는 잠시 위기가 닥쳐오기도 했다. 전진의 부견이 죽고 모용수慕容垂의 후연後燕이 등장함으로써 후연과 일대 격전을 벌였는데 이 전쟁에서 고구려가 패하여 요동 지역을 잃고 만 것이다.

그러나 뒤를 이은 광개토왕 대에 고구려는 넓은 영토를 개척했다. 광개토왕은 고국양왕의 아들로, 아버지 고국양왕이 요동 지역을 잃은 것에 분개했다. 그는 온 힘을 다해 요동 지역은 물론이고 여타 지역을 정복해 대제국을 이루리라 다짐했다.

• 광개토왕 초상

그의 정복 사업은 현재 중국 지린성에 있는 광개토왕비에 잘 나타나 있다. 그는 우선 시라무렌 강 유역의 거란契丹으로 추정되는 비려婢麗를 공격하여 점령했다. 영락 6년(396)에는 백제를 친히 정벌하기도 했다. 광개토왕 비문에 의하면 이때 백제의 58개 성과 700여 개의 촌을 점령하고 아신왕의 동생을 비롯한 포로들을 데리고 개선했다 한다. 398년에는 연해주 방면의 숙신肅愼을 정벌하기도 했다. 이듬해 신라의 요청을 받아 보병과 기병 5만을 보내 왜를 물리쳤으며 410년에는 동부여東夫餘를 공략하기도 했다. 그의 정복 사업으로 고구려는 그동안 중국 민족과 쟁탈의 대상이던 요동 지방을 완전히 차지했다. 만주 대륙의 주인공이 된 것이다. 널리 영토를 개척했다는 의미의 시호에 걸맞은 정복 사업이었다. 이런 가운데 광개토왕의 아들 장수왕이 왕위에 올랐다.

고구려가 이렇게 영토를 개척하는 국력을 과시해간 데 반해 백제는 점차 기울어가고 있었다. 고구려의 남침을 근구수왕이나 진사왕辰斯王(재위 385~392)은 그런대로 잘 막아냈다. 그러나 아신왕阿莘王(재위 392~405) 때에는 광개토왕의 침략을 맞아 왕이 무릎을 꿇고 항복해야 하는 사태를 맞았다. 뿐만 아니라 왕의 동생을 비롯한 대신 10여 명을 인질로 보내, 고구려의 복속국이 되었다.

아신왕이 재위 14년 만에 죽자 후계자를 둘러싸고 분쟁이 일어나기도 했다. 그의 형제들은 후계자에 대해 엇갈린 견해를 내놓았다. 아신왕의 둘째 동생 훈해는 왜국에 가 있던 태자를 왕위에 앉히는 것이 당연하다고 주장했다. 이미 그는 아신왕 3년에 태자로 책봉되었기 때문이다. 그러나 막냇동생인 접례는 태자가 올 때까지 기다릴 수 없다 하여 형을 살해하고 스스로 왕이 되었다. 본국으로 오고 있던 태자는 귀국하지 못하고 섬에서 기다리는 수밖에 없었다. 결국 해충解忠을 비롯한 이들이 접례를 살해하고 태자를 맞이하여 왕위에 올랐으니 그가 곧 전지왕腆支王(재위 405~420)이었다.

전지왕은 해씨를 왕비로 맞음으로써 왕비족의 교체를 시도했다. 그와 더불어 상좌평上佐平 직을 신설해 여러 좌평을 통솔케 하고 그 자리에 자신의 동생 여신餘信을 임명했다. 왕권 강화의 일환이었다. 한편 왜국과의 관계를 돈독히 하고 중국 동진과의 외교도 지속했다. 이후 비유왕毗有王(재위 427~455) 때에는 여신이 죽자 해수解須가 상좌평에 임명됨으로써 외척이 발호하기 시작했다. 이런 상황에서 비유왕의 큰아들 개로왕蓋鹵王(455~475)이 왕위에 올랐다.

개로왕은 왕족 중심의 정치체제를 구축했다. 본인은 '대왕'을 칭하고 왕족들에게 '왕'의 칭호를 주어 귀족들 위에 있게 했다. 그러나 이러한 체제는 귀족들의 불만을 낳았다. 이는 귀족에 대한 통제의 강화를 의미하는 것이었기 때문이다. 그는 고구려의 남침에 대한 방비도 게을리 하지 않아, 개로왕 15년(469)에는 고구려에 선제공격을 가했다. 한편 쌍현성을 수리하고 청목령에 목책을 설치했으며 북한산성에도 군사를 주둔시켜 수비케 했다. 동왕 18년(472)에는 중국의 북위에 사신을 파견하여 군사적인 원조도 요청했다.

당시 고구려에서는 장수왕이 오랜 집권 체제를 굳히고 있었다. 그는 왕위에 오르자마자 부왕인 광개토왕의 비를 세웠다. 광개토왕비는 장수왕 2년(414) 부왕인 광개토왕의 업적을 기리기 위해 세워진 것으로 높이가 6.39미터인 자연석의 면을 다듬고 1,775자에 달하는 글을 새겨 넣은 것이다. 물론 이 비는 세월이 오래된데다가 발견 당시 덮여 있던 이끼를 태우는 과정에서 파손되어 141자 정도는 형체를 잘 알 수 없다. 이 비는 현재 지린성 지안현에 있는데 처음 발견된 해는 정확하지 않으나 1877~1882년 사이다.

• 광개토왕비

비문의 내용은 대략 세 부분으로, 서론에 해당하는 첫 부분은 고구려의 건국신화와 시조인 추모왕과 유류왕·대주류왕 등의 왕위 계승과 광개토왕의 행장을 기록하고 있다. 둘째 부분은 본론에 해당하는데 광개토왕의 정복 활동을 상세히 기록하고 있으며 마지막에 광개토왕의 수묘연호守墓烟戶에 대해 기록했다. 그러나 무엇보다 광개토왕의 정복 활동을 가장 강조하는데, 장수왕이 부왕의 업적을 기리면서 그를 본받고자 한 때문이었다.

한편으로 장수왕은 중국의 남조와 북조에 사신을 파견하여 등거리 외교를 펼치더니 동왕 15년(427) 수도를 평양성으로 옮겼다. 중국의 북방에는 강력한 북위北魏가 있어 북쪽으로의 진출이 불가능했기 때문이다. 즉 남진정책을 표방한 것이다. 이에 위협을 느낀 백제와 신라는

433년 동맹을 맺어 공동 대처하기로 한다. 그러나 장수왕은 승려 도림을 파견해 백제의 국력을 약화시킨 뒤 백제의 수도 한성을 쳐서 함락시키고 개로왕을 살해했다.

개로왕의 아들 문주왕文周王(재위 475~477)은 몇 명의 신하와 웅진으로 남하하여 나라를 유지했지만 국력은 크게 약해졌다. 반면 고구려는 만주일대는 물론 조령 이북 땅을 차지하는 대제국으로 발전했다.

당시 삼국은 다 함께 중국의 위협에 노출되어 있었다. 따라서 삼국 지도자들은 전쟁 없는 통합을 이뤄 중국에 대항할 수 있는 제국을 만들 궁리를 했어야 한다. 각국의 성장과 발전 이상으로 동아시아의 국제 상황을 잘 판단해야 할 시점이었기 때문이다. 그러나 국제 정세와 미래를 멀리 보지 못한 삼국 지도자들은 또다시 불필요한 경쟁과 대립에 몰두하게 되었다.

백제와 신라, 동맹 관계에서 적으로

신라 진흥왕과 백제 성왕 사이에 벌어진 관산성 전투 또한 그러한 배경에서 벌어졌다. 이 전투는 양국 간에 벌어진 것이지만 단순히 양국의 이해관계 속에서 이루어진 것은 아니었다. 이는 동아시아 전체의 역사적 상황과 관련된 전투였다. 당시 중국은 위진남북조 시대로, 정치적으로 분열된 틈을 타 돌궐이 고구려의 북방을 침략했다. 게다가 고구려는 북제北齊와의 관계도 불편한 상태였다.

백제, 신라와 손잡고 고구려를 치다

고구려는 5세기 광개토왕 · 장수왕 대에 전성기를 구가했으나 6세기에 들어서면서 국력에 이상 징후가 나타나기 시작했다. 문자명왕文咨明王(재위 491~519) 대에는 신라 · 백제 등과 벌인 싸움에서 번번이 패했다. 이같은 연속적인 패배는 고구려의 남진정책에 대응한 나제동맹의 결과이기도 했지만 그만큼 고구려의 국력이 쇠퇴해가고 있었음을 말해주는 것이었다.

이후 고구려는 잠시 국력이 회복되는 듯했다. 안장왕安臧王(재위 519~531)
대에는 두 차례에 걸친 백제 공격에 나름대로 성공을 거두었으며 안원
왕安原王(재위 531~545) 대에도 백제의 침략을 물리쳤다. 그러나 안원왕이 죽
고 양원왕陽原王(재위 545~559)이 즉위하는 과정에서 내부적인 혼란이 극심
해졌다. 545년 안원왕 말년에 고구려 귀족들은 녹군鹿群과 세순細群으로
나누어 전투를 벌였다. 왕의 부인들이 각기 자신들의 소생을 왕으로 앉
히기 위해 자신의 아버지를 동원하여 싸운 것이다. 이 싸움에서 녹군
이 승리하여 세군의 무리 2천여 명이 죽음을 당했다. 이 싸움의 여파는
양원왕이 즉위한 후에도 계속되었다. 즉위 당시 양원왕의 나이는 겨우
8세로, 어린 왕을 둘러싸고 귀족들의 암투가 극심했다.

이렇듯 왕위 계승전을 둘러싼 혼란이 계속된 한편 외부적으로는 외
적의 침입에 신경을 써야 하는 형편이었다. 양원왕 7년(551) 돌궐이 고구
려의 신성新城과 백암성白岩城을 침입했다. 이듬해에는 북제의 문선제文宣帝
가 영주營州에 와서 사신을 보내 고구려에 압력을 넣어, 북위北魏 말의 혼
란을 피해 동쪽으로 이주해 온 유민 5천여 호를 데려가기도 했다. 이러
한 내우외환으로 고구려는 결국 신라와 백제의 동맹군에 효과적으로
대처할 수 없었다.

백제의 상황은 어떠했는가. 백제는 고구려 장수왕이 수도를 평양으
로 옮기고 남진정책을 실시하자 신라와 동맹을 맺어 고구려에 대항했
다. 비유왕 7년(433) 신라에 사신을 보내 화친을 청하고 그 이듬해 신라
에 좋은 말 두 필과 흰 기러기를 보냈다. 그러자 신라에서도 황금으로
만든 구슬을 보내옴으로써 동맹이 이루어졌다.

그러나 475년(장수왕 63) 고구려의 침략을 받아 개로왕이 전사한 후 문

주왕은 수도를 웅진으로 천도했다. 부왕의 죽음으로 왕권이 실추된 틈을 타 세력을 잡은 것은 왕비족인 해씨였다. 병관좌평이던 해구解仇는 결국 문주왕을 살해했다. 그리고 13세이던 문주왕의 아들을 왕위에 앉혔다. 그가 곧 삼근왕三近王(재위 477~479)인데 그는 허수아비 왕에 불과했다. 이런 해씨의 전횡에 반발하고 나선 것은 전 왕비족이던 진씨 세력으로, 진남眞男과 진노眞老는 왕명을 받고 해구를 제거했다.

그 뒤를 이어 동성왕東城王(재위 479~501)이 즉위했다. 그는 신라 왕족인 비지比智의 딸과 혼인했다. 이는 왕비족의 대두를 미연에 막자는 의도와 아울러 신라와의 동맹을 공고히 하려는 목적도 있었다. 그는 또한 종래의 귀족을 배제하고 연씨燕氏·백씨白氏·사씨沙氏와 같은 신흥 귀족을 등용했고, 지방을 확실하게 장악하기 위하여 22명의 왕족을 담로에 임명했다. 그러나 신흥 귀족 백가白加가 다시 권력을 함부로 하기 시작했다. 그는 왕의 친위부대를 관장하는 직인 위사좌평에 있었는에 이는 지금의 경호실장에 해당한다. 동성왕은 그를 가림성(충남 부여군 임천면)으로 축출했으나 백가는 오히려 자객을 보내 왕을 살해했다.

동성왕 다음으로 즉위한 것은 무령왕武寧王(재위 501~523)이었다. 그는 일본에 있다가 백제에 와서 40세의 나이로 왕위에 올랐다. 그는 우선 백가를 토벌하여 처단함으로써 왕실의 권위를 회복하고, 몇 차례에 걸친 고구려의 침략을 효과적으로 막아내었다. 중국의 양梁나라와 국교를 강화하여 영동대장군寧東大將軍이란 작위를 받기도 했다. 이때 백제는 중국의 사서에 "다시 강국이 되었다更爲强國"라고 표현될 정도로 국력이 성장했다.

그의 뒤를 이어 성왕이 즉위했다. 성왕은 동왕 16년(538) 수도를 사비로 옮겼다. 좁은 웅진은 수도로 적합하지 않다고 판단하고, 크게 뻗어

나가기 위해서는 수도 자체가 넓고 광활해야 한다고 생각한 것이다. 또한 그는 백제의 뿌리를 찾아 초심으로 돌아가고자 국호를 '남부여南扶餘'라 했다. 새로운 마음으로 중흥의 기틀을 마련하고자 함이었다. 그러는한편 겸익과 같은 승려를 등용하여 불교의 진흥을 꾀했다. 국가의 정신적 토대를 강화하는 데 불력의 힘을 빌리고자 했던 것이다. 외교문제도소홀히 하지 않아, 중국 양나라와의 관계를 돈독히 하는 한편 왜국에도문물을 전달해주었다. 이로써 문제 발생시 든든한 힘이 되어줄 수 있는우방을 만들어놓았다.

이제 남은 것은 고구려에 빼앗긴 땅을 되찾는 일이었다. 그는 신라와의 동맹 관계를 최대한 활용하는 것이 좋겠다고 판단하고 선제공격을감행했다. 그 결과 동왕 18년(540) 고구려의 우산성을 쳤으나 패했고 동왕 26년(548)에는 고구려의 침략을 신라와의 공동작전으로 격파했다. 동왕 28년에는 고구려의 도살성을 공격해 함락, 다음 해에는 고구려의 평양성을 공격하여 격파하기도 했다.

후발주자 신라의 질주

이즈음 신라도 점차 국력이 신장되면서 한창 전성기를 맞았다. 경주평야에 자리 잡고 있던 사로국斯盧國이 성장하여 이루어진 신라는 박혁거세가 기원전 57년에 세운 국가다. 이후 박·석·김의 3성씨가 교대로 왕위에 올랐다. 그러다가 낙동강 동쪽의 큰 세력으로 성장한 시기는내물왕奈勿王(재위 356~402) 대였다. 그는 '니사금尼師今'이란 칭호 대신 '마립간麻立干'으로 왕호를 바꾸었다. 이때부터 3성 교립제가 없어지고 김씨가왕위를 세습하게 되었다. 한편 내물왕은 중국의 전진에 두 차례에 걸쳐사신을 파견하여 중국과 우호적인 관계를 수립했다.

이처럼 지리적 환경 때문에 뒤늦게 국가 체제를 정비한 신라는 지증왕智證王(재위 499~514) 대에 와서 국가의 기틀이 마련되었다. 지증왕은 우선 우경牛耕을 장려하여 농업 생산성을 증대시켰다. 이는 국가재정 확보에 큰 기여를 했다. 국호도 새롭게 '신라'로 정했는데, 신라라는 국호가 탄생한 것은 바로 이때다. 종래 '마립간'이라 하던 칭호도 중국식으로 '왕王'이라 했으며 지방 제도도 새롭게 정비했다. 모든 것이 새로워지고 있었다.

법흥왕 대에는 중앙집권적인 국가 체제가 더욱 갖추어졌다. 그는 율령을 반포하여 국가의 시책에 따르지 않는 자에 대한 처벌 방침을 공언했다. '건원建元'이라는 독자적인 연호도 사용했는데, 중국과 대등한 위치에 있다는 자신감의 표현이었다. 동왕 14년(527) 불교를 공인하여 새로운 이념에 입각한 체제 정비를 꾀했고, 동왕 19년(532) 남쪽으로 김해의 금관가야를 병합하는 등 영토 확장도 시도했다.

이어 왕위에 오른 진흥왕은 법흥왕의 조카로 7세에 즉위했다. 때문에 처음에는 어머니의 섭정을 받았다. 그러나 19세가 되던 왕 12년(551), '개국開國'이란 연호를 사용하면서 새로운 마음을 다졌다. 연호의 뜻 그대로 새롭게 나라를 여는 마음으로 국정에 임하겠다는 각오와 함께 그는 친정을 시작했다.

진흥왕이 왕위에 올라 먼저 착수한 것은 영토 확장 사업이다. 그는 왕 11년(550) 백제와 고구려가 싸우는 틈을 타 이사부를 파견하여 도살성과 금현성을 획득했다. 이듬해에는 고구려가 돌궐의 침입으로 북방에 신경을 쓰는 상황을 이용해 거칠부 등 8장군을 보내 고구려의 10성(군)을 차지했다. 10성의 위치와 강역은 자세히 알 수 없으나 신라의 적극적인 영토 확장 의지를 엿볼 수 있다. 이 작전을 위해 진흥왕은 직접 낭

• 북한산 신라진흥왕순수비(왼쪽)와 창녕 신라진흥왕척경비(오른쪽)

성(청주)까지 행차했다. 이렇게 신라와 백제는 공동작전으로 마침내 한강 유역을 수복한다. 그런데 신라는 백제가 차지하고 있던 한강 하류 지역을 공격하여 여기에 신주新州를 설치하고 군단을 배치했다.

이에 백제는 성왕의 딸을 신라에 보낸다. 한강 하류 유역을 빼앗긴 백제가 왜 왕녀를 보냈을까. 이는 신라를 방심하게 함으로써 반격할 시간적 여유를 얻고자 함이었다. 백제가 보복전쟁을 일으킬지도 모른다고 생각하던 신라가 의외로 백제가 유화적인 행동을 취하자 당장의 반격은 없을 것이라 생각하게 하기 위한 계산이었다. 신라는 이를 무시할 수 없어 성왕의 딸을 제2비로 삼기는 했지만 백제의 공격 가능성을 접지는 않았다. 결국 얼마 뒤 성왕은 관산성 침입을 강행한다.

관산성 전투 — 동맹 관계의 끝

신라 진흥왕의 한강 하류 지역 점령은 오랫동안 유지된 양국 간의 동맹 관계에 종지부를 찍게 했다. 결국 백제가 신라의 관산성(충북 옥천)을 공격함으로써 양국 간에 전투가 벌어졌다. 이 전투는 백제와 가야 · 왜군의 합동 작전으로 진행되었다. 연합군은 성왕의 아들 여창의 지휘로 관산성 근처의 구타모라久陀牟羅에 요새를 구축하고 전투 준비를 했다. 그리고 왜군의 선봉대가 돌격하여 화공작전을 벌임으로써 관산성을 함락했다. 이에 당황한 신라는 북쪽의 신주新州 군주 김무력(김유신의 할아버지)의 군대를 동원하는 한편 전국에서 군대를 징발하여 관산성 탈환을 꾀했다. 그러던 중 뒤이어 성왕이 직접 온다는 말을 듣고 간첩을 이용하여 그 진로를 탐지했다. 삼년산군三年山郡(충북 보은)의 지휘관이던 도도都刀의 지휘를 받은 복병은 성왕이 오는 길목을 차단하고 성왕을 습격하여 전사케 했다. 성왕의 전사를 계기로 신라군은 군사를 휘몰아 관산성을 탈환하는 한편 좌평 4인과 백제 군사 2만 9,600명을 살해하는 대승을 거두었다.

기록은 당시의 상황을 이렇게 전하고 있다.

> (진흥왕 15년 7월) 백제 성왕이 가야와 더불어 관산성을 공격하자 군주 우덕于德과 이찬伊湌 탐지眈知 등이 마주 나가 싸웠으나 패했다. 신주의 군주 김무력이 주병州兵을 이끌고 와서 교전함에 이르렀는데 비장裨將인 삼년산군의 도도가 급히 쳐서 백제 왕을 죽였다. 이에 신라군이 승승장구하여 크게 이겨 좌평佐平 4인과 사졸 2만 9,600인을 죽이니 말한 필도 돌아간 것이 없었다.
> 《삼국사기》 권4 신라본기

한편 당시의 전투 상황과 백제 성왕의 최후를 일본 측 기록은 더욱 상세히 전하고 있다.

> 일찍이 여창餘昌(성왕의 아들, 후의 위덕왕)이 신라 정벌을 꾀하니 원로들이 간하기를 "하늘이 아직 함께하지 않으니 화가 미칠까 두렵습니다" 했

• 충북 옥천군 관산성 안에 있는 우물

다. 여창이 말하기를 "늦었도다. 어찌 그리 겁이 많은가. 우리가 대국을 섬기는데 어떤 두려움이 있겠는가" 하고는 드디어 신라에 들어가 구타모라새久陀牟羅塞를 쌓았다. 그 아버지 성왕은 여창이 오랫동안 고통스럽게 행군하고 제대로 자지도 먹지도 못한 것을 걱정했으며 아버지의 사랑은 많이 결핍되었으나 아들의 효성은 이루어지기를 바랐다. 이에 스스로 가서 맞아 위로하려 했다.

신라는 성왕이 친히 온다는 말을 듣고 나라 안의 모든 병력을 동원하여 길을 끊고 쳐 격파했다. 이때 신라가 좌지촌 사마佐知村 飼馬 고도苦都에게 일러 말하기를 "고도는 천한 노비요 성왕은 유명한 임금이다. 지금에 천한 노비에게 유명한 임금을 죽이게 하는 것은 후세에 전하여 입에서 잊히지 않기를 바라는 것일 뿐이다" 했다. 고도가 이에 성왕을 잡아 재배再拜하고 말하기를 "청컨대 왕의 머리를 베게 해주십시오" 했다. 성왕이 대답하기를 "왕의 머리를 노비의 손에 맡기는 것은 합당하지 않다" 했다. 고도가 말하기를 "우리 국법에는 맹약을 위배한 자는 비록 국왕이라도 마땅히 노비의 손으로 목을 쳐도 됩니다"했다. 성왕이 하늘을 우러러 크게 탄식하고 허락하여 말하기를 "과인이 매번 생각함에 평상시의 고통이 뼈에 사무쳤는데 돌아보건대 구차하게 살기를 도모할 수가 없구나" 하고는 목을 빼어 참수를 허락했다. 고도가 머리를 참하여 죽이고 땅속에 굴을 파 시체를 묻었다.

여창도 포위당하여 탈출하고자 했으나 그럴 수가 없었다. 사졸들도 놀라고 당황하여 어찌할 바를 몰랐다. 활쏘기에 능한 축자국조筑紫國造가 나아가 화살을 재어 신라의 기병 중 가장 용감하고 건장한 자를 겨누어 쏘아 떨어뜨렸다. 화살이 말안장을 뚫고 갑옷의 목까지 관통했다. 다시 계속하여 화살을 빗발처럼 전력을 다하여 쏘아 포위한 군대를 물리쳤다. 이로 말미암아 여창 및 여러 장수가 샛길을 따라 도망할 수 있었다. 여창은 국조가 활을 쏘아 포위한 군대를 물리친 것을 찬양하여 안굴군鞍橋君이라 명명했다.

이에 신라의 장수들은 백제가 피폐한 줄을 알고 드디어 남김없이 멸할 것을 모의했다. 그러나 한 장수가 이르기를 "불가하다. 일본의 천황이 임나任那의 일 때문에 여러 번 우리 국가를 책망했는데 하물며 다시 백제의 관가官家를 멸할 것을 모의한다면 반드시 후환을 부를 것이다"했다. 고로 이를 그만두었다. 《니혼쇼키》 권19 흠명기 15년조

이처럼 관산성 전투에서 성왕이 죽음을 당하는 등 백제는 크게 패했고 신라는 대승을 거두었다. 이렇게 결과가 갈린 원인은 무엇일까.

먼저 백제가 패배한 요인은 왕이 단 40여 기騎로 왕자 여창을 보기 위해 출동했다는 점, 이 전투에 대한 왕족과 귀족의 견해가 일치되지 못했다는 점이 있다. 게다가 수도의 천도로 인한 대규모 토목공사와 빈

번한 전쟁으로 농민과 군사 들이 피폐해진 까닭도 있었다.

반면 신라의 승리 요인으로는 우선 김무력의 활약을 들 수 있다. 김무력은 법흥왕 19년 귀부한 금관가야의 마지막 왕 김구해의 셋째 아들이다. 신라에 귀순한 후 귀족 계층에 편입되기는 했으나 여전히 차별대우를 받던 김무력은 자신의 충성과 입지를 강화하기 위해 전력을 다해 전투에서 활약했다.

또한 당시 신라는 전반적으로 국세가 확장되어가던 시점이었다. 법흥왕 대의 체제 정비를 바탕으로 진흥왕은 7세의 어린 나이에 왕태후의 섭정을 받으면서 거칠부, 이사부 등의 장군들을 등용하여 영토 확장 사업에 온 힘을 기울였다. 그러한 진흥왕의 행동은 관산성 전투 이후에 창녕, 북한산, 황초령, 마운령 등에 행차하여 순수비를 세운 데서도 엿볼 수 있다. 이 같은 진흥왕의 의욕과 진취정신이 군사들의 사기를 북돋아 전투를 승리로 이끈 것이다.

한편 이 전투의 결과로 백제는 그때까지 영향력을 행사해오던 가야 지역을 잃었으며 신진 귀족 세력들이 발호하면서 왕권이 위축되었다. 또한 신라에 대한 무리한 복수전으로 말미암아 결국 멸망의 길을 걷게 되었다. 신라가 이 전투의 승리로 가야 지역을 획득하고 영토 확장에 대한 자신감을 얻어 함경남도 안변 근처까지 진출, 진흥왕순수비를 세운 것과 정반대의 모습이다. 게다가 신라 내부에서는 이를 계기로 김무력 가문이 급부상해 후일 김유신과 김춘추에 의한 반도 통일에까지 이른다.

요컨대 6세기경 삼국의 형세는 고구려가 쇠약해지면서 한반도의 패권을 둘러싸고 백제와 신라가 야망을 키우는 모습이었다. 고구려라는 대국에 맞서 양자는 동맹 관계를 맺어 대항했는데, 나아가 이 동맹 관계를 어떻게 하면 더욱 발전시켜 중국에 필적하는 왕성한 나라를 이룩할 것인가를 생각해야 할 시기였다.

　그러나 역사는 정반대로 전개되었다. 양국 간의 협조 관계가 깨지고 서로간의 믿음과 신뢰가 무너졌으며, 계속된 복수전으로 감정은 더욱 악화되었다. 결국 성왕과 진흥왕은 좀 더 큰 역사를 이룩하는 데 실패했다. 중국이라는 커다란 위협을 눈앞에 두고도 각자의 이해관계에 집착한 나머지 대국 건설에 실패한 것이다. 이는 동아시아 전체에 대한 역사적 안목이 결핍된 때문으로 보아야 한다. 특히 진흥왕은 협력 관계를 깨고 동맹 관계에 있던 백제의 땅을 빼앗음으로써 양국이 기나긴 복수전에 빠져들게 만들었다. 신라의 영토를 넓히는 데는 성공했으나 어느 때보다 협력해야 할 시기에 이웃나라를 적으로 만들고 만 것이다. 신라와 백제의 동맹 관계가 깨지지 않고 다른 방향으로 전개되었다면 이후 삼국의 미래는 어떻게 전개되었을까? 물론, 역사에 가정은 허용되지 않는다.

| 생각해 보기 |

1. 장수왕은 왜 수도를 평양으로 옮기고 남진 정책을 실시하였을까?
2. 백제의 요서 경략설은 믿을 수 있는 것인가, 믿을 수 없는 것인가?
3. 성왕은 왜 수도를 사비로 옮겼을까?
4. 진흥왕은 왜 한강 하류를 점령했으며 이는 정당한 것인가, 부당한 것인가?

2장

미완에 그친
시대적 요구

삼국 통일인가 반도 통일인가

◆

남북국의 성립과 김춘추 vs 연개소문

반도 통일과 남북국의 성립

영원한 승자는 없다 — 백제의 복수전

우리 역사에서 삼국시대는 고구려·백제·신라 삼국의 상쟁이 끊이지 않은 시대다. 4~7세기에 이르는 그 시대의 초반은 백제의 전성기였으나 4세기 말엽 광개토왕廣開土王(재위 391~413)이 등장하면서 주도권은 고구려로 넘어간다. 광개토왕의 뒤를 이은 장수왕長壽王(재위 413~491) 역시 남진정책 등으로 활발한 정복 사업을 펼쳤는데, 이에 위협을 느낀 백제와 신라는 나제동맹을 맺었다. 이때부터 신라는 세력이 강해져 진흥왕眞興王(재위 540~576) 대에는 백제와 연합해 한강 유역 탈환(551)에 성공한다. 하지만 얼마 가지 않아 나제동맹은 깨진다. 그 계기는 백제가 차지하고 있던 한강 하류를 신라가 공격해 빼앗은 사건이었다. 분노한 백제 성왕聖王(재위 523~554)은 신라를 공격하지만 관산성 전투에서 성왕이 전사하면서 신라에 패배한다. 그리고 이때부터 백제의 복수전이 시작되었다.

7세기로 넘어오면서 백제의 복수전은 한층 심해졌다. 이 복수전은 위덕왕威德王(재위 554~598)과 무왕武王(재위 600~641) 대에도 계속되었지만 의자왕義慈王(재위 641~660)이 즉위하면서 더욱 격렬해졌다. 의자왕은 신라의 서쪽 지역 40여 개의 성을 빼앗고 642년에는 대야성大耶城(경남 합천)을 공격해 성주인 품석品釋(김춘추의 사위)과 그의 아내를 살해했다. 이 사건은 김춘추金春秋(604~661)에게 큰 충격을 주었음이 분명한데,《삼국사기》에는 김춘추가 이 소식을 듣고 "기둥에 기대서서 종일토록 눈도 깜빡이지 않고 사람이나 물건이 그 앞을 지나가도 알지 못하였다"라고 씌어 있다. 김춘추의 외교 활동이 활발히 전개된 것은 이때부터다.

신라의 신흥 세력 김춘추

이즈음 신라 내부에서는 김춘추와 김유신金庾信을 중심으로 한 신흥 세력이 태동하고 있었다. 김유신은 일찍이 법흥왕法興王(재위 514~540) 19년에 신라에 항복한 금관가야의 왕 김구해金仇亥의 증손자였다. 물론 귀순의 대가로 이들 일가는 진골 대접을 받았다. 그러나 원래부터 귀족으로서 특권을 누려오던 기존의 진골 세력에게 경원시된 것은 어쩔 수 없었다. 이에 불만을 느껴오던 금관가야계는 그 해소책으로 신라 왕실과의 혼인을 추진했다. 그 결과가 바로 김유신의 아버지인 김서현金舒玄과 만명부인萬明夫人의 혼인이었다. 만명부인은 진흥왕의 동생인 숙흘종肅訖宗의 딸로《삼국사기》권40 김유신전에 따르면 그 아버지의 반대가 있었음에도 혼인을 한 것으로 되어 있다. 즉 기존의 진골 세력은 금관가야계가 자신들 속에 편입되는 것을 달가워하지 않았음을 알 수 있다.

이러한 혼인 정책은 김유신의 누이동생인 문희文姬(후의 문명부인)와 김춘추의 혼인에서도 엿볼 수 있다.《삼국유사》는 이들의 혼인 역시 김유신의 의도로 겨우 이루어졌다고 적고 있다. 김유신은 김춘추와 집 앞에서 공을 차다가 김춘추의 옷고름을 일부러 밟아 뜯어지게 함으로써 자신의 누이동생과 관계를 맺게 했다는 것이다. 그 결과 문희가 아이를 잉태했는데 그럼에도 김춘추가 혼인을 하지 않으려 하자 선덕여왕善德女王(재위 632~647)이 이 사실을 알게 함으로써 둘의 혼사를 이루어냈다.

김춘추는 진평왕眞平王(재위 579~631) 25년에 경주에서 태어났다. 아버지 용춘龍春은 진지왕眞智王(재위 576~579)의 아들이었고 어머니 천명부인天明夫人은 진평왕의 딸일 뿐만 아니라 선덕여왕의 언니이기도 했다. 이렇듯 진골 가문에서 태어난 그였으나 중고기中古期의 왕위계승전에서 패배한 사륜舍輪 계열이기도 했다. 사륜은 진흥왕의 둘째 아들로 장자인 동륜銅輪이 일찍 죽자 동륜의 아들이던 백정白淨을 제치고 진지왕이 된 인물이다. 그러나 진지왕은 재위 4년 만에 정치가 혼란되고, 황음荒淫하다는 이유로 폐위되었다. 그리고 그 뒤를 이어 동륜의 아들인 백정이 진평왕으로 즉위하고 이어 그의 딸과 조카가 선덕여왕 · 진덕여왕眞德女王(재위 647~654)으로 즉위함으로써 사륜 계열은 왕위 계승에서 완전히 배제되었다.

이러한 상황에서 사륜 계열은 나름의 불만을 가졌을 것이다. 진평왕은 사륜의 아들인 김용춘을 왕실의 재화와 인력을 관리하는 내성內省의 사신私臣에 임명함으로써 이들의 불만을 해소하려 했다. 그러자 이를 반대하는 구귀족들의 반발이 진평왕 53년(631) 칠숙柒宿과 석품石品의 모반 사건으로 나타났다. 그러나 이 모반은 사전에 발각됨으로써 오히려 사륜 계열의 입지를 더욱 강화시켰으며, 선덕여왕 대에 성사된 김용춘의 아들인 김춘추와 문희의 혼인은 이들 신흥 세력을 더욱 부상시켰다.

복수전의 시작—고구려의 독재자 연개소문을 만나다
국내적으로 이러한 상황에 있었던 김춘추에게, 딸과 사위 품석이 대

야성 전투에서 백제군에게 살해당했다는 소
식이 전해졌다. 그 원한을 갚을 일념으로 김춘
추는 고구려로 향했고, 보장왕寶藏王(재위 642~668)
에게 군사 지원을 요청한다. 그러나 고구려의
실권자는 왕이 아닌 연개소문淵蓋蘇文(?~662)이라
는 인물로, 김춘추는 그와의 만남으로 큰 시련
을 겪는다.

연개소문은 《삼국사기》열전에 따르면 성이
천泉씨요 아버지는 동부(혹은 서부)의 대대로大對盧

(고구려의 최고 관등)였다고만 되어 있다. 그러나 중국에서 발견된 남생男生(연개
소문의 맏아들)의 묘지명에는 연개소문의 아버지 태조太祚와 조부 자유子遊가
모두 막리지莫離支를 역임했다고 되어 있다. 또 이들이 모두 병권을 잡고
국권을 오로지했다고 기록된 것으로 미루어 그의 집안은 이미 여러 대
에 걸쳐 호족이었음을 알 수 있다. 그의 성씨가 천씨로 기록된 것은 당
고조의 이름이 연淵이었기에 이를 피하기 위해 뜻이 비슷한 글자를 택
해 쓴 까닭이다. 그가 태어난 시기에 대해서는 기록이 없어 확실히 알
수 없다.

그는 스스로 자신이 물 속에서 났다고 선전함으로써 타인의 관심과
존경을 받으려 했다. 어렸을 때부터 대단한 야망의 소유자였음을 짐작
할 수 있다. 그는 아버지가 죽자 그 직을 이으려 했는데, 사람들은 그의
성격이 잔인하고 포악하다 하여 이를 허락하지 않으려 했다. 그러자 연
개소문은 자신의 단점을 인정하고 용서를 빌면서 만약 잘못된 일이 있
으면 그때 그만두어도 되지 않겠느냐고 설득함으로써 가까스로 막리지
에 오를 수 있었다.

그가 막리지에 오른 뒤 다시 흉악무도해지자 대신들은 왕과 비밀히 의논해 연개소문을 죽이려 했다. 그러나 이 사실을 미리 안 연개소문은 부병部兵을 소집해 열병하면서 주연을 베풀었다. 그리고 그 자리에 대신들도 모두 초대한 뒤 그 자리에서 대신들을 몰살했다. 내친김에 궁중으로 내달려 영류왕榮留王(재위 618~642)을 시해하고 왕의 조카를 세웠으니 이가 곧 보장왕이었다.

이 사건으로 실권을 장악한 연개소문은 630년 무렵 북으로는 부여성에서 남으로는 발해만에 이르는 천리장성을 축조하는 책임을 맡으며 권력자의 자리에 올라 있었다. 천리장성 축조 이유는 고구려가 수나라 군사를 물리친 것을 기념하기 위해 세운 요서 지방의 전승 기념물을 당이 파괴하면서 위기감이 조성되었기 때문이었다. 이런 위기감과 긴장은 640년에 당이 천산산맥 지역에 있던 고창국高昌國을 멸하자 더욱 고조되었고, 이러던 차에 연개소문은 정변을 일으켜 권력을 잡은 것이다.

허수아비 왕을 내세운 그는 스스로 대막리지大莫離支가 되어 막강한 독재 권력을 행사했다. 그가 얼마나 독재적이고 오만한 인물이었는지는 《구당서舊唐書》동이전 고구려조의 내용을 보면 확연하다.

(그는) 수염과 얼굴이 매우 준수하고 걸출하였다. 몸에는 항상 다섯 자루의 칼을 차고 다니는데 주위 사람들이 감히 쳐다볼 수 없었다. 언제나 그의 관속官屬을 땅에 엎드리게 하여 이를 밟고 말을 탔으며 말에서 내릴 때도 마찬가지였다. 외출할 때는 반드시 의장대를 앞세우고 선도자가 큰 소리로 행인을 물리치는데 백성이 두려움에 피하여 모두 스스로 갱坑 속으로 숨어들었다.

이러한 연개소문은 도움을 청하러 온 김춘추에게 병사를 지원하는 대가로 죽령 이북의 땅을 할양해줄 것을 요구하는데, 이는 거절과 다름 없는 요구였다. 그 땅은 원래 신라의 영토로, 고구려에 빼앗겼다가 되찾은 땅이었다. 이에 김춘추가 난감해하자 연개소문은 당장 김춘추를 옥에 가둔다. 조국을 지키고 딸의 원수를 갚으려 먼 길을 떠났으나 오히려 옥에 갇혀 목숨이 위태로워진 김춘추는 뇌물 작전을 쓰기로 한다. 뇌물을 받은 대신大臣 선도해先道解는 옥으로 김춘추를 찾아와 '토끼와 자라' 이야기를 들려주는데, 병이 난 용왕에게 간을 빼앗기게 된 토끼가 꾀를 써서 사지를 벗어났다는 내용이었다. 즉 연개소문의 요구조건을 들어준다고 한 뒤 본국으로 돌아가라는 암시였다. 덕분에 김춘추는 신라로 돌아올 수 있었으나, 이들의 만남이 파국을 맞은 뒤 고구려와 신라의 협력은 완전히 요원해지고 말았다.

김춘추의 왕위 등극과 나당 연합군의 등장

사지에서 돌아온 김춘추는 김유신과 함께 선덕여왕 16년(647)에 구귀족 세력인 상대등 비담毗曇과 염종廉宗의 반란을 진압하고 새로이 진덕여왕을 즉위시킴으로써 실질적인 권력을 장악했다. 정권의 안정을 되찾은 김춘추는 이제 왜倭와 연합을 도모하기 위해 왜국으로 향했다. 이에 대해《니혼쇼키日本書紀》는 당시 김춘추가 왜국에 인질로 파견되었다고 기록하는데, 이는《니혼쇼키》의 반한反韓적인 서술에 지나지 않는 것으로 실제로는 김춘추의 능동적인 외교 작전의 결과였다고 보아야 할 것이다.

그 점은 당시 동아시아의 전반적인 상황을 검토해보면 알 수 있다. 당시 일본에는 다이카大和 정권이 성립되어 있었는데 그들은 당唐에 사신을 파견해(630년경) 외교 관계를 맺고자 하는 염원을 가지고 있었다. 이를 알고 있던 당은 632년에 고표인高表仁을 일본에 파견해 다이카 정권이 신라에 군사 지원을 하도록 압력을 가했다. 그러나 당시 친백제 정책을 취하고 있던 다이카 정권의 소가씨蘇我氏는 이를 거절하고 이후 20여 년간 당과 국교가 단절되고 말았다.

645년에 소가씨를 제거하고 들어선 다이카 개신改新 정권은 당과의 관계 개선을 원했다. 김춘추는 이러한 상황에 편승해, 646년에 신라에 와 있던 국박사 다카무코노 겐리高向玄理의 제안을 받아들여 647년 일본에 군사 협력을 요청한 것이다. 다이카 개신 정권이 이 요청을 수락하는 대신 김춘추는 당과 일본을 중재해 관계 개선을 주선해준다는 조건이었다. 그럼에도 훗날 나당 연합군과 백제의 전투 과정에서 다이카 정권은 신라가 아닌 백제를 도와주는데, 그 이유는 명확히 알 수 없다.

일본에서 돌아온 김춘추는 마지막으로 648년(진덕여왕 2년)에 당나라로 건너가 군사 지원을 요청한다. 이에 당은 미온적이기는 하지만 대체로 긍정적인 반응을 보였다. 그것은 당이 신라를 이용해 고구려를 칠 속셈이었기 때문이다. 당시 당은 수隋나라의 전철을 밟아 고구려를 쳤으나 쓰디쓴 고배를 마신 직후였다. 수나라의 침입을 받은 바 있던 고구려는 천리장성을 축조해 전쟁에 대비하는가 하면 새로이 권력을 잡은 연개소문이 신라에 대한 공격을 중지하라는 당의 요청을 거부했다. 이에 645년(보장왕 4년)에 당 태종이 고구려를 침략하지만, 안시성安市城의 성주 양만춘楊萬春의 분전으로 당군은 허무하게 물러나야 했다. 647년 당 태종은 재차 고구려를 침략했으나 거듭 실패한다. 결국 당은 신라를 이용해 먼저 백제를 친 뒤에 고구려를 공격할 목적으로, 그리고 신라는 당의 협조로 백제를 칠 작정으로 신라와 당의 협조 관계가 성립된다.

이렇게 당의 협조를 약속받은 신라는 당에 우호적인 뜻을 표하기 위해 중국의 관복을 입기 시작했으며(진덕여왕 3년) 다음 해에는 독자적인 연호를 버리고 중국의 연호를 쓰기도 했다. 김춘추의 아들 김법민金法敏(후의 문무왕)을 당에 보내 진덕여왕이 손수 비단에 수놓은 〈태평송太平頌〉을 바치기도 했다.

이러한 가운데 654년에 진덕여왕이 재위 8년 만에 세상을 떠나자 상대등 알천閼川의 왕위 사양과 군신들의 추대로 김춘추가 무열왕으로 왕위에 오른다. 이는 김춘추·김유신계에 흡수된 구귀족 계열의 알천이 전체 귀족을 대표해 권력을 이양했음을 말해준다.

왕위에 오른 김춘추는 김유신을 상대등으로, 자신의 아들 문왕文王과 인문仁問을 각각 시중侍中과 군주軍主로 삼아 친정 체제를 구축했다. 그리고 대당 외교를 더욱 강화해 드디어 나당 연합군이 구성되었다.

차례로 무너지는 백제와 고구려

나당 연합군이 출동한 것은 660년(백제 의자왕 20년, 신라 무열왕 7년)이었다. 당의 소정방蘇定方은 13만 군사를 거느리고 산둥 반도를 출발해 백제로 진격해 왔다. 이와 동시에 신라에서는 김유신이 5만 병력을 거느리고 전장으로 출동했다. 이들은 날짜를 정해 양군이 합류해 사비(부여)를 치기로 되어 있었다.

나당 연합군의 침입을 맞은 백제의 상황은 내부적으로도 혼란하기 그지없었다. 즉위 초기에는 활발한 정복 활동과 유교 진흥책을 펼친 의자왕이 말기에 접어들면서 환락에 빠지기 시작했고, 왕의 잘못을 지적하던 성충成忠과 흥수興首 등이 죽거나 유배당하는 사태까지 발생했다. 이 와중에 당군이 백강白江(금강) 좌측 언덕에 상륙했고 신라군은 탄현炭峴

• 5천여 병사를 끌고 5만여 명의 신라군과 맞선 계백 장군의 묘

을 넘었다. 백제로서는 막아야 할 요충지를 모두 빼앗긴 것이다. 이에 의자왕은 계백階伯에게 결사대 5천을 거느리고 황산(黃山, 連山)에서 신라군을 맞아 싸우게 했으나 중과부적으로 패하고 말았다. 그 결과 660년 백제는 사비성의 함락과 함께 멸망하고 만다. 이에 당은 백제 지역에 5도독부郡督府를 둠과 동시에(뒤에는 웅진도독부만을 둠) 의자왕을 비롯한 만 2천 명의 백제인을 포로로 삼아 돌아갔다.

이로써 태종무열왕 김춘추는 딸과 사위의 원수를 갚았다. 이제 그의 가슴속에 맺힌 한이 풀린 것이다. 그 때문인지 김춘추는 661년, 왕위에 오른 지 8년 만에 59세의 나이로 세상을 떠났다. 자연히 그 나머지 과제, 즉 백제 부흥군이나 당의 야욕에 대한 대비, 고구려 정벌 등은 그 아들 문무왕(재위 661~681)에게 넘어간다.

예상대로 백제인들은 백제의 부흥을 위해 거세게 항전했다. 각 지역에서 200여 성城에 달하는 백제 유민들이 항거한 것이다. 그 가운데 특히 세력을 떨친 것은 임존성任存城(충남 예산군 대흥면)의 흑치상지黑齒常之와 주류성周留城의 복신福信·도침道琛이 이끄는 부흥군으로 이들은 사비성을 포위해 공격하는 등 당과 신라의 군대를 자주 괴롭혔다. 특히 복신과 승려였던 도침은 일본에서 왕자 풍豊(의자왕의 아들)을 모셔다가 왕으로 삼아 국가로서의 면모를 갖추기도 했다. 그러나 이들 사이에 내분이 생겨 복신이 도침을 살해하고, 나중에는 풍왕까지 죽이려 하다가 자신이 도리어 살해당하는 처지가 된다. 결국 663년에 주류성도 나당 연합군에 함락당함으로써 백제의 부흥 운동은 종말을 고했다.

백제를 멸망시킨 당은 여세를 몰아 고구려를 공격하지만 그리 쉽지는 않았다. 백제를 멸망시킨 다음 해인 661년(보장왕 20년)에 당은 소정방에게 서해를 건너 고구려의 평양성을 공격하게 했다. 당군은 6, 7개월이나 끈질기게 평양성을 공격했으나 연개소문은 이들의 공격을 효과적으로 막아냈다. 당의 요구에 따라 군량을 가지고 평양성으로 향하던 신라군도 심한 추위로 고전했고, 결국 당군은 후퇴했다.

그러나 얼마 뒤 고구려는 내부 상황이 급격히 나빠진다. 나당 연합군의 공격에 국력 소비가 컸을 뿐 아니라 연개소문의 죽음으로 권력 쟁탈전이 벌어졌다. 맏아들 남생은 동생인 남건男建과 남산男産에게 쫓겨 국내성으로 도망, 당의 도움을 받으려 시도한다. 한편 연개소문의 동생 연정토淵淨土는 12성과 함께 신라에 투항한다.

이 틈을 이용해 당은 이세적李世勣에게 고구려를 공격하게 했다(667). 남생은 이때 당군의 길잡이가 되어 고구려 멸망에 일익을 담당하는 꼴이 되고, 당군은 신성新城과 부여성을 비롯한 여러 성을 점령한 뒤 평양성을 포위한다. 고구려는 1년여 동안 항쟁하지만 견디지 못하고 보장왕은 남산을 보내 항복하고 만다. 남산의 항복 후에도 남건은 끝까지 대당 항쟁을 벌이나 역부족으로 평양성이 점령당하고 고구려는 668년 멸망을 맞는다. 이에 보장왕의 서자였던 안승_{安勝}은 고구려 백성 4천여 호를 이끌고 신라로 귀순했고, 당군은 보장왕과 더불어 반당_{反唐}적인 고구려의 호민 2만 8천여 호를 포로로 하여 본국으로 돌아갔다.

오랜 세월 중국의 침략을 격퇴해온 고구려도 이렇게 멸망의 운명을 맞았다. 그 원인은 여러 가지겠지만 특히 연개소문이 남긴 독재 정치의 후유증이 크다. 그는 일찍이 김춘추의 연합작전 제의를 거절했을 뿐 아니라 당에 대해서도 결연한 항쟁의 자세를 취했다. 당 태종은 연개소문의 시역을 문죄한다는 구실로 보장왕 5년(645)에 친히 대군을 이끌고 수륙 양면으로 고구려를 침공했다. 661년 나당 연합군의 침공도 결국 당과 신라 양국에 대한 배타적 외교의 결과가 아닌가.

강경외교 정책은 독재자들이 보편적으로 쓰는 방법이다. 그것은 국민적 위기감과 긴장감을 조성함으로써 국민을 단결케 하고 불만과 고통을 감수하게 하는 데 효과적이기 때문이다. 그러나 사실 그것은 일시적인 방편에 지나지 않는다. 그리고 독재자가 죽으면 후계자 다툼과 권력 누수 현상으로 체제가 급격히 붕괴되는 것도 독재 정치의 일반적인 현상이다. 그리하여 665년에 연개소문이 죽자 고구려는 힘도 쓰지 못하고 무너져 결국 멸망하고 만 것이다.

그럼에도 남은 고구려 유민들은 끈질긴 부흥 운동을 전개했다. 특히 검모잠_{劍牟岑}의 활약이 두드러졌다. 그는 고구려의 패잔병을 수습해 당군을 괴롭혔고 한때는 평양성을 탈환하는 데도 성공했다(669). 그러나 다음 해에 다시 평양성을 빼앗기고 남쪽의 한성(漢城, 載寧)으로 가서 신라에 있던 안승_{安勝}(연정토의 아들)을 맞아 왕으로 삼았다. 하지만 내분으로 안승이 검모잠을 죽이고 신라로 망명함으로써 부흥 운동은 끝내 실패했다.

통일이 완성되기까지

연합군을 조성할 즈음 신라와 당은 당이 평양 이북 지역만 차지하기로 약속했다. 그러나 백제를 물리친 뒤 당은 이 지역을 자신들의 직할 영토로 편입하려 한다. 즉 멸망 직후 5도독부를 두었다가 곧바로 웅진도독부 하나만 두고 그 밑에 7주州·52현을 두었는데 그 도독에 당의 관리를 임명한 것이다. 처음에는 왕문도王文度가 웅진도독에 임명되었으나 그가 죽자 유인궤劉仁軌가 후임으로 임명되었다. 이러한 조치에 신라는 강한 불만을 품는다.

나아가 당은 신라까지도 계림대도독부鷄林大都督府라 칭하고 문무왕을 계림대도독에 임명한다(663, 문무왕 3년). 이 같은 조치는 이제 신라 지역까지도 독자적인 주권국가가 아닌 당의 영토로 간주하려는 생각에서 나온 것이었다. 도독부·대도독부라는 명칭 자체가 당의 한 행정 구역 이름이었기 때문이다. 이에 신라는 물론 백제 유민들도 강하게 반발한다. 그러자 얼마 뒤 당은 의자왕의 아들 부여융扶餘隆을 웅진도독으로 삼아 보내는 한편 신라의 문무왕과 웅진의 취리산(就利山, 鷲尾山)에서 당의 번방藩邦이 되어 서로 화친한다는 내용의 맹약을 맺게 한다. 이 또한 신라가 옛 백제 지역을 차지하지 못하게 하려는 책략이었다.

당은 고구려를 멸한 뒤에는 그 땅에 9도독부를 두고 그 아래에 42주·100현을 두었다(668). 그러나 이것이 실제 설치되었는지는 확실치 않다. 그리고 이어 평양에 안동도호부安東都護府를 두었다. 이 안동도호부는 그 명칭으로 보아 옛 고구려 지역뿐 아니라 백제와 신라까지 통할하기 위한 것이었으리라 여겨진다.

이러한 당의 술책에 신라는 강력하게 대응했다. 우선 신라는 안승을 그가 거느리고 온 4천여 호와 함께 금마저(金馬渚, 益山)에 있게 하고 그를 고구려왕(후의 보덕왕)으로 삼았다(670). 이는 고구려의 부흥 운동을 지원하는 한편 당과 결탁된 백제군을 막아내기 위한 조치로 생각된다. 또한 직접 옛 백제 지역에 군사를 보내 직접적인 공략을 벌이기도 했다. 그리하여 품일品日, 천존天存, 군관軍官 등의 장군이 출정해 각각 백제의 63성, 7성, 12성을 점령했다. 급기야는 사비성까지 함락해 여기에 소부리주所夫里州를 설치한다.

한편 신라는 고구려 지역에 대해서도 검모잠이나 안승의 부흥 운동을 지원하는가 하면 고연무高延武가 당군을 공격할 때 직접적인 군사 지원을 했다. 이러한 신라의 행동에 당은 무력 침공을 멈추지 않았다. 특히 675년(문무왕 15년)의 침략이 절정으로, 이때 당의 설인귀薛仁貴가 신라를 공격했으나 문훈文訓이 거느린 신라군이 이들을 격파해 1,400명을 죽이는 전과를 올렸다. 이어 당의 이근행李謹行이 20만 대군을 거느리고 침략했으나 매초성買肖城(경기 양주)전투에서 신라군에 대패했다. 한편 해로로 계속 남하하던 설인귀의 군대도 소부리주의 기벌포伐浦(금강 입구)에서 시득施得이 거느린 신라 해군에 패했다. 결국 당은 평양의 안동도호부를 요동성(遼東城, 遼陽)으로 옮긴다. 이렇게 해서 신라는 대동강과 원산만을 잇는 이남의 땅을 완전히 차지하게 되었다.

삼국 통일에 대한 몇 가지 아쉬움

지금까지 살펴보았듯 신라는 당과 연합해 백제와 고구려를 멸망시킴으로써 우리 역사의 전개에 새로운 전기를 마련했다. 즉 신라가 달성한 통일의 역사적 의의는 결코 부정할 수 없다. 이제 삼국의 문화는 하나로 융합되면서 새로운 민족국가로서 출발하게 되었다. 독립적인 기반 위에서 한국 민족의 사회·문화 형성의 토대를 마련한 것이다.

그러나 신라의 통일은 많은 문제를 내포하고 있다. 첫째, 김춘추와 김유신 같은 신라의 신흥 세력이 처음부터 원대한 통일 의지를 갖고 있었다고 보기는 어렵다. 금관가야 계열과 사륜 계열의 연합 세력이 새롭게 권력을 잡아보려는 전략과 김춘추의 백제에 대한 개인적인 복수심이 통일 의지에 크게 작용했을 것이다. 김춘추는 대야성 전투에서 사위와 딸이 죽은 직후부터 활발한 외교 작전을 벌이고 있으며, 654년 진덕여왕이 죽었을 때 당시 상대등이던 알천을 제치고 김춘추가 왕으로 즉위한 것은 김유신의 활약 때문이었다.

둘째, 신라는 통일을 자주적으로 달성하지 못하고 외세에 의존했다. 물론 이 점을 긍정적으로 평가하는 학자들은 그것이 당시 현실적으로 힘이 부족했던 신라가 잠시 외세를 이용한 데 불과하다고 주장한다. 즉 외세에 의존한 것이 아니라 주체적으로 이용했다는 것이다. 그 증거로 고구려 멸망 후 신라의 활발한 당 세력 축출 운동을 든다.

그러나 김춘추가 당에 군사적 원조를 요청한 것을 시작으로 우리의 독자적인 정치와 문화가 중국의 많은 간섭과 영향을 받게 되었음을 주목해보자. 김춘추의 대당 외교는 새 통치 이념으로서의 유교 수용 모색, 중국 연호 채택, 신라 조정의 중화화中華化를 위한 당 관복의 요청과 관직 제수, 그리고 인질적인 성격을 내포한 숙위宿衛 외교의 개시 등으로 나타났다. 신채호 같은 이는 김춘추의 이러한 외교 활동을 사대외교라고 혹평하기도 했다. 실제로 이때 우리의 정치·문화적 독자성이 많이 상실된 것이 사실이다. 신라의 당 세력 축출 운동도 평양 이남 지역을 신라가 차지한다는 약속을 당이 위반한 것에 대한 항거에 불과했다고도 볼 수 있다. 따라서 외세 의존 내지 이용의 문제도 긍정적으로만 볼 수 있는 것은 아니다.

셋째, 뒤에서 살펴보겠지만 발해를 고구려의 후예 국가로 인정할 경우, 신라가 과연 백제는 물론 고구려까지도 통합했는가라는 문제가 있다. 즉 신라에 의한 통일을 삼국 통일이라 부를 수 있느냐는 것이다. 우리에게 '신라의 삼국 통일' 또는 '통일신라'란 말은 너무나 익숙하다. 그것은 신라 신문왕神文王(재위 681~692) 12년에 신라가 당에 보낸 국서에 김유신과 무열왕이 '일통삼한一統三韓'했다는 문구가 있고, 신문왕 6년에 세워진 청주 운천동雲泉洞의 사적 비문에 '민합삼한民合三韓'이라 했다는 데 근거를 둔다. 그러나 이는 어디까지나 신라의 시각일 뿐 객관적으로 볼 때 신라의 삼국 통일은 부적절한 표현이라 할 수 있다. 또한 신라의 삼국 통일을 주장하는 논자들은 통일 후에 취한 경위京位 수여나 9주 설치와 같은 고구려와 백제인에 대한 포섭 정책과 민족 융합책을 근거로 드는데, 이는 전체적인 측면에서 볼 때 부분에 지나지 않는다. 백제는 몰라도 고구려는 대부분의 영토와 국민이 신라에 흡수되지 않은 채 남아 있었다.

그리고 원래 신라가 당을 끌어들일 때의 주목적이 백제의 멸망이었고, 고구려까지 멸망시킨다 해도 평양 이남 지역만 차지하기로 되어 있었음을 상기하자. 처음 당과의 약속이 명백히 말해주듯 신라는 한반도 남부만 차지하는 불완전한 통일을 한 것이다. 그렇다면 신라의 '삼국 통일'이 아니라 신라의 '반도 통일'이라 해야 하지 않겠는가. 게다가 그래야만 발해를 고구려의 후예 국가로 인정할 수 있다.

요컨대 7세기로 들어오면서 백제의 신라에 대한 보복전과 신라 내부의 새로운 세력 대두는 역사의 새로운 전개를 암시했다. 그리하여 김춘추는 가야계의 김유신과 손을 잡고 개인적인 복수심과 국가를 위기에서 구해야겠다는 일념으로 활발한 외교 활동을 전개했다. 그는 가장 먼저 같은 민족인 고구려와 연합하려 했으나 연개소문의 거부로 외부 세력을 끌어들여야 했다. 이는 연개소문의 근시안적 사고와 독재 정권을 강화하려는 욕망에서 나온 결과였다. 그 결과 우리 민족의 방파제였던 고구려도 그의 죽음과 함께 종말을 고했고 민족의 통일은 신라에 의한 반도 통일에 그치고 말았다.

　물론 역사적 사건은 어느 한 요소만으로 결정되지 않는다. 연개소문이 김춘추와 화합했다고 가정한들 역사의 비가역성과 수많은 변수는 우리에게 침묵을 지킬 뿐이다. 그러나 당시의 상황만으로 보건대 연개소문이 취한 행동은 민족사적 측면에서 볼 때 큰 불행이었음이 분명하다.

• 경주 무열왕릉(위)과 무열왕릉비의 이수와 귀부(아래)

발해의 등장과 남북국 관계

고구려의 후예 국가 발해

고구려가 멸망한 뒤 대동강 이남 지역은 신라의 영토가 되었으나 나머지 지역은 유동적인 상황에 놓여 있었다. 처음 이 지역은 당이 평양에 설치한 안동도호부의 관할하에 있었다. 물론 이때는 요동 지역뿐 아니라 백제와 신라 지역까지도 관할했다고 할 수 있다. 그러다가 신라의 저항에 쫓긴 당은 안동도호부를 요동성으로 옮김으로써 이제 요동 지역만을 통제하는 위치로 전락했다.

그러나 안동도호부를 통한 요동 지배도 여의치 않게 되었다. 바로 고구려 유민들의 끈질긴 저항 때문이었다. 당은 할 수 없이 보장왕을 요동도독으로 삼고 조선왕朝鮮王으로 봉해, 당에 데려온 2만 8천여 호와 함께 요동에 가서 고구려 유민을 다스리게 했다(677). 그러는 한편 안동도호부를 신성新城(푸순撫順 부근)으로 옮겨 보장왕을 감시하게 했다. 그러나 보장왕은 말갈과 뜻을 모아 당에 대한 저항 운동을 꾀했다. 이에 당은 보장왕을 본국으로 소환했으며 여기에 가담한 고구려인도 상당수 당으로 끌려갔다.

물론 이후의 요동 지방은 다시 안동도호부의 관할하에 들어갔으나 고구려 유민의 반항으로 이 또한 여의치 않았다. 결국 686년, 당은 보장왕의 손자인 고보원高寶元을 조선군왕朝鮮郡王으로 삼아 보내려 했고 이어 698년에 그를 충성국왕忠誠國王으로 삼아 요동의 고구려 유민을 회유하려 했다. 그러나 실천에 옮기지는 않았는데 그 이유는 알려지지 않았다. 당은 즉시 안동도호부를 폐지하고 이듬해 보장왕의 아들 고덕무高德武를 안동도독으로 임명해 요동 지방의 고구려 유민을 통치하게 했다. 이로써 고구려의 마지막 왕이던 보장왕의 아들이 요동 지역 고구려 유민의 총책임자가 되었다. 이를 소고구려국小高句麗國이라 부른다.

당이 이렇듯 고구려를 자치 국가로 허용해준 까닭은 무엇일까. 우선 고구려 유민의 끈질긴 항쟁을 들 수 있다. 직접적인 통치로 끊임없이 신경을 쓰느니 자치를 허용한 간접 통치가 효과적이라고 판단한 것이다. 다음으로 거란의 이진충李盡忠에 의해 영주營州(조양朝陽)가 점령당하면서 북만주에 발해渤海가 건국된 사건을 들 수 있다. 당에서는 발해 건국이 하나의 위협적인 요소로 받아들여졌고 발해와의 완충 지대로서 소고구려국의 건설을 도와준 것이 아닌가 한다. 어쨌든 이 소고구려국은 독자적으로 발전하지 못했지만 고덕무의 자손들은 대를 이어 요동 지방을 반독립적으로 지배했다. 따라서 소고구려국을 고구려의 뒤를 이은 독자적인 국가로 인정하는 데는 약간 문제가 있다.

그런데 요동 지역의 소고구려국보다 한 해 앞선 698년에 이미 북만주 지역에는 발해가 건국되었다. 발해의 건국자 대조영大祚榮은 말갈인의 혈통을 가진 고구려인으로 추측된다. 대조영에 관한 기록을 보면 그가 말갈 수령 출신이라는 기록(최치원의 글, 《신당서新唐書》, 《통전通典》)과 고구려의 별종 또는 옛 장수라는 기록(《구당서》·《삼국유사》·《제왕운기》·《고려사》)을 찾을 수 있다. 결국 그는 말갈 수령 출신으로 일찍이 고구려에 귀부하여 고구려 장군의 직위까지 오른 인물로 볼 수 있다.

대조영은 고구려가 멸망한 뒤 영주로 향했다. 이는 자발적인 이주가 아니라 당의 강제적인 조치에 의한 것으로 보인다. 그러다가 거란의 이진충이 영주를 점령하고 당에 반기를 들자 고구려 유민을 이끌고 동쪽으로 가서 자립해 진국왕(震國王, 振國王)이 되었다. 이것이 바로 발해의 건국이었다.

대조영이 발해를 세울 때 중심이 된 곳은 동모산東牟山 지역이다. 동모산이 현재의 어디인가에 대해서는 몇몇 견해가 있는데 대체로 지린성吉林省 둔화敎化 지역으로 의견이 모인다. 발해의 3대 문왕文王 대흠무大欽茂의 딸 정혜 공주의 묘지가 둔화 지역에서 발견되었기 때문이다. 이후 발해의 영토는 압록강 중류 지역을 포함해 송화강 유역 및 한반도 동북부와 시베리아의 연해주 지역까지 확대된다. 이 지역은 부여·옥저·동예 등이 있던 곳으로 후에 고구려에 흡수되었다. 즉 발해는 옛 고구려 지역의 대부분을 차지한 국가였다고 할 수 있다.

그렇다면 발해를 고구려의 후예 국가로 볼 근거가 반은 충족되었다. 이제 남은 것은 발해의 주민이 고구려인들이었는가 하는 문제다. 문헌 기록을 보면 영주에서 이탈해 동모산 지역으로 이동한 집단들에는 걸걸중상乞乞仲象(대조영의 아버지)과 대조영 집단(고구려계 집단), 걸사비우乞四比羽 집단(말갈계 집단) 등이 확인된다. 발해의 건국은 이들을 주축으로 원래부터 만주 지역에 살고 있던 말갈족과 고구려 유민들이 참여하면서 이루어졌다. 따라서 발해가 건국된 뒤 지배 계층에 편입된 사람들 대부분은 대조영과 함께 영주에서 이동해 온 사람들이었다.

한편 《발해국지장편(渤海國志長編)》을 비롯한 문헌에 보이는 발해인 또는 발해 유민으로 알려진 사람들은 대략 331명 정도다. 이 가운데 대씨가 100명, 고(高)씨는 59명, 장(張)씨가 21명, 이(李)씨 18명, 양(楊)씨 9명, 오(烏)씨 11명, 하(賀)씨 3명 등이다. 대씨는 고구려계로 볼 수 있고 고씨 역시 대부분 고구려계가 틀림없다. 이로 미루어보면 발해의 상층부를 구성한 왕족이나 유력 귀족은 고구려계가 대다수였음을 알 수 있다. 결국 발해는 하층민의 대부분이 말갈인이었다 할지라도 지배층의 주류는 고구려계인 국가라 하겠다. 이 때문에 발해와 일본 사이에 오간 국서에서도 발해를 '고려(고구려)', 발해 왕을 '고려 국왕(고구려 국왕)'이라 지칭한 것이다.

요컨대 발해는 고구려계를 주축으로 건국되었을 뿐 아니라 옛 고구려 영토의 대부분을 차지했으므로 고구려의 후예 국가로 보는 데 무리가 없다. 정혜 공주의 무덤 양식이 고구려의 석실 고분과 같으며 장례제도가 고구려와 같은 3년장이었다는 점도 고구려를 계승한 발해의 사회 성격 이해에 도움이 된다.

신라로 가는 길 — 발해와 통일신라

이제 한반도 남부에는 통일신라가, 옛 고구려 영토에는 발해가 성립되어 이른바 '남북국시대'가 전개되었다. 남북국시대론을 처음 제창한 것은 《발해고(渤海考)》(1784)를 저술한 유득공(柳得恭)이다. 그는 《발해고》 서문에서 "고려가 발해사를 편찬하지 않은 것을 보면 고려의 국세가 떨치지 못한 것을 알 수 있다. 옛날에는 고씨가 북에서 고구려를, 부여씨가 서남에서 백제를, 박·석·김이 동남에서 신라를 세웠으니 이것이 삼국이다. 여기에는 반드시 《삼국사》가 있어야 할 것인데 고려가 그것을 편찬한 것은 잘한 일이다. 그러나 부여씨와 고씨가 멸망한 다음에 김씨의 신라가 남에 있고 대씨의 발해가 북에 있었으니 이것은 남북국이다. 여기에는 반드시 남북사가 있어야 할 것인데 고려가 그것을 편찬하지 않은 것은 잘못이다"라고 했다. 물론 이미 그 전에도 발해를 '북국'이라 부른 예가 있기는 했다. 최치원의 〈사불허북국거상표謝不許北國居上表〉나 《삼국사기》가 그것이다. 그러나 통일신라와 발해를 '남북국'이라 한 것은 역시 유득공이 처음이다.

그렇다면 이러한 통일신라와 발해는 과연 민족적 동질성을 가지고 교류했을까. 이를 살펴보는 데는 남아 있는 자료의 부족이라는 한계가 있다. 926년 발해가 멸망하면서 그 지역이 황폐화되어 발해사를 정리해줄 왕조가 없었을 뿐 아니라 멸망 2년 뒤에 발해인들이 요동 지역으로 강제 이주당하면서 수도인 동경성東京城마저 불타버렸기 때문이다. 이런 이유로 종래에는 몇몇 자료를 가지고 양국의 대립적인 관계만 강조한 견해도 있었다.

그러나 대립적인 관계만 있었던 것은 아니다. 예컨대 《신당서》에는 발해의 주요 대외 교통로가 기록되어 있는데 그 가운데 하나가 신라로 가는 길이다. 즉 발해의 주요 교류국에는 당·거란·일본과 함께 신라도 들어 있어 빈번한 교류가 있었을 것으로 추정된다. 또한 《삼국사기》와 《삼국유사》에 인용되어 있는 《고금군국지古今郡國志》에 따르면 신라의 국경 도시인 천정군泉井郡(함경도 덕원)에서 발해의 동경용원부까지 39개의 역이 있었다. 이것으로 보아도 양국 사이에는 상설적인 교류가 있었음을 알 수 있다.

그렇다면 단편적인 자료나마 양국 사이의 실제적인 외교 관계를 검토해보자. 이를 다섯 시기로 나누어보면 발해가 갓 건국된 대조영 시기

(698~719)를 1기로 볼 수 있다. 최치원의 글이나《동사강목東史綱目》의 기록에 의하면 대조영이 신라에 사신을 보내자 신라는 대조영에게 대아찬의 관등을 주었다 한다. 발해의 초창기였으므로 국제적인 승인을 받기 위한 조치였을 것이다.

2기는 발해 제2대 왕 대무예大武藝 시기(719~737)다. 이 시기에는 발해가 활발한 정복 사업을 수행했는데 이를 경계한 신라는 성덕왕聖德王(재위 702~737) 20년에 하슬라도何瑟羅道(강릉)의 장정 2천 명을 징발해 북쪽 변경에 장성을 쌓았다. 한편 대무예의 정복 사업에 위협을 느낀 흑수말갈이 발해를 이탈해 당의 편에 선 것을 계기로 발해와 당 사이에 전쟁이 벌어졌고 당이 이 전쟁에 신라를 끌어들임으로써 신라와 발해 사이에 싸움이 벌어졌다. 신라에서는 김유신의 손자인 김윤중金允中과 김윤문金允文 등 네 명의 장군이 출정했으나 큰 성과를 거두지 못하고 철군했다. 그런데 엔닌圓仁의《입당구법순례행기入唐求法巡禮行記》에는 산둥의 신라인들이 발해와의 전쟁에서 승리한 것을 기념하기 위해 추석을 쇠기 시작했다는 설명이 나오기도 한다. 어쨌든 이 시기는 신라와 발해가 적대적인 관계를 유지한 시기라 하겠다.

3기는 제3대 왕 대흠무 시기(737~794) 이후다. 이 시기에 발해는 도읍을 둔화 오동성敖東城에서 상경용천부上京龍泉府로 옮겨 발전의 기틀을 마련하고 762년에는 당으로부터 '발해 국왕'이라는 칭호를 받아 독립된 국가의 왕으로 인정받았다. 바로 이 시기에 앞서 얘기한 신라로 가는 길이 마련되고 39개의 역이 설치되었다. 또한《삼국사기》에 의하면 원성왕元聖王(재위 785~798) 6년과 헌덕왕憲德王(재위 809~826) 4년 두 차례에 걸쳐 신라가 발해에 사신을 파견했다. 따라서 이 시기에는 신라와 발해가 활발하게 교류했다고 볼 수 있다.

4기는 제10대 왕 대인수大仁秀 시기(818~830) 이후다. 이 시기는 발해의 전성기로 5경, 15부, 62주가 설치되었다. 818년에서 820년 사이에 발해가 신라를 공격해 영토를 빼앗고 여러 군읍을 설치했음이 《요사遼史》에서 확인된다. 이즈음 신라는 822년 김헌창의 난을 겪은 뒤 826년에 이르러 우잠태수牛岑太守 백영白永에게 명하여 만 명을 동원해 대동강에 장성을 쌓게 했다. 결국 이 시기는 신라의 쇠퇴와 발해의 부상으로 양국이 다시 대립적인 관계로 돌아간 시기다. 이는 당에서 발해 사신과 신라 사신이 서로 윗자리를 차지하려 한 쟁장爭長 사건이나 빈공과賓貢科에서 벌어진 서열 다툼에서도 알 수 있다.

5기는 마지막 왕 대인선大諲譔 시기(906~926)로 발해 멸망기에 해당한다. 이 시기 거란이 점차 세력을 확장해갔는데, 911년경 발해가 신라를 비롯한 여러 나라에 사신을 보내 연계를 맺는 한편 918년에서 925년 사이에는 새로 탄생된 고려와 혼인 관계 또는 이에 상응하는 외교 관계를 맺었음이 확인된다. 그러나 무슨 이유에선지 신라는 925년 거란이 발해를 멸망시키는 데 지원을 했다. 반면 고려는 뒷날 거란 사신을 푸대접하고 발해 유민을 적극적으로 받아들였다.

이상에서 살펴보았듯 신라에 의한 통일 전쟁은 결국 한반도를 통일하는 데 그쳤으나 옛 고구려 지역에 고구려 유민을 중심으로 발해라는 국가가 성립되어 이른바 '남북국시대'가 전개되었다. 물론 양국 사이에는 갈등·대립 관계도 종종 있었지만 활발한 교류가 이루어졌다. 특히 발해가 멸망할 즈음 구원 대상국의 첫 번째로 신라를 선택했고 신라가 일단 이것을 수락했다는 사실은 양국 사이에 활발한 교섭이 있었음을 증명하는 동시에, 같은 운명공동체라는 의식도 가지고 있었으리라 추측하게 한다. 우리는 삼국 '통일'이라는 대사건 아래 가려진 채 소홀히 취급되어온 발해사 연구에 적극적인 관심을 가져야 하며 잃어버린 땅에 대한 민족적 애착과 그 의의를 잊지 말아야 할 것이다.

| 생각해 보기 |

1. 김춘추가 당을 끌어들인 것은 잘한 일일까, 잘못한 일일까?
2. 신라의 3국 통일인가, 신라의 백제 통합인가, 신라의 반도 통일인가?
3. 연개소문은 독재자인가, 민족주의자인가?
4. 발해는 우리 국가인가, 당의 부속 국가였는가, 아니면 제3국이었는가?

3장

서로 다른 방식으로
신라 불교를
완성하다

◆

한국 불교사의 전개와 원효 vs 의상

1 한국 불교사의 전개

도입—삼국시대의 호국 불교

불교는 기원전 6세기경 인도에서 발생하여 각 지역으로 전파되었다. 서북방으로는 서역을 거쳐 중국에 들어왔고 중국을 통해 우리나라에도 전해졌다. 불교가 공식적으로 우리나라에 전해진 것은 고구려 소수림왕小獸林王(재위 371~374) 2년(372)으로 전진前秦의 왕 부견符堅이 사신과 승 순도順道를 통해 불경과 경문을 보낸 데서 비롯되었다. 그러나 이것은 공식적인 전래이고 이미 그전에 불교가 전래된 것으로 보인다. 동진東晋의 고승 지둔도림支遁道林(314~366)이 당시 고구려의 고승에게 글을 보냈다는 《양고승전梁高僧傳》과 《해동고승전海東高僧傳》의 기록이 있기 때문이다.

또한 백제에는 침류왕枕流王(재위 384~385) 원년 인도승 마라난타摩羅難陀가 동진을 거쳐 와서 불교를 전했다. 신라에는 눌지왕訥祗王(재위 417~458) 때 고구려를 거쳐 온 승 묵호자墨胡子가 현 경북 선산의 모례毛禮의 집에 와서 전도한 뒤 소지왕(재위 479~500) 때 고구려에서 승 아도阿道가 와서 전도 했다. 그러나 신라에서는 민간신앙과 귀족들의 반대로 법흥왕 14년(527) 이차돈異次頓이 순교한 후에야 공식적으로 불교가 인정되었다.

이처럼 삼국의 불교 수용은 시기의 차이는 있지만 왕실을 통해 이루어졌다. 이것은 고대국가 체제가 완성되면서 종래의 원시종교나 시조신 숭배를 대신해 새로운 통치사상이 필요했기 때문이었다. 따라서 당시 불교는 호국 불교적인 성격을 띠었다. 호국경으로 유명한《인왕경仁王經》같은 것이 지극히 존중되었으며 인왕백좌강회(仁王百座講會(100명의 고승을 초청하여 자리에 앉히고《인왕반야경(仁王般若經》을 강독하게 하는 호국불교법회)는 물론이고 팔관회 등도 호국적인 불교 행사의 성격이었다. 9개국을 정복하고 조공을 받기 위해 세웠다는 황룡사 구층탑이나 미륵불이 하생하여 화랑이 되었다는 사상도 호국신앙의 표시다.

이후 고구려불교는 대승불교인 중관론 · 백론 · 십이문론의 삼론종三論宗이 크게 발달하여 승랑僧郎은 중국에 가서 중국 삼론종의 3대조가 되었고 혜관과 도징은 일본 삼론학 발달에 기여했다. 후기에는 열반종涅槃宗도 발달했다. 백제에서는 계율종戒律宗이 발달하여 겸익謙益이 인도에 가서 구법하고 돌아와 백제 계율종의 시조가 되었으며, 말기에는 고구려에서 열반종이 들어와 유행했다. 특히 백제불교는 일본 불교에 많은 영향을 미쳤다.

신라의 불교는 고구려나 백제의 영향하에서 전개되었다. 진흥왕 대에는 고구려의 승 혜량惠亮이 신라에 와서 국통國統이 되어 교단을 조직했고 진평왕 때에는 원광圓光이 성실종 · 열반종을 전했다. 또한 자장慈藏은 계율종을 개창하고 대국통이 되어 신라불교를 총관했다. 이처럼 신라에는 국통 아래 주통州統 · 군통郡統 등이 조직돼 있어 국가 불교적인 색채를 강하게 띠었다.

불교는 통일신라로 넘어와서 비약적으로 발전해, 5교가 성립되고 불교의 대중화, 통불교通佛敎의 성립이 이루어졌다. 당시에는 외국에 유학하는 승려가 많았는데 그 가운데 원측圓測은 중국에 머물면서 경전 번역과 저술 등을 통해 중국불교 발전에 크게 기여했다. 그리고 혜초慧超는 불법을 구하기 위해 인도까지 다녀온바 그 여행기로《왕오천축국전住五天竺國傳》을 남겼다.

또한 이 시기에는 당의 영향 아래 5교 즉 5종宗이 성립되는데 계율종·열반종·법성종法性宗·화엄종華嚴宗·법상종法相宗이 그것이다. 이 가운데 가장 발달한 것은 화엄종과 법상종이었다. 화엄종은 '일즉다 다즉일一卽多 多卽一'이라는 원융圓融 즉 조화의 사상이며 일심一心으로 만물을 포섭하려는 사상이었다. 그 성격에 맞게 화엄종은 전제왕권 강화를 위한 이념으로 크게 발전했다. 신라 화엄종의 시조는 의상義湘이다. 그는 중국에 유학해 중국 화엄종의 대종사인 지엄智儼에게 수학하고 돌아와 부석사를 창건하여 화엄종을 널리 전파했다.

신라 법상종의 대표자는 원측이었다. 그는 당에 들어가 현장玄奘에게서 수학했고 거기서 활동하다 죽었다. 그의 사상은 유식학唯識學뿐 아니라 다른 여러 사상도 포용하려는 경향을 갖고 있어 교리상으로 같은 현장의 제자인 규기窺基와 대립했다. 또 자은학파慈恩學派로부터 이단시되어 배척을 받았으나 티베트불교에는 지대한 영향을 미쳤다. 이 원측의 유식학은 도증道證을 거쳐 태현太賢에 이르러 집대성되어 법상종으로 완성된다.

통일신라시대에는 불교의 대중화 운동이 활발했다. 여기에 크게 기여한 사람은 바로 원효元曉다. 그것은 정토신앙淨土信仰의 형태로 나타났는데 경전의 깊은 의미를 몰라도 '나무아미타불南無阿彌陀佛'이라는 염불만 계속하면 서방정토 즉 극락으로 갈 수 있다는 사상이었다. 이러한 정토신앙은 원효뿐 아니라 의상에게서도 확인된다. 의상은 화엄종의 본찰로 세운 부석사의 금당에 화엄종의 주불인 비로자나불을 모신 것이 아니라 정토신앙의 아미타불을 모시고 그 명칭을 무량수전無量壽殿이라 했다.

다음으로 통일신라 불교의 특징은 한 사상이나 종파에 집착하지 않고 이를 융화·통합하려는 통불교적인 성격을 띠었다는 것이다. 원효가 그 대표자로 그는 법성종 계통의 사상을 중심으로 했지만 그 밖의 종파나 사상도 융화·통일되어야 함을 강조했다. 이는《십문화쟁론十門和諍論》이라는 그의 저서를 통해 알 수 있으며 그 때문에 후일 화쟁국사和諍國師라는 칭호가 붙기도 했다. 의상 역시 화엄종만 강조하지 않고 여러 사상을 포용하려 했다.

이러한 통일신라 불교는 하대로 접어들면서 정치기강의 문란과 당의 영향으로 점차 쇠퇴하고 선종禪宗의 역할이 증대되기 시작했다. 선종은 "문자에 입각하지 않아도 인간의 본성을 깨달으면 부처가 될 수 있다不立文字 見性成佛"는 사상으로 경전을 중시하는 교종보다 일반 민중에게 가까워질 수 있었다. 선종은 특히 지방 사회에 널리 퍼져 혜공왕 때 신행神行이 당을 통해 북종선北宗禪을 전래한 이래로 선종9산이 성립되었다.

9산선문은 도의道義에 의한 가지산파(전남 장흥 보림사), 홍척洪陟에 의한 실상산파(전북 남원 실상사), 혜철惠哲에 의한 동리산파(전남 곡성 태안사), 현욱玄昱의 봉림산파(경남 창원 봉림사), 도윤道允의 사자산파(강원도 영월 흥령사), 범일梵日의 사굴산파(강원 강릉 굴산사), 무염無染의 성주산파(충남 보령 성주사), 도헌道憲의 희양산파(경북 문경 봉암사), 그리고 이엄利嚴의 수미산파(황해도 해주 광조사) 등이었다.

이들 선문은 선종의 대중성과 혁신성 때문에 당시 신라의 중앙집권적인 통치 체제에 반발하던 호족들에게 지원을 받았다. 예컨대 사굴산파는 명주 호족 왕순식의 후원을 받았고 해주의 수미산파는 송악 호족 왕건의 지원을 받았다.

한편 신라 말에는 새로운 사회 건설에 대한 염원 때문에 미륵사상이 유행하기도 했다. 이는 석가가 열반한 후 56억 7천만 년이 지나면 미륵이 지상의 용화수龍華樹 아래에 내려와 세 번의 설법으로 모든 중생을 교화하여 이상적인 사회를 만든다는 사상이었다. 이 신앙을 널리 퍼뜨린 이는 일찍이 경덕왕 때에 김제의 금산사를 중심으로 활약하던 진표眞表였다. 그러나 미륵사상은 신라 말의 혼란한 사회 속에서 더욱 유행해, 견훤이나 궁예도 미륵사상을 신봉했다. 특히 궁예는 그 자신을 미륵불이라 칭하면서 불교를 통한 집권 정책을 도모했다.

고려 ─ 교종과 선종의 통합 노력

고려가 건국된 이후에는 유교가 서서히 정치사상으로 등장하기 시작했지만 불교는 여전히 정치·사회의 각 방면에 깊은 영향을 미쳤다. 고려 태조 왕건 역시 불교를 깊이 신봉했다. 그는 개경에 법왕사·왕륜사 등 10개의 절을 지었으며 신검을 무찌르고 난 후에는 그것이 불법에 의한 것이라 하여 충남 연산에 개태사開泰寺를 짓기도 했다. 그가 죽으면서 남긴 〈10훈요〉에는 "우리 국가의 대업은 제불諸佛의 호위에 의한 것이다. 그러므로 선禪·교敎의 사원을 세워 주지를 보내 분수焚修케 하고 각기 그 업을 닦게 하라"는 말까지 나온다.

광종光宗(재위 925~975) 대에 이르러서는 승과제도와 국사·왕사 제도가 마련되었고 불교계의 정비가 이루어졌다. 광종은 국가적 안정과 왕권

강화를 위해 불교 교단 정비에 노력했다. 이때에는 교종이 다시 득세하는데 광종은 균여均如를 통해 북악파와 남악파로 나뉜 화엄종단을 정비했고 나아가 법상종 세력까지 흡수하여 '성상융회性相融會' 사상을 표방하게 되었다. 본래 화엄종과 같은 성종性宗은 우주만물은 동일한 법성法性에서 생겼으므로 일체의 중생은 성불할 성품이 있다는 사상인 데 비해 법상종 같은 상종相宗은 우주만물의 본체보다는 현상계의 차이를 인정하고 거기에 따라 성불 여부를 말하는 사상으로 차이가 있었다. 그러나 균여는 이를 융화하려 시도했다.

그리고 선종은 중국에서 법안종法眼宗을 수입해 이를 중심으로 각 종파를 정리했다. 그런데 이 법안종도 선·교 절충적인 성격이 있었다. 뿐만 아니라 당시 상당한 수준에 올라 있던 천태학도 교·선을 절충한 사상 체계였다. 따라서 광종 대의 교·선 통합은 천태학과 법안종이 서로 보완하는 입장에서 추구되었다 할 수 있다.

이후 화엄종은 문종 대에 준공된 흥왕사를 중심으로 고려 왕실과 밀접한 관련을 맺은 반면 법상종은 당시 최대 문벌인 인주 이씨와 밀접하게 연결되어 성장했다. 그러다가 화엄종은 의천義天이 나오면서 절정을 맞는다. 의천은 문종의 넷째 아들로 11세에 출가하여 경덕국사 난원爛圓 문하에서 화엄학을 배웠는데 송宋으로 건너가 여러 고승들을 만나 불법을 토론하고 천태산에 들어가 중국 천태종의 개조인 지자대사智者大師 지의智顗의 부도를 뵙고 천태종을 널리 유포할 것을 다짐했다 한다. 그는 귀국 후 교종과 선종의 통합을 주장하고, 마음의 동요를 멎게 하여 항상 진리에 머물며 이 부동심不動心이 지혜가 되어 사물을 밝게 관찰하는 지관止觀 즉 정혜定慧를 중시하는 천태종天台宗을 개창했다. 그러나 그의 천태종은 어디까지나 교종의 입장에서 선종을 통합하려는 것이었다. 또한 의천은 국내는 물론 송·요·일본 등지에서 논論·소疏 등을 모아 《속장경》을 간행했는데, 이에 대한 참고도서 목록인 《신편제종교장총록新編諸宗敎藏總錄》을 살펴보면 선종 관계 문헌은 거의 찾을 수 없다.

고려불교의 융성은 대장경 판각으로도 나타났다. 대장경은 경經·율律·론論 등 3장의 불교경전을 총칭하는 말로 현종顯宗(재위 1009~1031) 초년에 조판이 시작되어 선종宣宗(재위 1083~1094) 4년(1087)에 완성되었다. 이는 거란족의 침입을 불력으로 격퇴하려는 동기에서 시작되었다. 그러나 몽골의 침입으로 소실되어 전하지 않는다.

의종毅宗(재위 1146~1170) 24년(1170) 무신의 난을 계기로 성립된 무신정권 하에서 불교계는 새로운 변화를 겪었다. 그것은 선종의 등장과 결사 운동의 전개, 조계종 성립, 그리고 대장경 조판 등이다. 선종은 당시 무신정권에 반기를 든 기존의 교종에 대한 탄압의 반작용으로 등장했다. 뿐만 아니라 신라 말·고려 초와 같이 선종 자체의 단순성과 혁신성도 소박한 무인들에게 관심과 친근감을 줄 수 있었다.

다음으로 당시 불교계의 혼탁한 세태를 비판하면서 이를 정화하기 위한 결사 운동이 활발하게 일어났다. 우선 들 수 있는 것이 보조국사 지눌知訥에 의한 수선사修禪社 결사 운동이다. 지눌은 명종明宗(재위 1170~1197) 12년(1182) 승과에 합격한 후 보제사의 담선법회에 참석했다가 그 분위기에 실망하고 도반들과 공산 거조사에서 정혜사定慧社를 결성했다가 신종 3년(1200) 정혜사를 순천의 송광산 길상사吉祥寺로 옮겼다. 이것이 희종 즉위년(1204)에 왕의 친필 사액을 받아 조계산 수선사로 이름이 바뀌었다.

그의 사상은 돈오점수頓悟漸修와 정혜쌍수定慧雙修로 요약할 수 있다. 이는 인간의 마음이 곧 부처라는 사실을 먼저 깨닫고 이를 바탕으로 수련을 계속해야 하며 그 수행에서 정·혜를 함께 닦아야 한다는 것이다. 즉 정혜쌍수는 좌선을 제일로 하나 염불이나 간경看經도 중시했다. 이러한 지눌의 사상은 결국 선종을 위주로 교종을 융합하려는 것이었다. 이렇게 해서 성립된 해동조계종海東曹溪宗은 혜심·충지 등의 계승자들에 의해 계속 발전했다.

이러한 결사 운동은 천태종에서도 일어났는데 원묘국사 요세了世에 의한 백련사白蓮社 결사가 그것이다. 요세는 강진의 토호 최표崔彪의 요청으로 만덕산에 백련사를 결성하고 불교계의 혁신과 정화에 노력했다. 그러나 앞의 수선사가 주로 지방 지식인을 대상으로 한 데 비해 백련사는 정토관에 충실함으로써 기층 사회의 교화에 전념한 것이 달랐다.

다음으로 대장경 조판 사업은 몽고의 침입을 물리치기 위해 재개된 것이었다. 고종 23년(1236) 강화도로 천도한 최우 정권은 부처의 힘을 빌려 몽고군을 물리치기 위해 대장경을 조판했다. 이는 고종 38년(1251)에 완성되어 강화도의 대장경 판당에 안치되었다가 조선 초에 현재의 합천 해인사로 옮겨져 보관되고 있다.

이후 원 간섭기에 이르러 불교는 다시 권문세족과 밀착되면서 혼탁해져 많은 폐단을 속출했다. 수선사도 점차 최씨 정권과 밀착해가다가 몽골 통치기에는 위축되었고 백련사계도 고려 왕실 및 원 황실의 원찰인 묘련사妙蓮社로 변질되었다. 그 대신 균여파의 화엄종과 법상종, 그리고 일연一然으로 대표되는 가지산파의 선종이 부흥했다.

한편 이들 불교사원은 원이나 고려의 왕실 및 권문세족들과 결탁되면서 많은 농장과 노비를 소유해 국가 경제를 좀먹고 있었다. 심지어 상행위와 양조사업까지 벌여 사회의 지탄을 받았다. 이런 불교는 새로 등장한 신진사류들의 비판을 받기 시작하다가 척불론으로까지 발전하기에 이른다.

조선 — 탄압 속에서도 명맥을 유지하다

조선시대에 불교는 집권 세력의 억압 정책으로 급격히 쇠퇴했다. 태조는 도첩제를 실시하여 함부로 승려가 되는 것을 금했고 사원의 남설도 금했다. 태종 대에는 탄압이 더욱 심해져 전국에 242개 사원만 남기고 나머지는 모두 철폐되었다. 그리고 거기에 소속된 노비와 토지도 몰수했다. 그러다가 세종·세조 대에 불교는 왕실의 개인적인 숭배 대상이 되기도 했다. 세종은 유신들이 반대했음에도 궁성 안에 내불당內佛堂을 지어 숭배했으며 세조는 원각사를 짓고 간경도감을 두어 불경의 언해를 간행했다.

그러나 성종은 다시 불교를 억압했고 중종 2년(1507)에는 승과까지 폐지했다. 그러다가 명종明宗(재위 1545~1567) 때에 문정왕후가 섭정을 하면서 명승 보우普雨를 중용함으로써 불교는 일시 생기를 띠었다. 이때 봉은

사奉恩寺를 선종의 본산으로, 봉선사奉先寺를 교종의 본산으로 삼아 선·
교 양종을 두고 승과를 다시 설치했다. 그러나 문정왕후의 죽음으로 불
교는 다시 쇠퇴했다.

　이러한 탄압책 속에서도 불교는 임진왜란 때 승병을 일으켜 국난 극
복에 이바지했다. 그 중심 역할을 한 이는 서산대사 휴정休靜, 사명대사
유정惟政 등이었다. 한말·일제 시기에도 사찰령으로 탄압을 받았으나
한용운 등의 승려가 나타나 불교유신론과 독립운동을 전개했으며, 이
후 해방을 맞아 현재에 이르렀다.

2 불교사의 양대 산맥

앞서 보았듯 한국 불교사를 이야기할 때는 신라의 고승 원효(617~686)를 빼놓을 수 없다. 또한 원효를 말하자면 의상(625~702)을 논해야 한다. 원효는 불교사상의 융합과 그 실천에 힘쓴 정토종淨土宗의 선구자이며, 한국의 불교사상 큰 발자취를 남긴 위대한 고승의 한 사람으로 추앙되고 있다. 의상은 해동화엄종海東華嚴宗의 창시자로 전국에 10여 개의 화엄종 사찰을 건립했으며 그의 문하에서 오진悟眞 · 지통知通 · 표훈表訓 · 진정眞定 · 진장眞藏 · 도융道融 · 양원良圓 · 상원相源 · 능인能仁 · 의적義寂 등 '의상십철義湘十哲'이라 일컫는 고승이 배출되었다. 그들은 실로 우리 불교사의 큰 두 산이었다.

민중 속으로 뛰어든 승려 — 원효

원효는 신라 진평왕 39년(617) 지금의 경북 자인慈仁에서 설담날薛談捺의 아들로 태어났다. 여러 명인이 그랬듯 그의 어머니도 유성이 품속으로 들어오는 꿈을 꾸고 임신했는데 길을 가다가 밤나무 밑에서 원효를 낳았다 한다. 이는 석가모니가 룸비니동산의 무수無憂樹(사라수) 아래서 태어난 것과 같은 인상을 준다. 그의 아버지는 신라 17관등 가운데 11위인 나마奈麻에 있었고 설씨였던 점으로 미루어 그의 집안은 진골귀족 가문은 아니고 6두품 가문 정도로 추측된다.

그의 어릴 때 이름은 서당誓幢이었는데 소년 시절에 대한 기록은 전하지 않는다. 출가한 나이는 15세경으로, 《삼국유사》를 근거로 29세에 출가했다는 설도 있지만 《송고승전》의 기록대로라면 성인이 되는 관을 쓴 해, 즉 15세가 합당하다. 출가 동기에 대해서는 몇몇 설이 있다. 그의 이름으로 미루어 화랑이었다가 동료의 죽음을 목격하고 인생무상을 느껴 그랬으리라는 설이 있는가 하면, 6두품으로 태어난 그가 골품의 신분적 차별을 초월하는 높은 경지를 체득하기 위해서였다는 견해도 있다. 또한 당시의 혼란한 현실 특히 진평왕 53년 칠숙漆宿이란 사람이 난을 일으켰다가 잡혀 시장에서 목이 떨어지고 구족이 화를 당하는 사건의 여파로 출가한 것이라는 설도 있다.

황룡사에서 머리를 깎고 출가해 구도의 길에 오른 서당은 스스로 원효元曉로 호를 삼고 살던 집을 절로 삼아 초개사初開寺라 했다. 그리고 자신이 태어난 곳에 있던 밤나무 옆에도 절을 지어 사라사娑羅寺라 했다. 이름 원효를 한글로 풀면 '새벽'이란 뜻이니 새 불교의 새벽을 연 인물에 걸맞은 칭호다. 그 뒤 그는 각지의 고승을 찾아다니며 불법을 배웠다. 서라벌 흥륜사興輪寺에서 법장法藏 스님에게 배우기도 했고 남쪽으로 내려가 경남 양산의 영취산 기슭 반고사磻高寺에 있는 낭지朗智 스님에게서 배우기도 했다. 그런가 하면 고구려에 있다가 연개소문의 도교 진흥책에 반발하여 전주로 내려와 있던 보덕普德 스님에게 대승경전을 배우

• 원효의 초상

기도 했다.

이렇게 정진하던 그는 진덕여왕 4년(650)에 더 깊이 불교를 공부를 하기 위해 여덟 살 아래인 의상과 더불어 당나라에 들어가려 했다. 그들은 육로를 따라 요동 지역으로 갔으나 고구려의 변방 수비대에게 정탐자로 오인을 받고 수십 일 동안 갇혀 있다가 간신히 신라로 돌아왔다. 결국 당나라 유학 시도는 실패로 끝났다. 그 뒤 불법에 전념하며 《십문화쟁론》같은 저서를 썼다.

그러다가 문무왕 원년(661), 45세의 나이로 다시 의상과 함께 당나라 유학길을 떠났다. 이때는 해로를 이용할 작정이었다. 경주를 떠나 당항성으로 가는 도중 오늘의 충남 직산을 통과하게 되었다. 밤에 심한 폭우를 만난 그들은 토굴로 피해 하룻밤을 지냈다. 그런데 아침에 일어나 보니 그곳은 토굴이 아닌 무덤이었다. 폭우가 계속되어 하룻밤을 더 머물 수밖에 없었는데 그곳이 무덤이라는 사실을 알고 나자 잠도 이룰 수 없었고 귀신이 나타나 괴롭혀댔다. 이에 원효는 불현듯 큰 깨달음을 얻었다(해골에 담긴 물을 마시고 깨달았다고도 한다). 원효는 그때의 깨달음을 다음과 같이 표현했다.

마음이 일어남에 온갖 것 생겨나고　　心生故種種法生

마음이 없어지니 토굴과 무덤 둘이 아니로다　　心滅故龕墳不二

삼계가 오직 한마음이오 만법이 오직 인식이니　　三界唯心萬法唯識

마음 밖에 법이 없으니 어찌 따로 구하랴　　　心外無法胡用別求

　모든 것은 내 마음에 달렸다. 내 마음 외에 또 무엇이 있겠는가. 모든 일과 행동은 나에게서 출발한다. 일찍이 석가가 "하늘 위 하늘 아래 오직 나 홀로 존귀하도다天上天下唯我獨尊"라고 한 것도 결국은 이 뜻이 아닌가. 이제 그 앞에 존재하는 모든 것이 환하게 밝아져왔다. 이에 그는 유학을 포기했다.

　이처럼 깨달음을 얻기 전에 이미 그는 속세와 큰 인연을 맺은 적이 있다. 종래의 탈속적인 불법에 회의를 품고 대중 속으로 들어가 불법을 전하려는 뜻을 가진 것은 그의 확고한 신념이었던 것으로 볼 수 있다. 당시 그는 때와 장소를 가리지 않고 불교의 진리가 담긴 노래를 부르고 다녔다. 대안大安 스님도 남루한 옷을 걸치고 거리에서 징을 울리며 돌아다녔고 혜공惠空 스님도 때로 삼태기를 등에 메고 노래하며 춤추었다지 않은가.

　무열왕 때의 일이다. 원효는 다음과 같은 노래를 부르며 거리를 돌아다녔고, 이는 왕의 귀에까지 들어갔다.

　　　누가 자루 빠진 도끼를 허락하려나
　　　내가 하늘 받들 기둥을 다듬고자 하는데

　아무도 이 노래의 의미를 이해하지 못했으나 태종무열왕은 뜻을 알아듣고 사신을 보냈다. 그러자 원효는 일부러 다리 아래로 떨어져 옷을 적셨고, 이에 사신은 그를 요석궁으로 인도해 옷을 말리게 했다. 그리하여 그곳에 머무르다가 요석공주에게서 아들을 얻으니 그가 설총薛

^聰이었다. 이를 스스로 파계로 단정한 그는 자신을 소성거사_{小姓居士}라 하며 민중 속으로 뛰어들어 생활하면서 불법을 전했다.

그는 광대들이 가지고 놀던 표주박을 가지고 이것을 희롱하면서 춤추고 노래 부르기도 했다. 그가 광대처럼 바가지를 두드리면서 부른 노래로 〈무애가_{無碍歌}〉가 있었는데, '모든 일에 거리낄 것 없는 사람이라야 한길로 나아가 생사의 번뇌에서 벗어나리라_{一切無碍人 一道出生死}'라는 화엄경 사상을 담은 내용이었다. 가난하고 무지한 백성들이 부처의 이름을 알고 '나무아미타불'을 염불할 수가 있게 된 것은 이러한 원효의 교화 덕분이었다.

그러나 원효의 뜻을 이해하지 못하는 사람들도 있었다. 귀족들은 그가 방탕하다고 여겨 못마땅해했다. 그리하여 조정에서 나라의 안녕과 발전을 빌기 위해 인왕백고좌회를 열었을 때 인왕반야경을 강의할 인사로 원효가 추천되었으나 귀족들의 반대로 취소되기도 했다.

《송고승전》 원효전의 기록에 의하면 당시 원효는 거사들과 함께 술집과 창녀집에 드나들었고 광대들의 칼과 봉을 가지고 악기를 탔으며 여염집에서 잠을 자기도 했다. 그러나 때로는 좌선을 하면서 경전 주석서를 쓰고 화엄경을 강의했다. 그렇게 불교 대중화 운동 못지않게 경전 공부에도 힘을 쏟아 많은 저술을 남겼는데, 그의 저술은 99부 240여 권에 이르나 20부 23권만 현재 전한다. 그 가운데 대표적인 것으로《십문화쟁론_{十門和諍論}》,《금강삼매경론_{金剛三昧經論}》,《대승기신론소_{大乘起信論疏}》 등이 있다.

원효의 학문이 높은 것은 자타가 공인한 바로, 한번은 당시 아무도 해석하지 못한《금강삼매경》의 해석을 왕실에서 어쩔 수 없이 원효에게 맡겼다. 그러자 원효는 소가 끄는 수레 위에서 주석서 다섯 권을 썼다. 그런데 황룡사에서의 강의를 앞두고 경박한 무리들이 이를 훔쳐갔다. 하지만 원효는 겨우 사흘 만에 다시 세 권의 주석서를 써서 왕실 및 고승들에게 당당하게 강론했다.

또 한 번은 암호 문서를 해독해 위기에 처한 신라군에게 도움을 준 일이 있었다. 문무왕 2년(662) 신라와 당의 연합군이 백제를 멸망시키고 다시 고구려를 공격할 때였다. 김유신은 부하를 보내 소정방에게 합세할 기일을 알아오게 했다. 그러자 소정방은 송아지와 난새를 그려 보냈으나 아무도 그 뜻을 알 수 없었다. 그런데 사람을 보내 원효에게 그 뜻을 묻자 원효는 "군사를 속히 귀환시키라는 뜻이다. 화독화란畵犢畵鸞의 반절음을 이른 것이다" 했다. 이에 김유신은 대동강을 건너려다 속히 후퇴했다. 이때 고구려 대군이 공격해 와 미처 도망하지 못한 병사들은 숨졌으나 후퇴 명령 덕분에 대부분의 병사가 무사했다. 원래 '화독화란'의 반절음이란 '화'의 맨 처음 글자인 'ㅎ'과 '독'의 뒷글자인 'ㅗㄱ'을 합한 '혹', 그리고 '화'의 처음 글자인 'ㅎ'과 '란'의 뒷글자인 'ㅏㄴ'을 합한 '한'을 말한다. 즉 '혹한'인데, 이것이 '속환速還'과 발음이 비슷하다는 데서 원효의 풀이가 나온다(송아지와 난새의 그림을 뜻하는 '화독화란'을 송아지와 난새는 모두 어미에게서 '떨어져서 살아야 한다'는

암호로 해석했다는 설도 있다).

이같이 원효는 중생을 구하는 데 진력했다. 특히 가난하고 고통받는 민중을 구제하기 위한 '불교 대중화' 운동에 정력을 기울여, 이를 위해 정토신앙의 보급에

• 원효가 무등산에 머물 때 개축했다는 원효사

앞장섰다. 《무량수경》에 의하면 정토교는 법장비구가 고통받는 민중을 구원하려는 서원을 세워 무수한 수행 끝에 마침내 무량수불(아미타불)이라는 부처가 되어 안락국(극락세계)이라는 이상적인 국토를 건설했는데, 집 떠나 수도하는 사람뿐 아니라 배움 없고 힘없는 사람들도 '나무아미타불'을 염하면서 정토를 희구하면 모두 그 나라에 참여할 수 있다는 내용의 가르침이다. 따라서 정토교의 구원관은 인간의 평등을 전제로 한다. 당시 정토신앙의 보급에는 골품제의 차별성을 타파하려는 성격도 포함되어 있었다고 할 수 있다.

원효의 사상은 또한 특정 종파나 사상에 얽매이지 않고 모든 사상을 융화하고 포섭하려는 통불교적 성향을 띤다. 그가 특정한 스승 없이 배운 것도 그러한 그의 성향을 말해준다. 그는 보덕에게서 열반경과 유마경을 배웠고 낭지에게서는 법화경을 배웠으며 화엄경에 대해서는 의상과 토론하기도 했다. 또한 여러 경전의 주석을 쓸 때는 민중적인 승려 혜공에게 질의하기도 했다. 그리하여 그의 연구는 대승경·소승경은 물론이고 율·논 등 미치지 않은 것이 없었다.

이 밖에 그는 노장사상에도 이해가 깊었다. 그의 저서에《도덕경》이나《장자》의 인용 구절이 적지 않은 것도 이 때문이다. 심지어 의술이나 도참에도 관심을 보여, 그의 저술을 살펴보면 병이나 의료에 관련된 부분이 있으며 참기讖記도 있었다는 기록이 있다.

이렇게 넓고 큰 사상을 가진 원효는 신문왕 6년(686) 혈사六寺에서 70세의 나이로 세상을 떠났다. 그의 아들 설총은 아버지의 유골을 분황사芬皇寺에 모셨고 설총의 아들 설중업薛仲業은 원성왕 2년(786) 조부와 인연이 깊은 고선사에 서당화상탑비를 세웠다. 그는 사후에도 후학들에게 숭배되어, 고려의 의천은 원효의 저서를 모아 요나라 도종道宗에게 보냄으로써 거기서 원효의 책이 발간되기도 했으며 숙종 6년(1101)에는 '화쟁국사'라는 호가 추증되기도 했다. 또한 원효의 사상은 일본불교에도 많은 영향을 주었다.

한 치의 흔들림 없는 고결한 수행자 — 의상

의상은 진평왕 47년(625) 경주에서 진골 김씨 집안 김한신金韓信의 아들로 태어났다. 그의 어린 시절도 기록이 거의 전하지 않는다. 다만 진골 출신인 점으로 미루어 원효보다 유복한 생활을 했으리라 추측한다.

그는 20세를 전후한 시기에 경주 황복사皇福寺에서 출가해 승려가 되었다. 그 뒤 원효와 함께 고구려 보장왕의 도교진흥책에 반발하여 완산주로 내려와 있던 보덕普德을 찾아가 열반경과 유마경維摩經을 전수받았다. 또한 더욱 큰 스님을 만나기 위해 여기저기를 전전했다. 동래 범어사에 그가 좌선하던 의상대義湘臺는 그러한 흔적을 말해주는 것이며 영취산의 낭지 스님에게서도 불법을 배운 것으로 추정된다.

그러다가 불법을 더욱 깊고 넓게 공부하기 위해서는 당나라에 유학하는 것이 좋겠다고 생각한 의상은 26세의 나이로 원효와 당나라 유학길에 올랐다. 앞에서도 설명했듯 이때의 여정은 실패로 돌아간다. 그러나 유학의 꿈을 버릴 수 없던 그는 무열왕 8년(661)에 다시 유학길에 올랐다. 이때 토굴 사건으로 원효는 되돌아왔고 의상은 그대로 중국의 사신을 따라 당으로 건너갔다. 심외心外의 보편적인 법을 구하려는 의상과 마음속에서 법을 구하려는 원효의 사상 차이로 원효는 입당을 포기했고 의상은 여정을 계속한 것이다.

중국의 등주登州에 도착한 그는 어느 불교 신도의 집에 머무르게 되었다. 그런데 그 집에 있던 선묘善妙라는 아가씨가 의상을 보자마자 사모하기 시작했다. 선묘는 의상에게 자신의 마음을 고백했으나 의상은 아무런 동요 없이 세속적 사랑의 덧없음을 일깨워주었다. 이에 감복한 선묘는 사모하는 마음을 안으로 삭인 채 의상이 불교 공부에 전념할 수 있게 식량과 옷가지를 챙겨주는 등 헌신적으로 봉사했다. 덕분에 의상은 이국에서의 유학 생활을 별 어려움 없이 지속할 수 있었다.

• 의상의 초상

그 뒤 의상이 양저우揚州에 이르자 그곳 주장州將인 유지인劉至仁이 그에게 숙소를 제공하고 융숭히 대접했다. 그러나 다음 해에 의상은 종남산 지상사至相寺에 있는 지엄智儼 화상을 찾아가 그의 제자가 되었다. 이때의 상황을 전하는 한 가지 설화가 있다. 지엄은 의상이 오기 전날 밤 꿈을 꾸었다. 그 꿈에 해동(신라)에서 자란 큰 나무 한 그루가 가지와 잎이 무성했는데 그 그늘이 중국에까지 드리웠다. 가지를 타고 올라가보니 거기에 하나의 보배구슬이 찬연히 빛을 품고 있었다. 꿈에서 깬 그는 의상이 올 줄 알고 방을 깨끗이 청소하고 기다렸다는 것이다.

그는 지엄 문하에서 화엄학을 배웠는데 법장과 더불어 쌍벽을 이루는 수제자였다. 의상은 지엄에게서 화엄교학을 전수받는 동시에 같은 종남산終南山에 거주하면서 계율 사상을 선양하던 도선율사道宣律師와도 깊이 교류했다. 당시 도선은 항상 하늘에서 내려준 음식을 먹고 살았는데 하루는 의상을 초청해 그 음식을 대접하고자 했다. 그러나 때가 되어도 음식이 도착하지 않자 의상은 굶고 돌아갔다. 뒤에 도착한 하늘의 사자에게 왜 이리 늦었느냐고 묻자 천사天使는 동네에 신병神兵이 가로막고 있어 그러했다고 대답했다 한다. 이것은 당시 의상의 화엄 도력道力이 도선의 율행律行보다 뛰어나 신의 호위를 받고 있었음을 뜻한다. 이렇게 학문에 정진한 그는 스승 지엄이 668년 세상을 떠난 뒤에도 줄곧 그곳에 머물면서 후진을 지도했다.

그러다가 문무왕 10년(670) 의상은 신라로 귀국했다. 귀국 동기는 신라의 대당 투쟁에 분노한 당 고종高宗이 신라 정벌 계획을 세우자 당시 그곳에 있던 김인문(김춘추의 둘째 아들)과 김흠순(김유신의 아우) 등이 의상을 통하여 이 소식을 본국에 알리려 했기 때문이었다. 물론 중국 측의 고승전에는 그가 화엄종을 신라에서 일으키기 위해서라고 되어 있지만 당시의 정치 현실에 비추어볼 때 전자의 설이 설득력 있다.

신라에 돌아온 의상은 오늘의 강원도 양양에 낙산사洛山寺를 세웠다. 이곳은 그가 관음보살의 진신眞身을 친히 본 곳이다. 그런 까닭에 서역의 관음 주처지인 보타낙가산의 이름을 따다 붙인 것이다. 문무왕 14년

• 경북 영주에 의상이 세운 부석사

(674)에 의상은 그가 출가한 황복사에서 표훈·진정 등에게 '화엄일승법계도'(화엄학의 법계연기法界緣起 사상을 서술한 그림시)를 가르쳤고 2년 뒤 왕명에 따라 태백산에 화엄의 근본도량인 부석사浮石寺를 창건했다.

이러한 의상의 귀국과 부석사 창건에는 선묘와 얽힌 설화가 전한다. 의상이 귀국할 때 잠시 선묘의 집에 들러 인사만 하고 배를 타게 되었다. 그때 선묘는 의상이 자기 집에 들를 것을 예상하고 옷가지와 그릇·가재도구 등을 상자에 담아두었다. 그러나 미처 이를 전하기도 전에 의상이 배를 타고 떠나자 "내가 스님을 위하는 마음이 진실하고 조금도 불순함이 없다면 이 상자가 스님에게 전해질 것이다" 하고 바다에 던졌는데 파도가 이를 의상에게 전해주었다. 또한 "이 몸이 용이 되어 스님이 탄 배를 수호하고 불사를 도와드리고 싶다" 하자 용이 되어 배를 보호했다 한다. 의상이 부석사를 창건할 때도 여기에 이미 '권종이부權宗異部'의 무리가 있어 일이 어렵게 되자 선묘용善妙龍은 큰 돌로 변해 공중에 떠서 이들을 쫓아버렸다. 이것은 의상계 화엄종과는 다른 부류의 종교 집단이 거기에 있었으며 의상이 그들을 몰아내고 부석사를 창건했음을 보여준다.

이렇게 하여 그는 부석사를 중심으로 화엄종을 전파했는데 그의 화엄학은 실천을 중시했다. 그가 서민불교적인 정토신앙을 중시한 데서도 이 점은 나타난다. 부석사에 무량수불을 모신 것이라든지 동해 낙산에 관음진신 주처의 도량을 개설한 것 등이 그 예다. 이처럼 그의 불교 사상은 화엄학에 바탕을 두면서도 관음신앙이나 정토신앙을 포용하는 통불교적인 성격을 띠었다.

그는 화엄학의 내용을 간추려 '화엄일승법계도'를 작성해 가르쳤다. 이는 의상이 지엄 문하에 있을 때 작성한 것으로 화엄학의 내용을 7언 30구로 구성한 일종의 게송(偈頌)을 한 자 한 자 떼어 도표로 작성한 그림이다. 그중 〈법성게(法性偈)〉의 일부를 인용하면 다음과 같다.

법성은 원융하여 두 상이 없고	法性圓融無二相
제법은 부동하여 본래 고요해	諸法不動本來寂
이름도 모양도 없고 일체가 끊겨	無名無相絶一切
증지와 소지가 다른 경지가 아니네	證智所知非餘境
진성은 참으로 깊고 지극히 미묘해	眞性甚深極微妙
자성을 지키지 않고 인연을 따라 이루네	不守自性隨緣成
하나 안에 일체가 있고 多 안에 있는 하나도 그러해	一中一切多中一
하나가 곧 일체요 多인 하나도 그러해	一即一切多即一
한 티끌 속에 십방을 머금고	一微塵中含十方
모든 티끌 또한 그러해	一切塵中亦如是
무량한 원겁이 곧 일념이요	無量遠劫即一念
일념이 곧 무량겁일세	一念即是無量劫

이 법성게는 크게 자리행(自利行)과 이타행(利他行) 및 수행으로 나뉘는데, 여기서 그의 '일즉다 다즉일' 사상을 엿볼 수 있다. 또한 도인(圖印)은 '法性圓融無二相'의 첫 글자인 '법(法)'자로 시작해 '本來不動名爲佛'의 마

지막 글자인 '불佛'자로 끝날 때까지 54회의 굴곡을 이루는데 전체 모양은 정사각형 넷이 모여 큰 정사각형을 이룬다.

이러한 화엄종 전파 외에도 그는 완고한 골품제 사회에서 평등을 강조했으며 민중의 고통을 덜어주려 애썼다. 문무왕이 그에게 전장과 노비를 하사하자 불법은 평등하고 귀천을 가릴 수 없다 하여 거절했고, 경주에 성을 쌓으려 하자 "왕의 정치가 현명하면 풀언덕 땅에 금만 그어도 성이 되어 백성이 넘어가지 않고 재앙을 막을 수 있습니다. 그러나 정치가 현명치 못하면 비록 장성長城이 있더라도 재난은 해소되지 않을 것입니다"라며 공사 중지를 촉구했다 한다.

의상은 702년, 78세의 나이로 세상을 떠났다. 의상 문하에는 10대 제자가 있어 스승의 뒤를 이어 화엄학을 전파했으며 의상은 해동화엄종의 초조初祖가 되었다. 신라 말에 이르러 화엄종은 해인사의 관혜觀惠를 중심으로 후백제와 연결되어 있던 남악파南岳派와, 고려와 연결되어 있던 희랑希郞의 북악파北岳派로 나뉘게 된다.

지금까지 살펴보았듯 원효와 의상은 여러 면에서 달랐다. 우선 출신 면에서 원효는 지방의 6두품 출신이었고 의상은 경주의 진골 출신이었다. 그 때문인지 모르지만 그들은 수행과 포교 방법도 달랐다. 원효는 거사의 행색으로 거리에 나가 민중 속에서 포교했고 의상은 단정한 수행자의 모습을 고수했다. 정토신앙에 투철한 의상은 한 번도 아미타불이 있는 서쪽을 등지고 앉지 않았다 한다. 또한 원효는 요석공주와 세속적인 인연을 맺으며 체험으로 인생의 의미를 체득하려 한 데 반해 의상은 선묘와 고결하고 초월적인 사랑을 나누었다. 학문적인 면에서도 원효는 불교의 전 분야뿐 아니라 노장사상·의술에까지 관심을 기울였고 의상은 한 번도 화엄학의 본령을 벗어나지 않았다. 나아가 원효는 제자 양성이나 교단의 확대 등에 별로 관심을 기울이지 않고 저술 활동에 힘을 기울인 반면 의상은 많은 제자를 문하에 두고 교단의 정비에 주력했다.

그러나 이러한 차이에도 불구하고 양인은 도반道伴으로서 불교계의 양대 산맥이 되었다. 원효는 자신의 사상을 넓히기 위해 8년이나 연하인 의상과 화엄학에 대한 토론을 벌이기도 했다. 그들은 서로를 배척하지 않고 신라의 불교 발전에 크게 기여했으며 필요하다면 언제든 국가와 민족을 위해 지혜를 빌려주었고 불교가 왕이나 귀족을 위한 종교가 되기보다는 민중을 위한 것이 되도록 힘썼다. 서로 다른 방식으로 수행하고 생활했지만 각자의 자리에서 노력한 결과 신라의 불교를 더욱 풍성하게 발전시킨 것이다.

| 생각해 보기 |
1. 깨달음에 도달하는 데는 경전 공부가 효과적인가, 참선이 효과적인가?
2. 참다운 진리는 경험에 있는가, 책 속에 있는가?
3. 해외 유학은 바람직한 것인가, 바람직하지 못한 것인가?
4. 학자에게 있어 저술을 통한 실력이 중요한가, 교육과 제자 양성이 중요한가?

2부

고려 전기부터

고려 후기까지

4장

혼란을 잠재우고 새 시대를 열다

◆

고려의 건국과 견훤 vs 왕건

기울어가는 신라, 개혁을 기다리다

7세기 후반에 당과 연합해 한반도 남부를 통일한 신라는 신문왕 대의 체제 정비를 거치면서 전제왕권을 수립했다. 신문왕은 즉위하던 해김흠돌金欽突의 반란을 진압한 후 전국을 9주·5소경 체제로 정비하고녹읍을 혁파했으며 9서당 설치를 통해 군사 제도도 강화했다.

이리하여 성덕왕 대에 와서는 안정된 전제 왕권을 누리게 되었다. 이는《삼국유사》에 나오는 만파식적萬波息笛 설화(신라 신문왕이 아버지 문무왕을 위하여동해변에 감은사感恩寺를 짓자, 문무왕이 죽어서 된 해룡海龍과 김유신이 죽어서 된 천신天神이 합심하여용을 시켜서 보낸 대나무로 만들었다는 피리. 이것을 불면 적병이 물러가고 병이 낫는 등 나라의 모든 근심,걱정이 사라졌다고 한다)에서도 엿볼 수 있다. 그러나 하대로 들어오면서 신라는 서서히 쇠망의 조짐을 보이기 시작한다.

멈추지 않는 혼란 — 지배층의 분열과 타락
신라 하대에 가장 먼저 나타난 것은 정치 지배 세력의 분열과 타락 현상으로, 신라의 지배 세력이던 진골귀족들의 왕위 쟁탈전과 부패·타락 현상이 극심해졌다. 중대의 마지막 왕인 혜공왕惠恭王(재위 765~780) 대만 하더라도 대공大恭의 난을 비롯하여 여러 차례 반란이 일어나 전국에서 96명에 달하는 귀족이 정권 쟁탈에 뛰어들었다. 결국 양상은 현 집권자인 혜공왕파와 반혜공왕파로 갈라졌다. 전자의 대표 인물이 김지정金志貞이었고 후자의 대표자가 김양상金良相·김경신金敬信 등이었다. 여기에서 반혜공왕파가 승리하고 김양상이 새로운 왕으로 등극했으니 이가 곧 선덕왕宣德王(재위 780~785)이었다.

선덕왕이 죽자 그의 후계자 자리를 둘러싸고 다시 왕위 쟁탈전이 벌어졌다. 원래 정상적인 왕위 계승자는 김주원金周元이었으나 실질적인 권력을 가지고 있던 김경신이 그를 밀어내고 왕위에 올라 원성왕이 되었다. 여기에서 패배한 김주원은 현재의 강원도 강릉으로 도망가서 살았는데 이가 곧 강릉 김씨의 시조다. 그러다가 헌덕왕 14년(822)에 이르러 당시 웅진(공주)의 도독이던 김헌창金憲昌이 자신의 아버지 김주원이 왕위에 오르지 못한 데 불만을 품고 난을 일으켰다. 물론 이 난은 실패했지만 그의 아들 김범문金梵文은 고달산高達山의 산적들과 결탁해 다시 반란을 일으키기도 했다.

이 같은 권력 쟁탈전은 이후에도 계속되었는데 그것이 심화된 것은 흥덕왕興德王(재위 826~836) 말년이었다. 흥덕왕이 죽자 상대등이던 김균정金均貞과 그의 아들 김우징金祐徵 그리고 김예징金禮徵·김양金陽 등의 일파와 시중侍中이던 김명金明을 위시한 김제융金悌隆·이홍利弘 등의 일파가 극심한 대립을 보였다. 여기에서 김명 일파가 승리하여 김제융이 희강왕僖康王으로 추대되었다. 그러나 희강왕도 김명의 핍박에 자살하고 김명이 민애왕閔哀王으로 즉위했다. 그러나 일시적으로 패배했던 김우징 일파는 완도의 청해진으로 가서 장보고張保皐의 군대를 빌려 민애왕을 살해하고 839년에 김우징이 신무왕神武王으로 즉위했다. 하대 150여 년 사이에 20여 명의 왕이 교체되는 대혼란을 겪은 것이다.

이러한 진골귀족들의 자체 분열뿐 아니라 왕이나 귀족들의 생활 역시 사치스럽고 방탕했다. 특히 진성여왕眞聖女王(재위 887~897) 대에 심했는데, 진성여왕은 위홍魏弘이란 자와 정을 통하다가 그가 죽자 미소년들을 궁중에 끌어들여 난행을 일삼았다. 이로 인해 몇몇 총애받던 신하들이 정사를 좌우하게 되어 뇌물이 공공연히 행해지고 나라의 기강이 문란해졌다. 그 뒤를 이은 효공왕孝恭王(재위 897~912)도 여색에 매혹되어 정사가 제대로 이루어지지 않았다. 신라가 겨우 명맥만 유지하던 경애왕景哀王(재위 924~927) 대에도 왕이 정사는 돌보지 않고 포석정에서 잔치를 벌이며 놀다가 비참한 최후를 맞이했다. 일반 진골귀족들의 생활도 극도의 사치에 빠져들었다. 당시 겉에 금가루를 칠해 번쩍번쩍 빛나게 한 금입택金入宅(대저택)이나 지금의 별장과 같은 사절유택四節遊宅이 다수 존재했음이 기록으로 전해진다.

이처럼 신라 하대의 왕과 귀족들은 창조적인 일에 종사하지 못하고 백성 위에 군림하려고만 했다. 토인비Arnold Toynbee의 말처럼 창조적 소수자Creative Minority에서 지배적 소수자Dominant Minority로 변화한 것이다. 이 때문에 백성들은 지배 계급에 대한 불신과 불만으로 가득 차 반사회 세력화되었다.

굶주리는 백성 — 부의 편재 현상

다음으로 나타난 현상이 부의 편재 현상이다. 다시 말해 빈부 격차가 심화되었다. 당시의 부는 곧 토지를 의미했다. 당시 귀족들은 관직 복무의 대가로 녹읍을 받았다. 이는 신문왕 9년(689) 문무관료전과 녹봉으로 대치되기도 했지만 경덕왕 16년(757)에 부활했다. 이러한 녹읍의 치폐는 그 성격과 밀접한 관련이 있다. 녹읍은 일정한 지역의 토지뿐 아니라 그곳 주민들에 대한 노동력의 징발까지도 허락한다. 반면 관료전과 녹봉은 귀족들의 인간 지배를 배제한 것이었다. 이런 면에서 볼 때 신문왕 대의 녹읍제 폐지는 전제 왕권의 강화와 밀접하게 관련되었을 것이다. 그러나 이에 대한 귀족들의 불만이 누적되어 경덕왕 대에 부활됨으로써 귀족들은 다시 일정한 지역의 토지뿐 아니라 그 지역의 농민들까지도 지배하게 되었다.

한편 귀족들 중 특별한 공로가 있는 자나 특별하고도 예외적인 신분·지위 또는 관직을 획득한 자들에게는 식읍이 주어졌다. 식읍은 일찍이 고구려 신대왕新大王(재위 165~179) 8년(172) 한漢나라의 군대를 물리친 대가로 명림답부明臨答夫에게 주어진 것이 시초다. 통일신라에 들어와서도 삼국 통일의 주역이던 김유신과 김인문에게 식읍이 주어졌으며 선덕왕 즉위 시에도 왕위 쟁탈전에서 패배한 김주원에게 강릉·울진·삼척 지역이 식읍으로 주어졌다. 이러한 식읍 역시 그 지역의 토지뿐 아니라 인간들에 대한 지배도 가능했다. 다만 규모가 녹읍보다는 훨씬 컸다. 예컨대 녹읍이 현재의 면 정도 크기였다면 식읍은 군 정도의 크기였다. 이렇듯 당시의 귀족들은 녹읍과 식읍이라는 토지를 합법적으로 지배하고 있었다.

그러나 하대로 접어들면서 중앙 정계의 혼란과 더불어 귀족들의 토지 소유는 급격히 증대되었다. 그리하여 전장田莊이라고 불리는 대토지 소유가 형성되었다. 전장은 보통 국가에서 받은 토지, 황무지 개간 등 합법적인 수단으로 형성되기도 했지만 권력에 의한 농민 토지의 탈점이나 고리대 등으로도 형성되었다. 《신당서新唐書》에 보면 이들 귀족들이 3천여 명에 달하는 노비들을 소유하고 섬이나 산에 큰 목장을 경영했으며 미곡을 빌려주었다가 미처 갚지 못하면 농민들을 노비로 삼는 사태가 많았다고 전한다.

당시의 대토지 소유는 귀족들뿐 아니라 승려나 사원에 의해서도 행해졌다. 이러한 사원이나 승려의 전장은 대개 왕이나 귀족들의 토지 기증으로 이루어졌다. 일례로 애장왕哀莊王(재위 800~809)은 2,500결이나 되는 토지를 사원에 시납했다. 당시 토지 1결이 현재로 치면 약 6,800평 정도니 당시 사원의 전장이 얼마나 컸는지 짐작하고도 남는다. 승려들이 개인적으로 많은 토지를 소유하고 있었음은 지증智證의 예에서도 찾아진다. 그는 헌강왕憲康王(재위 875~886) 5년(879) 500결이나 되는 자신의 토지를 봉암사에 희사했다. 이런 현상은 당시의 불교가 왕실이나 귀족들과 밀착되어 있었음을 보여주는 동시에 불교계의 부패상을 보여준다. 종교계가 그 본래의 임무에 충실하지 못하고 세속의 영리에 물들었던 것이다.

떠도는 사람들─지역적·수직적 인구 이동

세 번째로 나타난 현상은 인구의 지역 이동과 수직 이동이 활발하게 일어났다는 점이다. 우선 인구의 지역 이동으로는 유민流民 발생이 있다. 이는 귀족들의 권력 쟁탈전으로 인한 통치 기강의 문란과 토지의 편재 현상에 따른 부수적인 결과였다. 특히 진성여왕 3년(889), 공물과 조세 독촉이 계기가 되어 일어난 전국적인 농민봉기는 유민 발생의 직접적인 원인이었다. 이 유민들은 도적이 되거나 지방 세력가들의 휘하에 들어가 사병 역할을 수행하기도 했다. 그 결과 많은 사람이 굶어 죽거나 전장에서 목숨을 잃었다.

이 밖에도 수도 경주에서 지방으로 인구가 이동하는 현상도 나타났다. 그것은 계속된 전란의 영향도 있었겠지만 수도 인구 증가로 인한 빈부 격차가 주원인으로 보인다. 이 현상은 농민뿐 아니라 진골귀족 상호간에도 존재했다.

《삼국유사》에는 신라 전성기의 경주 인구가 17만 8,936호나 되었다고 나온다. 여기서 말하는 신라 전성기는 헌강왕 대로 추측되는데 당시 경주의 민가는 초가가 없고 기와집이 즐비했으며 나무가 아닌 숯으로 밥을 해 먹을 정도로 번성했다. 그러나 이러한 경주의 번성은 일부 진골귀족에 한정된 것으로 많은 사람이 궁핍한 생활을 면치 못해, 결국 경주는 일부 소수 계층을 위한 퇴폐와 향락의 도시로 전락했다. 밤늦게 술 마시고 놀다가 집에 들어와보니 자기 아내를 역신疫神이 간통하고 있었다는 〈처용가處容歌〉는 당시 경주가 퇴폐적인 도시로 전락하고 있었음을 우화적으로 표시한 것으로도 해석된다. 이에 염증을 느낀 일부 진골귀족이나 경주인들이 지방으로 이주했는데, 체징體澄이나 이엄利嚴 같은 승려의 경우가 이러한 예에 해당된다.

이 시기에는 인구의 수직 이동도 활발했다. 보잘것없던 사람들이 권력자들에게 아부하여 그 권력을 바탕으로 갑작스런 부를 축적하는 일이 많았기 때문이다. 특히 진성여왕 이후 전란이 계속되면서 미천한 계층에 있던 자들이 군대에 들어가 전공을 세움으로써 급속한 신분 상승을 꾀하는 일이 많았다. 농민 출신으로 군대에 들어가 후백제 왕의 지위에까지 오른 견훤甄萱도 여기에 속한다 할 수 있다.

한편 종래 왕족이나 고위 권력자들이 하향 이동을 하는 경우도 적지 않았다. 예컨대 왕위 계승전에서 탈락한 김주원이 강릉으로 내려가 지방 세력으로 전락했는가 하면 왕조 교체 과정에서 고려왕조에 비협조적이던 세력들이 지방으로 좌천되기도 했다.

종교와 사상의 혼란

네 번째로 나타난 현상은 새로운 종교와 사상의 출현이었다. 그것은 종래의 종교가 부패하고 혼란한 사회 질서를 바로잡지 못할 때 일어나는 현상이다. 신라 시대는 가히 불교 시대였다 해도 과언이 아니다. 현재 경주 일대 및 남산에 남아 있는 불교 유적만 보아도 그 점을 알 수 있다. 그러나 지나치게 불교가 융성하자 그 부작용도 컸다. 마을마다 탑과 절을 세우고 백성들은 다투어 중이 되니 군인이나 농민이 점점 줄어든 것이다. 이러한 현상에 반비례해서 나타난 것이 불교의 성격 변화와 유교·지리도참·도교 사상의 등장이다.

우선 불교의 성격 변화를 보자. 신라 중대에는 교종이던 화엄종이 전제 왕권과 밀착되어 있었지만 하대, 특히 진성여왕 대의 농민반란 이후 그와는 성격이 다른 선종이 유행했다. 난해한 문자에 의존하지 않고도 참선을 통해 인간의 본성을 깨닫는다면 부처의 경지에 다다를 수 있다는 생각이 퍼진 것이다. 이러한 사상은 당말唐末 불교의 영향을 받은 탓도 있지만 당시 신라의 정치적·사회적 변화와 밀접한 관련을 가진다. 지방의 호족이나 농민 들이 시대의 주인공으로 등장하면서 이들에게 쉽게 호소할 수 있는 사상이 필요했기 때문이다. 그래서 선종의 구산선문九山禪門(승려들이 중국에서 달마의 선법을 받아 와서 그 문풍을 지켰다는 아홉 산)도 수도가 아닌 지방에 있었다.

한편 시대가 혼란해지자 불교도들은 새로운 미래불의 출현을 기대하기 시작했다. 즉 미륵彌勒 사상이 출현한 것이다. 미륵은 석가모니가 입멸한 지 56억 7천만 년이 되는 해에 도솔천에서 용화수 아래로 내려와 3회의 설법으로 272억 명을 교화하는 부처님을 말한다. 그런데 세상이 혼탁해지자 미륵의 세계가 빨리 오기를 기대함으로써 미륵불을 자처하는 자들이 나왔다. 신라 말기에 궁예弓裔가 미륵불을 자처하면서 아들들에게 청광보살 · 신광보살이라는 칭호를 붙여준 것도 혼탁한 세상에서나 가능한 일이었다.

다음으로, 유교의 역할이 급격하게 증대했다. 이는 물론 불교의 폐단에 대한 반작용이었다. 특히 당나라에 유학한 지식인들의 귀국은 유교적 정치사상의 확립에 큰 역할을 했다. 이들은 유학 중 당나라의 과거에 합격해 관직 생활을 하기도 했지만 상당수가 신라에 돌아와 활동했다. 이리하여 유교 사상이 고려조에 들어와 정치사상으로서 자리를 굳힌 것이다.

그러나 이 무렵 가장 성행한 것은 지리도참 사상이다. 이것은 풍수지리설과 도참사상을 일컫는 말로 양자는 엄격히 따지면 구별되어야 하겠지만 보통 혼합되어 나타난다. 먼저 도참은 정치적 · 사회적 혼란이 극심한 때 유행한다. 이때의 도참은 보통 예언의 형태를 띤다. 최치원이 신라의 멸망과 고려의 건국을 미리 알고 "계림鷄林은 황엽黃葉이요, 곡령鵠嶺은 청송靑松"이라는 말을 했다는 것이 그 예로, 여기서 계림은 경주이고 곡령은 개성을 말한다. 또한 궁예 집권기에 왕창근王昌瑾이란 자가 시장에서 사 온 거울에 왕건王建의 등극을 예언한 문구가 새겨져 있었다고 한다. 내용인즉 "사巳 자가 들어 있는 해에 두 용이 나타났는데 한 마리 용은 청목靑木 중에 몸을 감추고 있고 다른 한 마리는 흑금黑金의 동쪽에서 몸을 드러냈다"는 것이었다. 여기서 두 마리 용은 왕건과 궁예를 뜻하며 청목은 소나무松로 송악을, 흑금은 쇠鐵로 철원을 뜻한다. 즉 궁예는 현재 왕이지만 여기에서 물러나고 송악에서 태어난 왕건이 몸을 감추고 있다가 권력을 잡을 것이라는 뜻이다.

당시 풍수지리설의 대표자는 도선道詵이다. 그는 원래 선종 계통의 승려였지만 후에 풍수지리설을 배운 것 같다. 풍수지리설이 당시에 얼마나 유행했는가는 《고려사》의 기록에서도 알 수 있다. 기록에 따르면 팔원八元이란 자가 풍수지리설에 의해 왕건의 선조인 강충康忠에게 새로운 집터를 잡아주었다. 또한 도선이 왕건을 본 뒤 왕위에 오를 것을 예언하고 진陣을 치고 천기天氣를 보는 방법을 가르쳐주었다고 나온다.

이 밖에도 신라 말에는 도교의 신선 사상이나 노장사상도 등장했다. 신라 하대로 들어오면서 진골귀족들의 권력 쟁탈전과 이로 말미암은 사회적 혼란, 퇴폐적이고 향락적인 생활에 염증을 느끼는 자들이 초야에 묻혀 생활하면서 이러한 사상이 퍼진 것이다.

요컨대 신라 말에는 지배 세력의 권력 쟁탈전과 부패·타락 현상이 일어나고 이에 따른 부의 편재, 사회의 지역 이동·수직 이동이 활발히 일어났다. 그리고 그 사회적 혼란은 가치관의 혼란을 야기함으로써 새로운 종교와 사상이 대거 출현했다. 이러한 혼란상은 분명 개혁과 새로운 지도자의 출현을 암시하는 것이었다.

후삼국시대 최후의 승자와 고려 건국

　이러한 사회적 혼란을 신라 조정은 수습하지 못했으며 오히려 농민에 대한 수탈만 가중시켰다. 이에 농민들이 분연히 들고일어났으니 이것이 진성여왕 3년부터 시작된 전국적인 농민 봉기였다. 가장 먼저 봉기한 것은 사벌주沙伐州(상주)의 원종元宗과 애노哀奴였다. 당시 이들의 세력이 얼마나 컸는지 왕명을 받고 출정한 나마奈麻 영기令奇는 농민군의 위세에 눌려 감히 전진하지 못했다고 기록되어 있다. 이렇게 시작된 농민봉기는 전국으로 확산되었지만 시간이 지나면서 점차 몇 개의 세력권으로 모아졌고, 급기야 후삼국시대를 연출하기에 이른다.

　이 난세에 세 명의 지도자가 나타나 권력 쟁탈전을 벌였는데 궁예(?~918)・견훤(867~936)・왕건(877~943)이 그들이다. 이 가운데 궁예와 견훤은 한때 권력은 잡았으나 새로운 사회를 건설하는 데 실패하고, 왕건만이 성공하여 '고려'라는 왕조를 개창하고 후삼국을 통일했다. 왜 앞의 두 사람은 실패했는데 왕건은 성공했을까. 그 주된 요인은 그들의 성격,

당시 개혁의 주도 세력이던 6두품과 호족에 대한 정책, 민심 수습 전략, 정책의 방향 등에서 찾을 수 있다.

포악한 독재자, 궁예

궁예는 신라의 왕실 출신으로 47대 헌안왕憲安王(재위 857~860) 또는 48대 경문왕景文王(재위 861~875)의 아들로 전해진다. 그런데 기록에 의하면 그는 생년월일시에 오午자가 두 번 들어가는 중오일重午日에 태어났으며 나면서부터 이빨이 있었다. 그리고 태어나는 날 지붕 위에 좋지 못한 광채가 있었다고 전한다. 그를 살려두면 국가에 이롭지 못하다는 일관日官의 건의를 받은 왕은 그를 죽이기 위해 사신을 보낸다. 왕의 명령을 받은 사신은 그 집으로 가서 아이를 빼앗아 누각 아래로 던졌는데 계집종이 이를 받다가 잘못하여 아이의 눈을 찔렀다. 그 바람에 애꾸가 된 궁예는 영월 부근으로 도망가서 살았다.

열 살 무렵 그는 세달사(지금 영월의 흥교사지)에 들어갔는데 전혀 계율을 지키지 않았다. 어느 날 절에서 재齋를 올리는데 까마귀가 날아가다가 궁예가 들고 있던 바리때에 나뭇가지를 떨어뜨렸다. 궁예가 이를 쳐다보니 나뭇가지가 왕王자를 그렸다고 한다. 이에 궁예는 속으로 큰 자부심을 갖게 되었다. 그리하여 진성여왕 5년(891)에 사회가 혼란해진 틈을 타 환속하여 죽주(죽산)의 기훤箕萱에게 의탁했다가 나중에는 북원(원주)의 양길 휘하에서 활약했다. 거기서부터 세력을 확장한 그는 원주·강릉을 거쳐 철원·금화 등지를 장악하는 대세력으로 성장했다. 급기야는 자신을 키워준 양길 세력도 격파하여 태봉泰封을 건국한다(896). 이처럼 그는 자신의 권력 장악과 세력 확장을 위해서라면 자신에게 은혜를 베푼 사람까지도 제거했다. 이 같은 행위는 후일 그의 신하들이 그를 공격하는 빌미를 주는 것이기도 했다. 그가 결국 자기의 부하인 왕건에게 내쫓기는 신세가 된 것도 그와 무관하지 않을 것이다.

이렇게 해서 왕위에 오른 궁예는 초기에는 사졸들과 침식을 같이하는 등 바람직한 지도자상을 보이기도 했다. 그러다가 901년에 그는 국호를 고려라 고쳤다. 《삼국사기》의 기록을 보자.

천복天復 원년 신유辛酉에 선종善宗이 왕을 자칭하고 사람들에게 이르기를, "옛날에 신라가 당唐에 청병請兵하여 고구려를 멸하였기 때문에 평양 옛 서울이 황폐하여 풀만 무성하니 내가 반드시 그 원수를 갚으리라" 하였다. 대개 그가 출생해서 나라의 버림을 받은 것을 원망하였던 까닭에 이런 말을 한 것이다.

국호를 고려라 한 것은 그가 차지한 지역의 주민이 대부분 옛 고구려인들이었기 때문으로 생각된다. 즉 이 지역이 신라에 병합된 이후 잃었던 국호를 되찾아주겠다는 의미의 민심 수습책으로 볼 수 있다. 그러나 그것은 신라 왕족 출신이던 궁예에게는 큰 설득력을 지니지 못하는 것이었다. 그 때문인지 3년 만인 904년에 다시 국호를 마진摩震이라 고쳤고 911년에 다시 태봉泰封이란 국호로 환원했다.

세월이 지나면서 궁예의 독재성과 포악성은 점차 표면으로 드러난다. 그는 자신을 미륵불이라 칭하면서 불교 경전 해석에 이의를 제기한 승려 석총釋聰을 죽였으며 많은 신하를 죽인 것은 물론 자기 부인도 의심하여 살해하는 만행을 저질렀다. 이와 같은 성격 변화는 불우한 어린 시절을 보낸 보상심리에서 비롯된 것으로 풀이된다.

그는 또한 신라에 극심한 증오심을 갖고 있었다. 왕위에 오르자마자 신라의 군현 명칭과 관부 체계를 모두 바꾸었으며, 영주 부석사에 가서 거기 걸린 신라 왕의 초상을 갈기갈기 찢었다. 또한 신라에서 오는 자들은 모두 죽였다. 이것은 좋게 말하자면 급진적인 개혁 정책이라 하겠으나 분명 비정상적인 행동이었다.

점진적인 개혁을 원한 6두품이나 호족 세력들은 당연히 궁예 정권에 참여하지 않으려 했다. 간혹 여기에 참여한 지식인들도 하나둘 그의 곁을 떠났다. 궁예 휘하에서 동궁기실東宮記室까지 지낸 박유朴儒는 궁예 말년 산속으로 숨어버렸다. 그리고 역시 궁예 밑에서 장주掌奏의 관직에 있던 최응崔凝은 궁예가 왕건에게 모반의 혐의를 뒤집어씌울 때 왕건을 도와주었다. 이후 박유나 최응은 궁예가 타도되자 왕건 휘하에서 활동했다.

한편 그는 일반 농민들에게도 가혹한 수탈을 자행했다. 백성들의 조세를 감해주기는커녕 수확의 2분의 1에 가까운 조세를 수취한 것이다. 《고려사》에는 궁예 치하의 상황이 다음과 같이 기술된다.

궁예는 우리나라 정세가 혼란할 때 일어나서 도적들을 평정하고 영토를 개척하였으나 전국을 통일하기도 전에 혹독한 폭력으로 아랫사람을 대하며 위압과 모멸로써 요긴한 술책을 삼았다. 부역이 번거롭고 조세가 과중하여 인구는 줄어들고 국토는 황폐하였다. 그럼에도 궁전은 굉장히 크게 지어 제도를 위반하고 이에 따르는 고역은 한이 없어 드디어 백성의 원망을 불러일으켰다. 이러한 형편에 함부로 연호를 만들고 왕으로 자칭하였으며 처자를 살육하는 등 천지에 용납할 수 없는 죄를 지었다. 그리하여 죽은 사람에게나 살아 있는 사람에게나 모두 원한을 맺었으며 결국 정권을 전복당하였으니 어찌 경계할 바 아니랴.

한계를 넘어서지 못한 후백제의 왕, 견훤

《삼국사기》에 의하면 견훤은 경상도 상주 출신이다. 그러나 《삼국유사》에 인용된 《이비가기李碑家記》에는 그가 진흥왕의 후손으로 나와 있다. 또 같은 책에 인용된 《고기古記》에는 견훤이 광주의 북쪽 마을에서 태어났다고 되어 있다. 《삼국사기》가 대체로 유교사관에 입각한 합리적 사실만을 전한다고 볼 때 상주 태생이라는 설이 맞지 않을까 한다. 따라서 광주光州 북촌에서 지렁이의 아들로 태어났다는 설화는 견훤이 만들어낸 것일 수 있다. 즉 그가 광주 지역의 토착민임을 내세워 그 지역 주민들을 포섭하기 위한 술책이 아니었을까?

견훤의 아버지는 아자개阿慈介란 자로, 견훤이 어렸을 때 아버지가 들에 나가서 일하면 어머니는 아버지에게 밥을 날라다주었다고 한다. 어느 날 어머니가 어린 견훤을 수풀 속에 혼자 두고 아버지에게 갔다가 돌아와보니 호랑이가 젖을 먹이고 있어 사람들이 그를 범상치 않게 봤다 한다. 그는 크면서 체격이 장대하고 재주가 비범했다. 그리하여 농민 봉기로 혼란한 시기에 신라의 군인으로 들어가 서남해안 지역을 지키게 되었다. 거기에서 세력을 키운 그는 무진주(지금의 광주)를 공격하여 점령하고 왕을 칭한다. 그리고 서쪽으로 진출해 완산주(지금의 전주)를 점령한 뒤 드디어 900년에 후백제를 건국했다.

그 상황을 《삼국사기》를 통해 보자.

견훤이 서쪽으로 순행하여 완산주完山州에 이르니 주민州民들이 맞이하여 환영하였다. 견훤이 인심을 얻은 것을 기뻐하여 좌우에 이르기를 "내가 삼국의 기원을 상고해보면, 마한馬韓이 먼저 일어나고 후에 혁거세赫居世가 발흥하였으므로 진한辰韓·변한卞韓이 따라 일어났다. 이에 백제는 금마산金馬山에서 개국하여 600여 년이 지났는데, 총장 연간恩章 年間에 당 고종唐 高宗이 신라의 청원을 받아들여 장군 소정방을 보내어 선병船兵 13만 명으로써 바다를 건너게 하고, 신라의 김유신도 황산을 거쳐 사비에 이르기까지 휩쓸어 당군과 합세하여 백제를 공멸攻滅하였 다. 지금 내가 도읍을 완산에 정하였으니, 어찌 감히 의자왕의 원한을 씻지 아니하랴" 하고, 드디어 후백제 왕이라 자칭하였다.

그가 후백제라는 국호를 사용한 것은 그 지역 주민이 대부분 옛 백제 인의 후손이었기 때문이다. 그리하여 그는 백제가 금마산(지금의 미륵산으로 추측)에 도읍한 지 600여 년 만에 나당 연합군에 의해 억울하게 망했음 을 지적하면서 이에 대한 원한을 갚아주겠다고 호언했다. 그러나 이러 한 말은 큰 호소력을 갖지 못했을 것이다. 견훤이 실은 경상도 출신이 었기 때문이다. 이를 감추기 위해 그는 앞서도 말한 지렁이 설화를 유 포한 것으로 보인다.

그런데 견훤은 원칙적으로 신라의 구신舊臣이었다. 따라서 그의 군대 도 처음에는 공병公兵이 중심이었을 것이다. 그가 왕이 된 뒤 북원의 양 길에게 관직을 제수하여 비장裨將으로 삼은 것은 그의 정치적 지위를 잘 말해준다. 또한 그렇기 때문에 당시 새롭게 일어난 세력 중에서는 무력 적인 면에서 가장 우세했다고 할 수 있다. 왕건이 등극한 뒤 태조 13년 (930)까지는 줄곧 왕건의 군사력을 압도한 것만 보아도 그렇다.

또 중국과 독자적으로 외교 사절을 교환할 수 있었던 것도 그가 궁예 와 달리 공병의 지휘관이었기 때문으로 볼 수 있다. 즉 견훤은 외교정 책에도 힘을 써서 효공왕 4년(900)부터 오월국吳越國에 사신을 파견했으 며 918년에도 한 차례 사신을 파견했다. 그 대가로 견훤은 오월국 왕에게 관직을 제수받기도 했다. 이러한 외교 정책은 군사적인 실질적 도움보다도 자신의 정권을 국제적으로 인정받으려는 속셈 때문이었다. 실제로 911년에는 오월국의 사신이 후백제에 와서 고려와의 화친을 권유하는 편지를 남기고 갔고 견훤은 이를 고려에 보냈다. 외교정책 면에서 견훤의 수완을 엿볼 수 있는 일화다.

그러나 한편으로는 그것이 견훤의 한계점이기도 했다. 군대의 설치 동기가 원래 국가와 체제를 수호하는 데 있었기 때문이다. 그런 이유로 견훤 정권은 개혁 의지가 박약한 정권일 수밖에 없었다. 그가 설치한 관부의 내용은 잘 알 수 없으나 관계官階를 신라의 것 그대로 쓴 데서도 그 점은 드러난다. 결국 그의 정권은 최승우崔承祐와 같은 일부 지식인이 참여하기는 했지만 호족이나 농민에게 크게 환영받지 못했다. 군인의 이러한 보수적인 속성은 얼마 뒤 성립된 무신정권에서도 엿볼 수 있다.

견훤 정권이 새로운 통일 정부 수립에 실패한 결정적인 요인은 당시 신라인의 민심을 고려하지 못했다는 점과 정권 내부의 권력 다툼에 있다. 그는 신라의 공병 출신이었으니 신라인들을 포섭하고 신라의 권위적 상징인 왕을 등에 업어야 했다. 그런데도 그는 왕건에게 선수를 빼앗길까 염려해 신라의 경애왕을 살해해버렸다. 이는 신라의 신하로서 왕을 죽인 자기모순이며 반역으로 간주되었다. 결국 민심은 점차 그에게서 멀어졌다. 왕건이 견훤에게 보낸 서신의 내용도 신하로서 왕을 시해했다는 비난이 주된 것이었다. 무력이 아무리 강하다 해도 민심이 떠나면 그 체제나 정권은 무너지게 마련이다.

또 다른 요인으로 후백제 정권 내부의 분열이 있다. 즉 견훤에게는 10여 명의 아들이 있었는데 견훤은 넷째 아들인 금강에게 왕위를 물려주려 했다. 그러자 그 형인 신검·용검·양검 등이 난을 일으켜 견훤을 금산사에 유폐시키고 금강을 살해했다. 견훤에게 부인이 여러 명이었다는 기록으로 추측건대 금강과 신검·양검·용검은 이복형제였던 것 같다. 그런 갈등은 내부 권력 쟁탈전을 부추긴 요인이 되었으리라.

그러나 후백제 멸망의 직접적인 원인은 태조 18년(935) 6월 견훤의 고려 귀부에 있었다. 신검에 의해 금산사에 유폐된 견훤이 이곳을 탈출하여 고려의 왕건에게 귀부하면서 상황은 극도로 반전했다. 견훤이 귀부한 지 4개월 만에 신라의 경순왕敬順王(재위 927~935)이 귀순할 뜻을 밝혀왔고 다음 달에 신라를 고려에 바쳤다. 이듬해인 태조 19년(936) 2월에는 견훤의 사위 박영규가 귀순하여 유사시 내응할 뜻을 밝혔다. 그러자 견훤은 신검을 토벌하자고 왕건에게 요청했다. 신중한 태도를 보이던 왕건은 마침내 대군을 동원하여 일이천利川(경북 선산)에서 신검과 전투를 벌였다.

왕건은 노쇠한 견훤을 전장에 데리고 가 후백제의 몇몇 장수에게 항

• 견훤이 유폐된 금산사의 미륵전

복을 받아냈다. 또한 이들로부터 신검이 있는 정확한 위치를 알아내 대승을 거두었다. 여기서 패한 신검은 박영규의 내응으로 수도로 가지 못하고 황산군黃山郡(충남 논산군 연산면)으로 도망했다. 그러나 여기서도 패하여 결국 후백제는 멸망했다.

왕건, 지도자의 덕목을 몸소 보여주다

이 후삼국기의 여러 지도자 가운데 최후의 승자는 왕건이었다. 그가 여러 경쟁자를 제치고 새 시대의 주인공이 된 요인은 무엇일까. 우선 짚어볼 것은 그의 성격과 출신 배경이다. 그는 송악(개성) 출신이었다. 그의 아버지 왕륭(王隆 또는 龍建)이 송악군의 사찬沙粲이었음을 보면 그 지역의 호족으로 추측된다. 그리고 그의 선조인 강충康忠이 서강西江(예성강)의 영안촌에 사는 부잣집 딸과 결혼한 사실이나 조부 작제건作帝建이 당나라에 가다가 용왕의 딸을 맞아 왔다는 기록으로 미루어 그의 집안은 서해를 중심으로 한 해상무역을 통해 부를 축적한 것 같다.

그러한 집안 배경과도 관련 있었겠지만 왕건은 성격이 관후하고 신중했으며 나아갈 때와 물러갈 때를 아는 지혜를 가지고 있었다. 또한 옳다고 생각하는 것은 밀고 나갈 수 있는 용기도 있었다. 왕건은 896년 궁예에게 귀순한 직후 20세의 나이로 송악군의 성주가 되었으나 권력을 함부로 하지 않았다. 그리고 궁예 정권 내부의 정국에 눈을 돌리지 않고 주로 외방에서 정복 활동에 종사하는 본연의 임무에 충실했다. 그의 부장이던 김언金言 등이 궁예가 상을 주지 않는다고 불평하자 그는 "부디 해이하지 마라. 오직 힘을 다해 복무하고 두 마음을 먹지 말아야 복을 얻을 수 있을 것이다. 지금 임금이 포악하여 죄 없는 사람을 많이 죽이며 아첨하는 자들이 득세하여 서로 음해를 일삼고 있다. 이리하여 중앙에 있는 자들은 자기 신변을 보존하지 못하는 형편이니 차라리 정벌에 종사하고 왕실을 위하여 진력함으로써 자기 몸을 보전하는 것이 더 낫다"라고 말했다. 이는 일면 자기 몸을 지나치게 아꼈다는 비판을 받을 수 있지만 그보다는 쓸데없는 권력 싸움에 참여하지 않고 진정한 때를 기다리는 신중함이라 보는 편이 옳을 것이다.

그러나 913년, 현재의 국무총리에 해당하는 광평성의 시중이 되었을 때 그는 아첨하는 무리들을 과감히 처단하는 결단력과 용기를 보여주었다. 아지태阿志泰란 자가 같은 청주淸州인이었던 입전·신방·관서 등이 모반을 했다고 궁예에게 밀고하자 오히려 궁예의 신임을 받으며 아첨을 일삼던 아지태를 처단한 것이다. 이 사건으로 왕건은 스스로 관직을 사임하고 다시 나주 지역으로 가서 수군을 통솔했다. 이러한 그의 성격 때문에 이미 궁예 말년경에는 군대의 장교들이나 원로대신들, 그리고 지혜 있고 학식 있는 지식인들이 다 그를 따르게 되었다. 결국 918년 왕건은 홍유·신숭겸·배현경·복지겸 등 여러 장수의 추대를 받아 왕위에 올랐다.

왕위에 오른 그는 국호를 다시 고려라 했다. 그런데 이는 궁예나 견훤의 예와 달리 왕건에게는 어울리는 국호였다. 왕건은 그 자신이 고구려계 인물이었기 때문으로, 이는 왕건의 선조가 백두산에서 개성 쪽으로 내려온 데서 알 수 있다. 따라서 그는 그 지역의 백성들에게 진정으로 환영받을 수 있었고 견훤이나 궁예처럼 자기 기만적인 술책을 쓸 필요가 없었다.

그는 또한 6두품 지식인과 호족에 대한 정책적 배려를 아끼지 않았다. 정사의 협의·간쟁을 담당했거나 왕의 고문 기관 역할을 했을 것으로 여겨지는 내의성內議省의 신설은 그가 지식인들의 건의·비판을 얼마나 수용하려 했는가를 짐작게 한다. 이러한 분위기 때문에 최언위와 같은 6두품 지식인들은 재능과 학식을 발휘해 왕건을 보필했다. 궁예 휘하에 있었던 박유나 최응 등의 문사들도 다수 왕건 정권에 참여했다.

그리고 그는 즉위하자마자 전국의 호족에게 선물을 보내는 한편 말을 낮추어 공경하는 겸손한 태도를 보였다. 그러자 각지의 호족들이 귀부해 왔다. 이렇게 해서 귀부한 호족들에게 그는 토지와 저택을 주기도 하고 관계官階를 수여하면서 통치권을 인정해주었다. 또한 그들의 딸과 결혼을 추진해 혈연적 친분 관계를 유지했다. 그 결과 그에게는 29명의 부인이 있었으며 여기서 25명의 왕자와 9명의 왕녀가 태어났다. 이 밖에도 각지의 호족들과 연합하기 위해 왕王씨 성姓을 하사했으며 호족 출신 공신들을 사심관事審官으로 삼아 출신 지역을 다스리게 했고, 호족의 자제를 수도에 거주케 하는 기인其人제도를 실시했다. 이러한 그의 정책이 호족들에게 환영받은 것은 왕건의 회유 정책 때문이기도 했지만 그의 출신 배경이 송악의 호족이라는 데서 동질성을 느낀 것도 한 요인이다.

호족은 지방의 대토지 소유자로 권력·무력뿐 아니라 문화적 능력도 갖춘 존재들이었다. 그런데 호족들의 이와 같은 지위는 개인에 의한 것이 아니라 한 지역에 집단적으로 거주하는 동족 집단을 바탕으로 했다. 신라 말 이들은 지방에서 성주·장군의 호칭을 가지고 각 지역을 장악하고 있었다. 처음 농민

• 후삼국 쟁란기 최후의 승자 왕건 동상(개성박물관 소장)

봉기가 시작되었을 때 이들은 대체로 관망하는 자세였으나 혼란이 계속되자 농민들과 연합해 새로운 사회 건설에 앞장섰다. 이러한 호족들을 왕건은 온건 개혁 정책을 통해 자신의 휘하로 끌어들인 것이다.

그러나 그가 후삼국을 통일하고 새 시대의 주인공이 될 수 있었던 진정한 요인은 민심을 효과적으로 수습한 데 있다. 그는 출신 지역이나 속한 세력권을 가리지 않고 모두를 받아들이는 포용력을 발휘했다. 후백제의 견훤이 아들에게 왕위를 빼앗기고 귀순했을 때도 따뜻하게 그를 맞아들였다. 그는 견훤이 자신보다 나이가 많다 하여 상부尙父로 모시고 경기도 양주 지역을 식읍으로 주었다. 즉 이전의 적을 친구로 삼을 줄 아는 마음을 가졌다 하겠다.

그리고 그는 신라에 대해서도 우호적인 태도를 취했다. 왕위에 오르자마자 궁예가 바꾼 관계와 군·현의 명칭을 다시 신라식으로 되돌렸

• 북한 개성시에 있는 왕건 왕릉

다. 그리고 신라에 침입한 후백제군을 물리쳐주기도 했다. 이에 감격한 신라 사람들은 왕건이 신라를 방문하자 "전일에 견훤이 왔을 때는 승냥이나 범을 만난 것 같더니 지금 그대의 오심에는 부모를 만난 것과 같다"고 했다 한다. 935년 신라의 경순왕이 귀순했을 때도 후히 대접한 것은 물론이다. 이 때문에 왕건은 후백제나 신라인들의 민심을 거둘 수 있었다.

그런가 하면 그는 백성들에 대한 정책적 배려도 아끼지 않았다. 그는 우선 농민들의 조세 부담을 경감했다. 궁예 시절에는 수확의 절반가량을 수탈했지만 그가 즉위하면서 수확의 10분의 1만 내게 했다. 그리고 흑창黑倉이란 기관을 설치해 가난한 백성들에게 쌀을 나누어주었고, 억울하게 남의 노비가 된 자들을 모두 풀어주는 정책을 시행했다.

《고려사》와 《고려사절요》의 찬자가 왕건에 대해 기술한 다음 부분을 보면 그에 대한 존경이 한껏 드러난다.

그는 어려서부터 총명하고 지혜가 있었다. 얼굴은 해처럼 둥글었으며 강인한 턱과 넓은 이마를 가지고 있었다. 기상과 도량은 웅대하고 깊었고 음성은 웅장했으며 세상을 건질 만한 도량이 있었다.

농민 봉기를 계기로 성립된 후삼국시대에 새로운 지도자로 등장한 것은 견훤·궁예·왕건 등이었다. 이 가운데 최후의 승자가 되어 고려를 건국한 것은 왕건이다. 왕건은 이전의 적까지도 용서할 수 있는 포용력과 정의를 위해서는 과감히 나설 수 있는 용기 그리고 결단력을 가지고 있었다. 동시에 그는 때에 따라서는 물러서서 때를 기다릴 줄 아는 신중함과 인내심도 있었다. 그리고 지식인이나 지방의 호족에게 일정한 대우를 하고 그들의 말에 귀를 기울이는 태도를 보였다. 그러나 무엇보다도 덕치德治를 통한 민심 수습과 일반 백성들에 대한 실질적인 배려 등이 그가 후삼국을 통일하고 권력을 잡게 한 진정한 요인이었다.

| 생각해 보기 |

1. 신라의 멸망 원인은 무엇인가?
2. 후백제 견훤의 무덤은 왜 충남 논산시 연무읍에 위치하게 되었는가?
3. 왕건이 29명의 부인을 둔 것은 불가피한 것인가, 비판받아야 하는가?
4. 진정한 민족사적 통일은 신라의 3국 통일인가, 고려의 후삼국 통일인가?

5장

반란의
또 다른 이름
'개혁'

◆

고려 중기의 모순과 묘청 vs 김부식

고려 중기의 정차사회적 모순

왕위 쟁탈전의 혼란상

고려왕조는 지방 호족들의 협조로 건국·통일되었기 때문에 그 초기에는 호족 연합 정권적인 성격을 띠었다. 그리고 태조는 호족 연합 정책의 일환으로 29명의 후비를 거느렸다. 여기에서 태어난 자식만 하더라도 25명의 왕자와 9명의 왕녀가 있었다. 이렇듯 많은 자손의 탄생은 오히려 정계의 혼란을 가져왔으니 혜종惠宗(재위 943~945) 대의 왕위 계승 싸움과 현종의 즉위 과정 같은 것이 그 예다.

태조와 나주 오씨 사이에서 태어난 무武가 혜종으로 왕위에 오르자 왕규王規가 자신의 외손을 왕위에 앉히려 했다. 그러자 충주 유씨 소생인 요堯와 소昭가 서경의 왕식렴 군대를 끌어들여 이들을 타도하고 차례로 왕위에 올랐으니 이들이 곧 정종定宗(재위 945~949)과 광종光宗(재위 949~875)이었다.

뒤이은 현종顯宗(재위 1009~1031)은 태조의 아들 안종 욱郁과 경종景宗(재위

975~981)의 왕비 헌정왕후 사이에서 난 아들이었는데 그의 즉위 과정 또한 순탄치 않았다. 김치양이 경종의 또 다른 왕비 헌애왕후를 사통하여 아들을 하나 얻으면서 대량원군人良院君(현종의 즉위 전 이름)을 제거하고자했다. 그러나 목종穆宗(재위 997~1009)이 먼저 대량원군을 맞아 후계를 삼고 강조康兆가 입위함으로써 무사히 왕위에 오를 수 있었다. 물론 목종은 강조에 의해 살해되고 그 여파로 거란의 침입을 맞기도 했다.

광종 대에는 과거제나 노비안검법 등의 실시로 어느 정도 왕권이 강화되었고 성종成宗(재위 981~997) 대에 중앙 및 지방의 정치 체제가 일단의 정비를 맞았으나 이러한 왕위 쟁탈전으로 인한 혼란상은 고려 사회를 어둡게 하는 요소가 되었다.

거기에다 고려 중기가 되면 중앙에서 실력을 쌓은 문벌 귀족 가문들이 정계를 좌우하기 시작한다. 특히 왕실의 외척 가문이 막강한 실력을 행사하면서 여러 방면에서 모순이 노정되었다. 그 대표적인 가문이 바로 인주 이씨仁州(또는 慶源) 李氏 가문이었다. 인주 이씨와 왕실의 관계는 현종의 장인 김은부金殷傅가 이허겸李許謙의 사위인 데서 비롯되었다. 이렇게 하여 왕실과 인연을 맺은 인주 이씨는 이허겸의 손자인 이자연李子淵 대에 와서 본격적인 왕실의 외척 세력으로 등장했다. 즉 이자연의 세 딸이 문종의 왕비가 된 것이다. 이후에도 이 가문에서는 순종비 장경궁주長慶宮主(이호李顥의 딸)·선종비 사숙태후思肅太后(이석의 딸) 그리고 원신궁주元信宮主(이정李頲의 딸)·정신현비貞信賢妃(이예李預의 딸)가 배출되었다. 이런 가운데 인주 이씨 중 일부는 왕실의 후계자 싸움에 뛰어들기도 했다. 이것이 이른바 이자의李資義의 난이다.

문제의 발단은 선종이 세상을 떠나자 헌종獻宗(재위 1094~1095)이 11세의 어린 나이로 왕위에 오르면서 시작되었다. 더욱이 헌종은 몸이 병약하여 언제 죽을지 모르는 상황이었다. 이럴 즈음 중추원사(종2품)였던 이자 의는 무뢰배와 용사들을 모아 자신의 생질(원신궁주의 아들)인 한산후 윤을 왕위에 앉히려고 획책하고 있었다. 이것을 눈치 챈 계림공 희熙(헌종의 숙 부)는 평장사 소태보邵太輔를 회유하고 소태보는 상장군 왕국모에게 병사 를 이끌고 입위케 했다. 이어 왕국모는 고의화高義和를 보내 선정문 내외 에서 이자의를 비롯한 장중·최충백 등을 주살했다. 이 공으로 계림공 은 중서령中書令에 올랐다가 곧바로 헌종의 선위를 받아 왕위에 올랐으 니 이가 곧 숙종肅宗(재위 1095~1105)이다. 숙종은 이런 과정을 통하여 왕위 에 올랐기 때문에 인주 이씨 가문에서 왕비를 맞아오지 않았다.

이 사건으로 인주 이씨 가운데 이자의 계열은 큰 타격을 입었으나 다 른 계열은 건재했다. 그리하여 이자겸의 한 딸이 예종비로, 그리고 두 딸이 인종비로 들어갔다. 이렇듯 왕실의 외척이 됨으로써 막강한 실력 을 행사하던 이자겸 일파는 왕실 측이나 신진 관료들에게 꺼리는 대상 이 되었다. 결국 이자겸 일파는 신진 관료라 할 수 있는 한안인韓安仁 일 파와 대립하게 된다.

이자겸의 난과 정국 혼란의 심화

예종睿宗(재위 1105~1122)은 자신의 왕권 강화를 위하여 이자겸과는 성향 이 다른 한안인 일파를 주변에 포진해 이자겸의 전횡을 막으려 했다. 그러나 이자겸의 외손인 인종仁宗(재위 1122~1146)이 14세의 어린 나이로 왕 위에 즉위하면서 한안인 일파는 제거되었다. 인종 즉위년 이자겸은 한 안인이 불궤를 꾀했다 하여 살해하고 그 일당인 최홍재·문공미·이 영·정극영 등 50여 명을 유배했다.

반대 세력을 숙청한 이자겸 일파는 그 족속들을 요직에 앉히고 매관

매직을 일삼았다. 또 스스로 지군국사知軍國事가 되고자 하여 인종을 자신의 집으로 직접 오게 하는 무례를 범하기도 했다. 이러한 이자겸의 태도에 인종도 반감을 갖게 되었다. 이를 눈치 챈 내시 김찬·안보린 등은 인종 4년(1126) 지녹연智祿延과 결탁해 이자겸 세력을 제거하고자 한다. 그들은 상장군 최탁·오탁, 장군 고석 등에게 궁중으로 들어가 척준경拓俊京의 아들 순純과 척준신·김정분·전기상·최영 등의 이자겸파를 살해하게 했다. 이 소식을 전해들은 이자겸은 어찌할 바를 모르고 있었는데 척준경이 군사 수십 명을 이끌고 신봉문 밖에 이르렀고 이자겸의 아들 승려 의장義莊 역시 승군 300여 명을 이끌고 궁성 밖에 도착했다. 이에 왕은 이들에게 해산할 것을 명령했으나 듣지 않고 척준경이 궁궐에 불을 지름으로써 전세는 역전되었다. 이로써 인종은 잠시 피신했다가 나와 이자겸에게 선위하려 했으나 이공수李公壽의 반대로 중지되었다. 이후에도 이자겸은 십팔자참설十八子讖說(고려 때 유행하던 참설로 장차 이씨가 나라를 세우리라는 예언)을 믿고 자신의 딸을 시켜 인종을 살해하려 했으나 실패했다.

이런 가운데 이자겸의 아들인 이지언의 종과 척준경의 종이 다툰 것을 계기로 이자겸과 척준경의 사이가 벌어졌다. 그러자 인종은 내의內醫 최사전崔思全을 통해 척준경을 회유했다. 결국 인종의 밀지를 받은 척준경은 이공수와 의론하여 이자겸을 체포했다. 이자겸은 영광으로 유배되어 그곳에서 죽고 그 일파는 각지로 유배되었다. 척준경도 얼마 가지 않아 정지상의 상소로 암태도에 유배되었다가 곡주(곡산)에서 죽었다.

이렇게 하여 이자겸의 난은 진압되었으나 내부적인 정국의 혼란상은 계속되었다. 정치 기강이 해이해진 것은 물론이고 귀족층의 내부 분열이 더욱 심화되었다. 그리고 많은 인명 살상과 궁궐의 화재로 개경의 민심이 흉흉했다. 핵심적인 지배 세력의 위치도 바뀌었다. 이자겸 일파가 제거된 대신 이공수·이지저 계열의 인주 이씨 및 김부식金富軾·김부일金富佾 등 경주 김씨와 새롭게 외척이 된 임원애 등의 정안 임씨가 부상했다.

여기에 대외적인 문제까지 등장했다. 아골타阿骨打가 여진 세력을 통합하여 금나라를 세우고 고려에 압력을 가한 것이다. 여진은 원래 우리의 북방 지역에 거주하면서 산만한 부락 생활을 하던 족속으로, 고려를 부모의 나라로 섬기고 복종하는 태도를 보였다. 이에 고려는 이들에게 때로는 강경한 정책을 쓰기도 했지만 대체로 은전을 베풀었다. 여진인들이 고려에 들어와 토산물을 바치면 식료·의류 등 생활필수품을 하사하기도 했고 투화投化 여진인들에게는 무산계나 향직을 주는가 하면 일정한 지역에 살게 해주기도 했다.

그러다가 북만주의 송화강 지류인 이르추카하河 유역에서 완안부完顔部가 일어나면서 여진은 서서히 세력을 확대하기 시작했다. 특히 오아속烏牙束 때에 이르러 세력을 더욱 키운 이들은 고려에 복속한 여진 부락을 침략하고 더욱 남진하여 정주定州의 장성 부근까지 이르렀다. 이에 고려에서는 임간林幹·윤관尹瓘을 보내 이들을 물리치게 했으나 실패하고 숙종이 즉위하면서 별무반을 편성하여 정벌하게 된다. 이때 윤관은 이들을 내쫓고 9성을 쌓았으나 얼마 뒤 돌려준 바 있다. 오아속의 뒤를 이은 아골타는 동북면의 여진을 통합하고 요遼의 군대를 격파하더니 마침내 예종 10년(1115) 황제를 칭하고 금나라를 세웠다.

이 같은 상황에서 금은 예종 12년에 사신을 보내 고려와 형제맹약을 맺을 것을 제의했다. 고려에서는 상하가 모두 분노했으나 제청을 묵살하는 것으로 일단락지었다. 그러나 금은 인종 3년(1125) 요를 멸망시키더니 고려에게 이번에는 군신 관계를 요구해왔다. 고려에서는 대부분의 신하가 반대했으나 이자겸·척준경 등이 당시의 국제 정세를 들어 '표를 올려 신하를 칭하는上表稱臣' 쪽으로 결정했다. 그러나 이후에도 이러한 굴욕적인 외교는 계속되었다.

경제적으로도 이자겸을 비롯한 일부 귀족들의 전횡에 의해 전시과 체제가 서서히 무너지고 있었다. 중앙귀족들의 권력 쟁탈전이 전개되면서 사회 기강이 문란해지고 이 틈을 타 권력가들의 토지 탈점이 자행되었다. 《고려사》권40 이자겸전은 당시의 상황을 이렇게 전한다. "(이자겸의) 세력이 더욱 성하니 뇌물이 공공연하게 행하여져 사방에서 선물이 모여드니 썩는 고기가 항상 수만 근이요, 남의 토전土田을 강탈하며 그 종을 놓아 거마車馬를 노략하여 자기의 물건을 실어들이니 백성들이 수레를 다 파괴하고 우마牛馬를 파니 도로가 소연했다." 이 귀족들은 또한 백성들을 동원해 큰 저택을 짓기도 했고 수시로 별공別貢을 징수하여 괴롭혔다. 결국 견디다 못한 백성들이 도망하는 사태가 속출했다.

요컨대 고려 중기에는 문벌 귀족들이 왕권을 능가하면서 권력을 전횡했다. 이 여파로 일반 백성은 그들의 수탈과 탄압 속에서 고통을 당했다. 그런가 하면 새롭게 대두한 여진 세력이 고려를 압박하는 사태까지 발생했다. 이러한 가운데 서경 천도西京遷都와 더불어 칭제건원稱帝建元·금국정벌金國征伐 등을 주장하는 일파가 있어, 결국 이들이 서경에서 봉기하기에 이르렀으니 이를 묘청妙淸의 난이라 부른다.

반역자 묘청과 영웅 김부식
— 역사의 시각에 의문을 던지다

풍수도참설의 대가, 왕을 서경으로 이끌다

묘청(?~1135)이 어디서 언제 그리고 어느 가문에서 태어났는지는 기록이 없다. 다만 그가 서경(평양)의 중이었으며 후에 이름을 정심淨心으로 개명했다는 정도만 전한다. 지금부터 서경천도파의 주동자인 묘청의 활동과 이른바 난의 과정을 《고려사》 권127 묘청전의 내용을 중심으로 살펴보겠다.

묘청은 원래 풍수도참설에 능했다. 그리고 태일옥장보법太一玉帳步法이란 도술도 할 줄 알았는데 이는 모두 도선의 후계자 강정화康靖和에게 전수받은 것이었다. 묘청은 서경의 일관日官인 제자 백수한白壽翰과 함께 음양비술陰陽秘術로 백성들을 현혹했다. 정지상鄭知常도 서경 사람으로 그들의 말을 깊이 믿었다. 그리하여 개경의 지덕이 쇠진하니 궁궐이 불타 없어지고 서경은 왕기王氣가 있어 그곳을 수도로 해야 한다고 믿었다. 인종도 이들의 말에 혹해 왕 5년 서경에 행차하여 관정도량灌頂道場을 베풀고 유신정령維新政令을 반포했다.

묘청은 또한 내시낭중 김안金安과 모의하여 말하기를 "우리가 만약 임금을 모시고 옮아가서 서경을 수도로 만든다면 마땅히 중흥공신이 될 것이니 비단 우리 한 몸이 부귀를 누릴 뿐만 아니라 자손을 위하여 무궁한 복이 될 것이다" 했다. 근신 홍이서·이중부, 대신 문공인·임경청 등도 그 의견에 동조했다. 그리하여 "묘청은 성인이요, 백수한은 그 다음가는 성인이니 국가의 일을 그들에게 자문한 후에 시행하고 그 의견을 허심탄회하게 받아들인다면 정사에 성과가 있을 것이요, 국가의 태평을 보존할 것입니다"라는 내용의 상소문을 작성하여 관원들에게 서명할 것을 요구했는데 김부식과 임원애·이지저만이 서명하지 않았다.

묘청 등은 또 건의하기를 "신 등이 보건대 서경의 임원역 땅은 음양가들이 이르는바 대화세大華勢의 곳이라, 만약에 궁궐을 세우고 임어하시면 가히 천하를 합병할 수 있고 금나라가 방물을 바치고 항복할 것이며 36국이 모두 조공하게 될 것입니다" 했다. 이에 따라 인종은 서경으로 가서 재추들에게 명하여 묘청·백수한 등을 거느리고 임원역에 가서 지세를 보게 하고 김안을 시켜 궁궐을 짓게 했다. 그리하여 왕 6년 (1128) 11월부터 이듬해 2월까지 임원역 땅에 대화궁을 지었다. 인종 7년에 대화궁이 완성되자 인종은 또 서경으로 행차했다. 이때 묘청의 도당 중에서 어떤 자는 표문을 올려 "황제를 칭하고 연호를 제정하라稱帝建元" 고 권고했으며 어떤 자는 금을 쳐서 멸하자고 주청했다. 그러나 식자들은 모두 불가능하다고 여겼고 인종도 듣지 않았다.

왕은 새 궁전의 건룡전에서 신하들의 축하 인사를 받았다. 이 자리에서 묘청은 정지상·백수한 등과 함께 "방금 임금이 건룡전에 좌정할 때 공중에서 좋은 음악소리가 들렸으니 이것이 어찌 새 대궐로 이사 온

데 대한 상서로운 징조가 아니겠는가" 하고는 드디어 축하하는 표문을 작성하여 모든 재추들에게 서명을 요구했으나 재추들은 이를 거절했다. 그러면서 "우리가 늙었어도 아직 귀는 먹지 않았는데 공중의 음악을 들어보지 못했다. 사람은 속여도 하늘은 못 속인다" 했다. 그러자 정지상이 분해서 "이것은 비상히 상서로운 징조이며 마땅히 역사에 기록해서 후세에 전할 일인데 대신들이 저러하니 실로 통탄할 일이다" 했으나 표를 올리지는 못했다.

인종 7년에는 서경의 중흥사탑이 화재를 당했는데 어떤 사람이 묻기를 "스님이 임금을 서경으로 오라 청한 것은 재화를 진압하기 위한 것이었는데 어째서 이런 큰 재변이 생겼는가?"라고 하니 묘청은 얼굴빛이 붉어지며 한참 동안 고개를 숙이고 생각하고 있다가 "임금이 만약 개경에 있었으면 이보다 더 큰 재변이 생겼을 것인데 이곳에 있었기 때문에 재변이 외부에서 발생했고 임금이 무사한 것이다"라고 했다. 그러하니 묘청의 신봉자들은 "이러니 어찌 아니 믿겠는가"라고 했다.

그 다음 해에는 묘청이 청해 임원궁성林原宮城을 축성하고 그 궁성에 8성당聖堂을 설치했다. 8성은 여덟 사람의 성인이란 뜻으로 국내 명산의 수호신·호국신과 부처 중에서 하나씩을 뽑아 서로 연결 짓게 한 것이다. 이는 불교에서 말하는 본적설本迹說에 근거를 둔 것으로 중생을 건지기 위해서 본지本地, 즉 보살이나 부처의 몸에서 수적垂迹, 다시 말해 많은 분신이 생겨난다는 것이다. 예컨대 '호국백두악태백선인실덕문수사리보살護國白頭嶽太伯仙人實德文殊舍利菩薩'이라 함은 우리나라의 호국신인 백두악태백선인이 문수사리보살의 분신이라는 뜻이다. 실덕이란 실체, 즉 본신本身·진신眞身이란 뜻으로 백두악태백선인의 본신은 문수사리보살이라는 것이다.

묘청은 도교의 술수도 부릴 줄 알았다. 인종 10년 이자겸의 난으로 불탔던 궁궐을 지을 때 최홍재·문공인·임경청 등이 공사를 감독하게 되었다. 이곳의 집터를 닦기 시작했을 때 묘청은 최홍재 등 역사 담당 관원들에게 모두 공복을 입혀 차례로 서게 하고 장군 네 사람에게는 갑옷 차림으로 칼을 든 채 사방에 서게 했다. 또 군사 120명은 창을 들고 300명은 횃불을, 20명은 촛불을 쥐고 둘러서게 했다. 그런 뒤 묘청은 중앙으로 가서 길이 360보가 되는 흰 삼줄 네 가닥을 늘이고 그것을 사방에서 네 번 당기며 술법을 행했다. 이를 묘청은 '태일옥장보법太一玉帳步法'이라 불렀다.

묘청의 무장봉기와 김부식의 진압

묘청과 백수한은 인종에게 서경으로 행차할 것을 청했다. "개경의 지세가 쇠하였으므로 하늘이 재화를 내려서 궁궐이 불탔으니 자주 서경으로 행차하시어 재앙을 물리치고 복을 맞이하여 무궁한 왕업을 누리소서" 했다. 왕이 여러 일관에게 물으니 모두 반대했으나 정지상·김안, 그리고 몇몇 대신은 "묘청이 말하는 것은 즉 성인의 법이니 어길 수 없습니다" 했다. 그리하여 왕은 할 수 없이 서경으로 행차했다. 그런데 금암역까지 갔을 때 비바람이 사납게 일면서 대낮에 갑자기 천지가 어두워졌으므로 왕은 길을 잃고 혹은 진흙탕에 빠지기도 하고 돌부리에 부딪치기도 했다. 또한 시종들은 왕이 어디 있는지조차 몰랐고 궁인 중에는 소리 내어 우는 자들도 있었다. 그날 밤은 진눈깨비가 내리고 추위가 심해 인마와 낙타가 많이 죽었다. 이때 묘청은 "내가 이날에 바람과 비가 있을 줄 알고 우사雨師와 풍백風伯에게 말하기를 '임금의 행차가 있을 것이니 풍우를 일으키지 말라' 하여 허락을 받았는데 이제 약속을 위반하니 가증스럽도다"했다.

이처럼 갖은 고초 끝에 서경에 다다르자 서경의 부노父老와 검교태사檢校太師로 치사한 이재정李齊挺 등 50여 명이 묘청의 뜻을 맞추기 위해 황제를 칭하고 연호를 제정하자는 글을 인종에게 바쳤다. 정지상 등은 이것을 계기로 "대동강에 서기瑞氣가 있는데 이것은 신룡神龍이 침을 토하는 것이다. 천 년에 한 번 보기 드문 일이니 왕께서 위로는 천심에 응답하고 아래로 인망에 순응하면 금나라를 제압할 수 있을 것입니다"했다. 왕이 이에 대해 이지저에게 묻자 그는 "금나라는 강적이므로 경시하지 못할 것이며 더욱이 대신들이 개경에 남아 있는데 한두 사람의 말만 듣고 대사를 결정할 것은 아닙니다"라고 대답했다.

신룡이 침을 토한다 한 것은 묘청 등의 조작이었다. 묘청·백수한 등은 남몰래 큰 떡을 만들어 속을 비게 하고 그 속에 기름을 가득 채웠다. 그리고 거기에 작은 구멍을 뚫어 강물 속에 가라앉혔는데 신룡의 침이란 바로 작은 구멍에서 나온 기름이었다. 이에 왕은 문공인·이준양 등을 보내어 이를 조사케 한 바, 어떤 이가 기름이 물에 뜨면 이상한 빛깔이 난다고 일러주었다. 그들은 강물 속을 수색하게 해 문제의 떡을 찾아냈다.

이러한 묘청 등의 책동에 대해 임원애는 왕에게 글을 올려 묘청·백수한 등이 갖은 모략으로 백성들을 현혹하고 있으니 만인의 면전에서 이들을 처단해야 한다고 주장했다. 그러나 왕은 듣지 않고 오히려 서경의 대화궁에 자신의 옷을 보내 안치하게 했다. 이렇게 하면 복이 있고 경사가 있을 것이라는 묘청의 말에 따른 것이었다.

그러자 인종 11년 직문하성直門下省 이중李仲과 시어사侍御史 문공유文公裕 등이 상소하여 이르기를 "묘청·백수한 등은 모두 요망한 자들입니다. 그들의 말이 괴이하고 황당해서 믿지 못할 것인데 근신 김안·정지상·이중부, 환관 유개 등이 서로 심복이 되어 자주 서로 칭송·추천하고 그를 가리켜 성인이라 하며 또 대신까지도 그들을 믿고 따르는 자가 있어서 전하께서도 의심스러운 것으로 여기지 않게 되었습니다. 그러나 정직한 인사들은 그자들을 원수처럼 미워하고 있으니 속히 멀리 물리치시기를 바랍니다"했다. 물론 인종은 이 청도 따르지 않고 묘청의 말을 들어 서경에 자주 행차했는데 홍수·한발·폭풍·우박·낙뢰 등의 재변이 꼬리를 물고 일어났다. 대동강에서 뱃놀이를 하는데 갑자기 폭풍이 불어 인종이 황급히 대피했는가 하면 대화궁 근방 30여 곳에 벼락이 떨어지기도 했다. 그제야 인종은 점차 이들을 의심하기 시작했다.

묘청 일파는 그들의 의도대로 서경 천도가 어려움을 알고 무장봉기를 감행했다. 인종 13년(1135) 묘청은 분사시랑 조광趙匡, 분사병부상서 유감 등과 더불어 거사를 진행했다. 그는 왕의 조서를 위조하여 서경부유수 최자, 감군사 이총림, 어사 안지종 등을 잡아 가두고 서북면병마사 이중병과 그의 막료들 및 각 성의 수장들도 서경의 소금창고에 가두었다. 그리고 각 성의 병력을 강제로 동원하고 인근의 마필을 약탈하여 성내로 끌어들였다. 그들은 국호를 대위大爲, 연호를 천개天開라 하고 그들의 군대를 천견충의군天遣忠義軍이라 했다. 그리고 성공했을 때를 대비해 양부대신과 각 도의 수령을 모두 서경인들로 임명한다는 문서를 작성해두었다.

이때 서경에 있던 백수한의 친구가 "서경이 이미 반하였으니 몸을 빼어 돌아오라"는 편지를 개경의 백수한에게 보냈다. 백수한은 그 편지를 왕에게 보였고 왕은 이를 문공인에게 보였다. 그러자 문공인은 "이 일은 의심스러우며 진위를 구명하기 어려우니 아직 비밀에 부쳐두십시오"했다. 그러나 뒤이어 군사 최언과 한선정이 와서 서경이 반했음을 고했다.

이에 조정에서는 토벌군을 편성했다. 김부식을 원수로 해 삼군이 편성되었는데 중군은 김부식 · 임원애 · 윤언이 등이 통솔 책임자가 되었고 좌군은 김부의 · 김단 · 윤언민 등이, 우군은 이주연 · 진숙 등이 책임자로 임명되었다. 김부식은 떠나기에 앞서 여러 장수에게 "서경의 반란에 정지상 · 김안 · 백수한 등이 공모하고 있으니 이들을 제거하지 않으면 서경을 수복할 수 없다"라며 이들을 잡아 죽이게 했다. 그리고 음중인 · 이순무 등 개경에 있던 묘청의 당을 먼 섬으로 귀양 보냈다.

김부식의 대군이 출정하자 조광 등은 능히 항거할 수 없음을 알고 묘청 · 유감 및 그 아들 유호의 머리를 베어 윤첨이 이를 조정에 바쳤다. 그러나 김부식은 이 3인의 머리를 효수하고 윤첨을 옥에 가두었다. 그러자 조광은 자신도 죽음을 면치 못할 것을 알고 다시 반란을 일으켰다. 이에 김부식은 성이 험준하여 갑자기 공격하기 어렵다 생각하고 지구전법을 썼다. 그러다가 인종 14년 2월에 총공격을 가하자 조광은 자살했고 드디어 서경은 평정되었다.

묘청의 '난'을 보는 또 다른 시각

앞의 내용이 《고려사》에 나온 묘청의 난에 대한 개요다. 그런데 과연 묘청은 이 기록대로 당시의 반란자였을까? 기록이란 자의든 타의든 기록자의 주관이 개입되게 마련이다. 《고려사》는 태조 4년 정도전 · 정총에 의하여 편찬된 《고려국사》를 모태로 하는데 이를 첨삭 · 개수하면서 김종서 · 정인지 등에 의하여 문종 원년(1450)에 완성되었다. 그런데 편찬의 주체가 된 자들은 주로 과거 출신의 유학자들이었다. 따라서 열전의 내용은 문신 위주 · 과거 위주의 성격을 띤다. 그리고 조선의 통치이념이 유교였으니 유교 중심으로 서술된 것이 당연했다. 그래서 《고려사》에는 승려전이 없다. 이러한 여러 상황으로 보아 《고려사》에서 묘청을 긍정적으로 보지 않고 반역전에 포함한 것은 당연한 결과다. 그러나 그것이 객관적이고 공정한 평가라고 보는 것은 곤란하다.

물론 묘청 일파가 주장한 금국정벌론 같은 것은 당시 현실에서 볼 때 다소 무리한 주장이었다. 그러나 기록을 검토해보면 묘청이 과연 이 주장을 꼭 실천에 옮기려 한 것인지 의문이 생긴다. 그는 다만 금의 압력이 계속되는 상황에서 서경을 중심으로 민심을 한곳에 모으는 한 방법으로서 이를 주장한 것으로도 볼 수 있기 때문이다. 그리고 그가 행한 여러 술책도 자신의 주장을 관철하기 위해 정치가들이 흔히 행하는 하나의 방법으로 해석할 수 있다.

이렇게 본다면 묘청 일파가 벌인 일련의 행동은 일종의 현실 개혁 운동이었다고도 평할 수 있다. 즉 인종 대의 정치 · 사회적인 불안 요인이 당시 집권층의 경제적 수탈과 정치적 무능으로 인한 대금對金 의존도의 심화에 있었다고 간파한 묘청이 이를 개혁하고자 한 것이다. 이는 묘청 · 백수한 · 정지상 등의 청에 따라 인종 5년 왕이 서경에 행차하여 내린 '유신지교維新之敎'를 통해 알 수 있다. 이 교서는 정지상이 작성했을 가능성이 큰데 그 내용은 모두 15개 조항으로 되어 있다. 그것을 분석해보면 풍수지리에 관한 것은 1개 항뿐이고 관리들의 비위척결이나 훌륭한 인재 선발에 관한 것이 4개 항, 나머지 10개 항은 모두 일반 백성의 생활 향상에 직 · 간접으로 관련된 것들이다. 즉 인종은 이 교서를 통해 왕권의 회복, 정치 기강의 확립과 함께 기층 사회의 안정을 도모하려는 민생구휼 정책을 시행하려 했다.

이 교서가 발표된 뒤 묘청 등은 적극적으로 서경 천도 운동을 전개한 것이다. 그가 개혁의 중심지로 서경을 택한 것은 자신이 서경 출신이라는 이유도 있었겠지만 서경이 옛 고구려의 수도로 고려 초기 이래 중시되었기 때문이었다. 또한 고려에서 이적시해온 금과의 잦은 사신 왕래로 서경 지역이 다른 지역보다 경제적 피해가 컸고 과중한 역과 별공別貢의 상납에 시달렸기 때문이기도 했을 것이다.

이렇듯 묘청을 긍정적으로 평가한 효시는 신채호다. 그는 이 사건을 낭郞·불佛 양가 대 유가儒家, 국풍파國風派 대 한학파漢學派, 독립당 대 사대당, 진취사상 대 보수사상의 싸움으로 규정하면서 "조선 천 년 이래 제일 큰 사건"이라 평했다. 그리하여 묘청은 전자의 대표요 김부식은 후자의 대표라 했다. 그러나 이 사건의 실패로 고려 후기부터 조선시대에 이르기까지 사대사상이 만연하여 결국은 일본의 식민지 국가가 되었다고 논단했다.

문일평도 묘청과 같은 이를 '반역아'로 지칭하지만 그 반역아들을 오히려 가치 있고 필요한 존재로 보았다. 다음의 기록을 보자.

역사상의 진정한 반역아들의 행동은 일국—國을 뒤엎고 일세—世를 놀라게 하였고 그들의 거사가 비록 모두 실패에 그치고 말았지만 오히려 조선사를 창조한 일대 동력이 된 것만은 뚜렷한 사실이니 만일 조선사에서 반역아를 모조리 빼버린다면 발랄한 기백이 그만큼 사라질 것이요, 따라서 뼈 없는 기록이 되고 말 것이다. 진정한 반역아일수록 그에 의하여 시대의 병폐와 사회의 결함이 그대로 폭로되나니 그러므로 사상史上의 반역아를 가려다가 검토하면 오로지 그 시대와 사회를 알 수 있을 것이다.

문일평, 《사상史上의 기인奇人》

이러한 일련의 평가는 일제강점기의 암울한 시대 상황에서 진취적인 민족정신을 일깨우기 위한 목적이었을 테지만 일면의 정당성이 없지 않은 것이다.

강직한 성품의 충신 김부식, 그러나……

그렇다면 묘청 일파를 토벌한 김부식은 과연 어떠한 인물이었을까. 김부식(1075~1151)은 문종 29년 경주 김씨 김근金覲의 셋째 아들로 태어났다. 김근은 현재의 국립대학 총장 격인 국자제주國子祭主를 지냈으며 좌간의대부까지 오른 대신이었다. 또한 그의 증조부는 경주의 주장州長을 지낸 김위영金魏英이었다. 그는 유복한 집안에서 정상적인 교육을 받았으리라 짐작된다.

김부식은 숙종 대에 과거에 합격하여 안서도호부 사록참군사司錄參軍事로 관직 생활을 시작했다. 그 후 한림원으로 임명되었으며 우사간·중서사인中書舍人을 역임했다. 한림원에 들어가 근무한다는 것은 비록 관품은 낮을지라도 선비로서 아주 영예로운 자리였다. 여기에는 당대 최고의 문사들이 소속되어 왕에 대한 자문은 물론 외교 문서나 왕의 교서를 작성하는 임무를 수행했다.

그는 관직 생활을 하면서도 유학을 깊이 공부했다. 예종 말년경에는 궁중의 학문 기관인 청연각

• 김부식의 초상

과 숭문전에서 왕을 모시고 《주역》이나 《상서》를 강의했고 정치의 정도와 고금의 득실을 논했다. 그러면서 자신의 생각과 감상을 글로 남겼다. 기록에 의하면 그는 문집 20권을 남겼다 하는데 지금은 전하지 않는다.

이러한 학식과 경륜으로 그는 송나라와의 외교사절로도 일정한 역할을 했다. 김부식이 처음 송에 간 것은 예종 11년(1116)의 일이다. 이때 그는 송나라 휘종徽宗에게 〈추성흔락도秋成欣樂圖〉라는 그림을 하사받기도 했다. 그림에 재주가 있던 휘종이 김부식의 학식과 재주를 보고 직접 그려 하사한 것이 아닌가 한다.

또한 인종 2년(1124)에는 송나라에서 노윤적路允迪이 사신으로 왔는데 김부식이 접대사가 되었다. 이때 송나라의 사신을 수행한 서긍徐兢이란 사람이 김부식은 글을 잘 짓고 고금역사에 통달한 것을 보고 그의 인품을 사모했다. 그는 귀국하여 저술한 《선화봉사고려도경宣花奉使高麗圖經》이라는 책에서 김부식을 다음과 같이 묘사했다. "몸집은 크고 얼굴은 검으며 눈알이 튀어나왔다. 그러나 아는 것이 많고 글을 잘하여 따르는 선비가 많고 그를 이길 만한 사람이 없다." 또한 그는 김부식의 화상을 그려 가서 황제에게 보고했다. 그러자 황제는 주관부서에 명을 내려 이 책을 간행케 했으니 이로부터 김부식의 이름이 외국에까지 알려졌다. 그 뒤 송나라에 사신으로 갔을 때 그는 이르는 곳마다 극진한 대접을 받았다. 한편 그는 세 번이나 과거를 관장하는 영광을 누리기도 했다.

김부식은 이자겸이 권세를 오로지할 때 강직한 성품으로 그를 견제한 인물이기도 하다. 인종이 즉위하여 조서를 내리기를 "이자겸은 나의 외조부이므로 석차와 대우에서 일반 관리들과 같이 할 수 없으니 양부兩府(중서문하성과 중추원와 양제兩制) 및 여러 시종들은 모여 의논하고 그 방안을

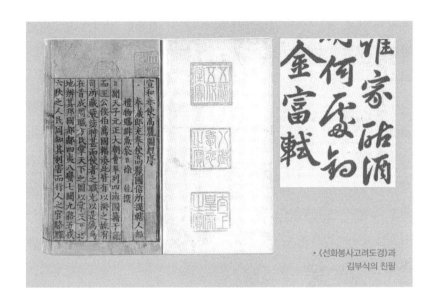

보고하라"했다. 그러자 보문각학사 정극영과 어사잡단 최유 등이 "옛 글에 이르기를 임금이 신하의 예로 대우하지 않을 사람이 셋 있는데 왕 후의 부모가 그 가운데 하나입니다. 그러므로 이제부터 주상에게 올리 는 글에 신(臣)이라 쓰지 않아도 되고 군신이 모인 연회석상에서도 백관 들과 같이 뜰에서 하례할 것이 아니라 바로 왕이 계신 막에 올라가서 배례하면 주상께서 배례(拜禮)로 답례하신 후 전에 앉게 하여야 합니다"라 고 하니 다른 신하들도 이자겸의 비위를 맞추느라 여기에 찬동을 했다.

　그러나 김부식은 이는 군신의 법도에 맞지 않는다 하여 반대했다. "하늘에는 두 해가 없고 땅에는 두 제왕이 없습니다. 때문에 임금의 아 버지라 할지라도 존호(尊號)를 받지 않았으면 임금의 절을 받을 수 없습니 다. 따라서 글을 올릴 때는 응당 신이라 칭해야 하며 궁궐에서는 군신 의 예를 다하고 사가에서는 집안사람끼리의 예로 접견하셔야 합니다. 이렇게 하면 공의(公義)와 사은(私恩)이 모두 순리에 맞을 것입니다"라는 내용의 의견을 개진했다. 재상들이 이 두 가지 견해를 왕에게 보고하니 왕은 이를 이자겸에게 문의했다. 그러자 이자겸도 어쩔 수 없이 김부식의 견해가 옳다고 하여 이에 따르게 되었다.

또한 인종이 이자겸의 조고祖考에게 벼슬을 추증할 때 박승중이 이자겸에게 아첨하기 위하여 분황일焚黃日(가묘에 제사하면서 고하는 날)에 교방敎坊(노래와 춤을 가르치는 기관)의 악기를 내려 이용케 하자고 제의했다. 그러나 김부식은 "종묘에서 음악을 연주하는 것은 생시와 같이하기 위한 것이다. 무덤을 대할 때는 흰옷을 입고 울기까지 하는데 어찌 음악을 연주하겠는가"하면서 반대하여 이루어지지 못했다. 또한 박승중이 "이자겸의 생일을 인수절仁壽節이라 칭하자"는 제의를 했을 때도 김부식은 "신하의 생일에 절 자를 붙이는 것은 일찍이 보지 못했다"하여 반대해 이 또한 실행되지 못했다.

그의 이러한 성격은 그가 왕명을 받아 인종 23년(1145) 편찬한 《삼국사기》를 통해서도 알 수 있다. 이 책은 고구려·백제·신라 3국의 역사를 기전체紀傳體로 엮은 사서이다. 이 책은 신라 중심적이고 유교적 사대사상에 입각해 중국과의 사신 왕래 기사가 많은 분량을 차지한다는 비판을 받고 있지만 나름으로 불편부당한 입장에서 서술한 것으로 볼 수 있다. 즉 신라사 중심인 것은 고구려·백제 측의 사료가 적었기 때문에 어쩔 수 없었으며 유교적 입장에서 인물을 평가하고 중국을 중히 여긴 것은 당시

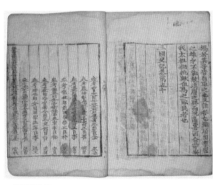

• 《삼국사기》

중국이 고려사상에서 차지하는 위치를 볼 때 불가피했던 것이라 할 수 있다. 오히려 김부식은 민족적 자긍심을 가지고 있었고 사관으로서의 술이부작述而不作 정신을 견지했다. 조선시대의 《고려사》를 비롯한 많은 사서가 우리나라 왕들의 행적을 '세가世家'라 한 데 반해 김부식은 중국과 동등하게 '본기本紀'라 했으며 최치원 등이 비루한 말이라 하여 '왕'이라 고친 신라시대의 거서간·차차웅·마립간 등의 칭호를 그대로 살렸다. 또한 중국에서는 '한 해에 두 임금이 있을 수 없다' 하여 유년칭원법踰年稱元法을 썼지만 김부식은 삼국시대의 실제대로 즉위한 해를 원년으로 삼는 즉위년칭원법即位年稱元法을 썼다.

그러한 반면 김부식은 자존심이 아주 강했으며 시기심도 많았고 자기중심적인 사고도 가지고 있었다. 또한 권력에 대한 욕심도 상당했다. 이러한 성격은 윤언이·정지상과의 불화를 통하여 알 수 있다. 예종 때의 일이다. 문종의 넷째 아들로서 송나라까지 갔다 와 《속장경》을 간행하고 고려 천태종 발전에 크게 기여한 대각국사 의천이 세상을 떠났다. 예종은 그의 업적을 기리기 위하여 당시의 유학자 윤관에게 대각국사의 비문을 짓게 했다. 그런데 그 비문이 힘들여 쓰지 않아 별로 잘되지 못했다는 사정을 김부식의 제자가 왕에게 아뢰었다. 그러자 왕은 김부식에게 비문을 고쳐 짓게 했다. 이때 김부식은 서슴없이 비문을 고쳤는데, 윤관이 자신의 선배이자 공신이었으니 몇 차례 정중히 사양해본 뒤에야 고치는 것이 현명한 태도였을 터인데 그는 그러지 않았다. 이는 그의 지나친 자만심을 보여준다 하겠다.

이 일로 윤관은 대단히 기분이 상했고 결국 김부식은 윤관의 아들 윤언이에게 학문적인 모욕을 당했다. 왕이 국자감에 들렀다가 김부식에게 《주역》을 강의하게 하고 윤언이에게 토론을 하게 했을 때다. 당시 윤언이는 국자사업國子司業이란 벼슬에 있으면서 교수했는데 특히 《주역》에 밝았다. 윤언이는 김부식에게 예리한 질문을 퍼붓고 그칠 줄 모르는 논조로 그의 말을 논박했다. 이에 김부식은 "그 질문에 답하지 못한 채 팥죽 같은 땀만 흘리고" 있었다. 훗날 김부식은 묘청을 토벌할 때 자신의 보좌관으로 있던 윤언이를 정지상과 결탁한 바가 있다 모함해 좌천시켰다.

또한 그는 정지상의 문장과 재주를 크게 시기했다. 이규보의 《백운소설白雲小說》에는 다음과 같은 이야기가 전한다. 정지상이 시를 한 수 지었는데 김부식은 거기에 자기의 시를 덧붙여 자신의 시로 만들려고 정지상에게 그 시를 달라 했다. 정지상이 이를 거절하자 결국 그가 묘청과 결탁했다 하여 그를 죽였다. 그 후 정지상은 음귀陰鬼가 되어 김부식이 측간에 갔을 때 그의 음낭을 쥐어 죽였다는 것이다.

이 이야기를 그대로 믿을 수야 없지만 김부식이 정지상에게 상당한 라이벌 의식을 가졌음은 사실인 것 같다. 《고려사》 묘청전에도 "김부식과 정지상은 평소 글에서의 명망이 서로 비등했으므로 김부식이 불만을 품고 이때에 와서 묘청과 내통했다는 구실로 살해하였다"라고 되어 있다.

묘청·조광 등이 서경에서 봉기했을 때도 김부식은 마치 이 거사가 5, 6년 전부터 계획된 것처럼 말했는데, 이는 서경 천도 운동 전체를 모반으로 몰아붙이려는 의도에서 한 말로 생각된다. 그것이 오래전부터 계획된 일이라면 개경에 있던 정지상·김안·백수한 등이 거사 사실도 모른 채 죽임을 당하지는 않았을 것이기 때문이다. 또한 백수한이 서경의 거사를 전하는 편지를 왕에게 보고하지도 않았을 것이다.

이상에서 살펴보았듯 김부식은 훌륭한 유학자였으며 충직한 신하였다. 그러나 어떻게 보면 그는 당시의 현실을 외면한 채 개혁 시도를 좌절시킨 인물이라 할 수 있다. 그것은 유학적 사고방식에 길들여진 그에게는 당연한 행동이었을 것이나, 그 독단과 자만을 넘어 더욱 큰 포용력을 갖고 현실의 개혁에 동참할 수도 있었을 것이다.

반면 묘청은 당시의 현실을 직시하고 나름의 개혁을 시도한 혁명가였다고 볼 수 있다. 그러나 그 방법상 부당한 것이 있었으며 지나치게 급속한 추진을 원했기에 실패했다. 그렇다 하더라도 역사에 있어 개혁의 시도는 성공 여부를 떠나 부단히 시도되어야 한다. 그런 면에서 본다면 묘청 일파에 의한 현실 개혁 시도는 문일평의 말처럼 그것이 비록 실패했지만 나름의 역사적 의의를 지니고 있다 하겠다.

이처럼 역사 속에는 변화에 대한 시도가 끊임없이 등장한다. 그런데 그 시도는 어떤 시각으로 보느냐에 따라 반란이 되기도 하고 선구적인 개혁이 되기도 한다. 특히 그것이 실패했고 지배 세력에 반하는 요소가 많을 때 그에 대한 평가는 객관성에서 잠시 멀어져 후대의 평가를 혼란시킨다. 묘청의 난에서 우리는 그 사실을 확인할 수 있는데, 묘청의 술수에 밝은 면과 억지 주장의 측면만이 강조되어 역사가 서술되었을 때 그것은 의심할 바 없는 '난'이 되지만 그 시대적 배경을 좀 더 깊이 있게 들여다보면 조금 다른 해석이 가능해진다. 나라에 혼란을 일으킨 묘청과 그를 토벌한 영웅 김부식, 비단 이들만이 아니라 우리 역사 속에는 고정관념에서 벗어나 바라볼 만한 사건들이 여전히 새로운 해석을 기다리고 있다.

6장

지킬 것인가
바꿀 것인가

◆

고려의 멸망과 최영 vs 이성계

요지경 속 풍경, 고려 말기의 시대 상황

이자겸의 난, 묘청의 난 등을 겪으면서 고려는 서서히 흔들리기 시작했고 1170년 정중부·이고·이의방 등에 의한 무신정권이 탄생되면서 혼란이 증폭되었다. 특히 고종 18년(1231) 몽고의 침입으로 인한 농민의 피폐는 이러한 혼란을 더욱 가중시켰다. 이후 고려가 원의 부마국附馬國이 되자 권문세족이라는 새로운 성격의 지배 세력이 등장하고 이를 비판하는 세력으로 신진사류들이 생겨났다. 그리고 상황은 고려 멸망과 조선의 건국으로 전개된다.

원의 세력을 등에 업고 등장한 권문세족

우선 당시의 정치적인 상황을 살펴보자. 무신의 난이 일어난 직후 정권은 이고→이의방→정중부→경대승→이의민 순으로 바뀌다가 이의민이 최충헌·최충수 형제에게 살해당하면서 최씨 정권이 성립되었다. 이후 최씨 정권은 최충헌→최우→최항→최의 등 4대가 62년간 정권을 잡았다. 최우 정권 때 최우는 몽고의 침입을 맞아 강화도로 천도해 항전을 계속했으나 본토에 남은 백성들은 몽고의 말발굽 아래 고초를 겪어야 했다. 그러다가 유경·김준 등이 최의를 살해하고 원종 10년(1270)에 무신정권의 마지막 집정자인 임유무林惟茂가 살해되면서 마침내 개경 환도가 이루어졌다. 하지만 이후 고려는 원의 부마국이 되고 말았다. 충렬왕忠烈王(재위 1274~1308)이 원나라 세조의 딸 제국대장공주齊國大長公主와 혼인한 것을 시발로 그 이후의 왕들은 원나라 황제의 딸을 아내로 맞아야 했다.

이러한 원과의 관계 속에서 새로운 지배 세력이 등장했는데 이를 보통 '권문세족權門世族'이라 했다. 이들은 사료에 따라서는 권문세족權門勢族, 권세지가權世之家 등의 명칭으로 표기되기도 한다. 이들의 구성을 보면 우선 역관譯官 출신을 들 수 있다. 몽골과 긴밀한 관계를 유지해야 했던 당시 고려의 실정으로 볼 때 이들은 매우 중요한 역할을 담당하고 있었다. 그리하여 본래 미천한 신분이던 자들이 몽골어를 습득해 역관이 됨으로써 막강한 정치 세력으로 등장한 것이다. 그 대표적인 예로 조인규趙仁規와 유청신柳淸臣 가문이 있다. 조인규는 평양 조씨로 가문의 전통이 거의 없는 집안 출신이었지만 몽골어 실력을 바탕으로 중찬中贊(종1품) 지위에까지 올랐다. 전남 장흥의 고이부곡리高伊部曲吏 출신의 유청신도 몽골어를 익혀 한직제를 뛰어넘으면서까지 출세해 최고 지위인 정승에 올랐다.

응방鷹坊을 통하여 진출한 세력도 있었다. 응방은 매사냥을 즐기던 몽골의 풍습 때문에 매의 사육과 진공을 맡은 기관으로 이를 매개로 권세 있는 가문을 이룩하는 경우도 있었다. 칠원漆原 윤씨의 윤수尹秀나 이정李貞이 대표적이다. 한편 원과의 관계 속에서 삼별초군의 토벌이나 일본 정벌시 무공을 세워 출세하는 경우도 있었는데 안동 김씨 김방경金方慶이나 나주 나씨 나유羅裕가 대표적인 예다. 이 밖에 환관宦官 출신으로 원에 보내졌다가 사명을 띠고 귀국하여 그 일족에게 관직을 얻어줌으로써 권력을 잡은 이숙李淑·방신우方臣祐가 있는가 하면 원래는 몽골인이었지만 원 공주의 겁령구㤼怜口(고려 국왕의 왕비가 된 원나라의 공주를 따라온 사속인)로 고려에 와서 출세한 인후印侯·장순룡張舜龍·차신車信 등도 있었다. 또 원에 자주 입조하는 왕을 수행하여 친종행리親從行李의 공신으로 출세하는 사람도 있었다.

이들 권문세족은 충선왕忠宣王 즉위년(1308) 왕실과 혼인할 수 있는 가문으로 선포한 소위 '재상지종宰相之種'을 통해서도 알 수 있다. 이를 분석해보면 고려 전기부터 문벌귀족 가문이던 정안 임씨·철원 최씨·해주 최씨·청주 이씨·파평 윤씨·경주 김씨·경원 이씨·안산 김씨가 있고 무신정권 시대에 무신으로 득세해 성장한 언양 김씨·평강 채씨 등이 있었다. 그리고 무신의 난 이후 능문능리能文能吏(글에도 능하고 실제 사무에도 능함) 계층으로 새로이 등장한 공암 허씨·당성 홍씨·황려 민씨·횡천 조씨 등이 있었고 이 밖에 대원 관계 속에서 신흥세력으로 등장한 평양 조씨 등이 속해 있었다. 그러나 여기에는 당시 세력을 떨친 몇몇 가문이 빠져 있기는 하다. 예컨대 칠원 윤씨·안동 김씨 이외에 권부權溥로 대표되는 안동 권씨, 염신약廉信若·염승익廉承益 등의 서원瑞原 염씨, 기철奇轍의 행주幸州 기씨, 송송례宋松禮의 여산礪山 송씨, 문극겸文克謙의 남평南平 문씨, 유공권柳公權의 유주儒州 유씨 등이 그렇다.

이들은 주로 자신들의 지위를 이어가기 위하여 음서제蔭敍制를 많이 이용했다. 이것은 그들의 비문비유非文非儒적 경향과도 관련이 있다. 물론 가문에 따라 약간 다른 경향을 보이기는 하지만 이들 가운데 상당수가 무장 출신이거나 특이한 대원 관계 속에서 등장했기 때문에 문학적 · 유학적 소양과 거리가 멀었다.

또한 이들이 고위 관직으로 진출하는 데는 정방政房이 큰 역할을 했다. 정방은 이미 최우 정권 때 설치한 인사 담당 기관이었지만 그 이후에도 남아 실력 없는 권문세족들이 뇌물이나 개인적인 관계를 통해 관계에 진출하는 데 큰 역할을 했다.

또 이들은 많은 농장農場을 소유하기도 했다. 전시과 체제의 붕괴와 사전 · 농장의 확대는 이미 무신 정권 때부터 있어왔지만 원 간섭기에 이르러 더욱 심화되었다. 고려가 1270년 개경으로 환도한 다음 해에 백관들의 녹봉 부족을 보충하기 위하여 녹과전祿科田제를 실시하기도 했는데 이것은 일시적인 미봉책에 불과했고 국가와 백성의 많은 토지는 일부 권세가들에 의해 탈점되었다. 이들은 그들이 가지고 있던 권력을 바탕으로 토지를 겸병하고 거기에 백성들을 끌어모아 농장을 경영했다. 이것은 우왕禑王(재위 1374~1388) 대의 최고 집정자였던 이인임을 비롯하여 임견미 · 염흥방이 물푸레나무 채찍을 휘두르며 백성들의 토지를 마구 빼앗았다 하여 이를 '수정목공문水精木公文'이라 했다는 데서도 잘 알 수 있다. 이러한 농장의 확대는 고려의 경제 구조를 붕괴시켜 새로이 관직에 진출한 사람들에게 과전을 줄 땅조차 없게 하기에 이르렀다.

이들은 또한 친원 경향을 갖고 있었다. 원의 세력을 등에 업지 않고는 출세할 수 없는 상황에서 그것은 당연한 결과였다고 볼 수 있다. 그리하여 원의 황제나 관료 · 공주 들에게 붙어 관직을 얻는 이가 많았다. 그 가운데는 직접 원에 가서 관직 생활을 하는 자도 있었지만 원이 고려에 설치한 정동행성이나 만호부 · 쌍성총관부 · 동녕부 등의 관직을 얻는 데 더욱 적극적이었다. 고려의 고위 관인이기도 했던 이들은 원의 관직을 얻어 권력과 위세를 부리려 한 것이다.

이들은 불교와 깊은 인연을 맺기도 했는데, 이 같은 사례는 김취려金就礪의 언양 김씨 가문과 조인규의 평양 조씨 가문을 통해 알 수 있다. 고종 5년 강동성에 들어온 거란족을 몽골과의 합동 작전으로 섬멸하는 데 큰 역할을 한 김취려 가문은 원 간섭기에도 권문세족으로 위세를 떨쳤다. 그런데 원종元宗(재위 1259~1274) · 충렬왕 대에 첨의참리僉議參理를 지낸 김변의 아들 네 명 가운데 두 명(현변 · 여찬)이 승려가 되었으며 그의 손자 가운데 종항宗恒 · 달잠達岑도 각각 화엄종과 선종의 승려가 되었다. 조인규의 넷째 아들 의선義璇도 승려로서 원나라 황제의 총애를 받아 삼장법사라는 칭호를 받기도 했으며 고려에 돌아와 묘련사妙蓮寺 · 만의사萬義寺를 크게 중건하여 천태종단의 진흥에 공헌했다.

이렇듯 지배 세력과 불교가 깊은 관련을 맺은 것은 이전부터 있어온 일이지만 이 시기에는 그것이 더욱 심했고 많은 폐단을 낳기도 했다. 사원이 백성들의 토지를 탈점했을 뿐 아니라 양민들을 노비로 삼기도 했다. 충렬왕비 정화궁주貞和宮主의 오빠가 동화사桐華寺에 거주하면서 양인 천수백 호를 노비로 삼았고 앞서 든 의선은 만의사 주지 직과 그 재산을 놓고 싸움을 벌이기도 했다.

신진사대부, 개혁을 위한 끊임없는 노력

이러한 상황 속에서 고려의 국운은 점차 기울어져갔는데 이를 개혁하고자 하는 일부 세력이 있었다. 이를 '신진사대부新進士大夫' 또는 '신진사류新進士類'라 한다. 이들은 대체로 문학과 유교적 소양을 갖춘 과거 출신 관료들로 경제적으로는 지방의 중소 지주 자제들이었다. 그들은 합리적인 사고를 가졌고 청렴결백한 성품을 지닌 자들로, 불법적인 인사

행정의 온상이던 정방과 권문세족들의 불법적인 농장을 혁파할 것을 주장했다.

이러한 성향의 정치 세력은 무신 정권 시대부터 미미하나마 있어왔으나 그들이 제 모습을 드러낸 것은 충선왕의 개혁 정치 이후였다. 충선왕은 원에서 세자로 있던 충렬왕 22년 11월 원의 계국공주와 결혼했는데 이 결혼식에 참석한 충렬왕비 제국대장공주가 귀국한 지 수일 만에 죽고 말았다. 이 소식을 들은 세자는 급히 귀국하여 모후의 사망이 충렬왕이 총애하던 무비無比 등의 저주에 의한 것이라 하여 그와 환관 최세연崔世延을 살해하고 그 일당 40여 명을 유배 보냈다.

이러한 가운데 1298년 충렬왕이 왕위에서 물러나고 세자가 왕위에 올랐으니 이가 곧 충선왕이다. 충선왕은 즉위하자마자 홍자번洪子藩의 〈편민便民18사事〉(백성들을 편안하게 할 수 있는 18조목의 개혁안)를 수용한 즉위 교서를 발표해 개혁 의지를 표명했다. 그러고는 정방을 혁파하고 그 권한을 한림원翰林院으로 넘겼다. 이어 한림원을 사림원으로 개칭함과 동시에 왕명 출납을 관장하던 승지방承旨房마저 혁파하고 그 기능 역시 사림원에 소속시켰다. 그리하여 사림원은 왕의 고문기관 겸 인사행정과 왕명 출납을 담당하는 개혁의 중심 기관으로 부상했다.

이 사림원에서 주요한 역할을 맡았던 자들은 바로 신진사류 계열이었다. 박전지·이진·오한경·최감 등이 그들인데 이들은 모두 과거 출신이었으며 청렴하면서도 선정을 베풀려고 노력했다. 그러나 이 개혁은 권문세족들이 조비무고趙妃誣告 사건(계국대장공주와 충선왕과의 불화 원인이 충선왕의 다른 왕비인 조비가 공주를 저주했기 때문이라 무고하여 벌어진 사건)을 일으켜 충선왕을 모함하고 원이 이에 개입하면서 부자간의 갈등만 남긴 채 실패로 돌아가고 말았다.

이후 충선왕은 10년 후 부왕이 죽으면서 다시 왕위에 올랐으나 복위한 지 얼마 되지 않아 충숙왕忠肅王에게 선위했다. 충숙왕도 잠시 개혁을 위해 노력했으나 큰 진전을 보지 못하고 아들 충혜왕忠惠王과의 갈등으로 1330년에 왕위를 충혜왕에게 잠시 물려주고 말았다. 그러나 충혜왕은 2년 만에 폐위되었고, 부왕 사망 후 1339년에 다시 왕위에 올랐으나 통치자의 자질이 없어 결국 4년 만에 원에 소환당해 유배 가는 도중에 죽었다. 그 뒤를 이어 즉위한 것이 충목왕忠穆王(재위 1344~1348)이다.

이때 고려에는 다시 개혁의 바람이 불기 시작했다. 당시 충목왕의 나이는 8세였으므로 그 개혁의 주요 담당자는 신하들이 맡을 수밖에 없었는데 그들이 바로 이제현李齊賢과 왕후王煦였다. 이제현은 유명한 유학자였고 왕후는 본명이 권재權載로 충선왕이 아들로 삼아 성명을 하사한 인물이다. 이 둘은 처남·매부 사이이기도 한데 이제현이 먼저 개혁안을 올리고 왕후가 수상 직에 취임하면서 개혁이 시작되었다.

그들은 먼저 정방을 혁파하고 녹과전을 복구·정비하는 조처를 취했다. 그러나 이는 권문세족의 반대로 좌절되었다가 왕후가 원에 들어가 폐정을 바로잡으라는 황제의 명령을 받고 돌아온 충목왕 3년(1347) 정치도감整治都監이 설치되면서 다시 개혁이 실시되었다. 이 정치도감에서 주로 한 일은 관리들의 비위감찰을 비롯한 불법적인 농장의 혁파와 불법적인 노비 방면 감시 및 시정이었다. 이 정치도감의 관원 34명 가운데 고위층은 권문세족이었으나 그 밑의 사使·부사副使·판관判官 등은 대부분 신진사류 계열이었다. 그러나 이 개혁도 기황후의 일족인 기삼만奇三萬이 옥사하는 사건으로 실패하고 만다. 결국 정치도감의 활동은 시작 2개월여 만에 사실상 중지되고 충정왕忠定王 원년(1349) 혁파되었다.

충목왕의 뒤를 이어 12세의 나이로 즉위한 충정왕은 재위 3년 만에

물러나고 그의 숙부인 공민왕恭愍王(재위 1352~1374)이 즉위했다. 공민왕은 원래 총명하고 민망이 있던 인물로 신진사류도 이때의 개혁을 통해 강력한 세력으로 등장하게 된다. 22세의 젊은 나이로 왕위에 오른 공민왕은 즉위하자마자 노학자인 이제현을 등용하여 개혁에 착수했다. 그는 우선 정방을 혁파함과 아울러 전민변정도감田民辨整都監을 설치하여 부당한 토지와 백성의 탈점을 시정케 했다. 그리고 몽골식의 변발·호복을 풀고 기자사箕子祠를 수축하여 봉사奉祀하게 하는 자주적 조처를 취했다. 그러나 이러한 의도는 뜻대로 되지 않고 연저燕邸 일등 공신 조일신趙日新의 난이 일어나기도 했다.

그의 본격적인 개혁 조치는 동왕 5년에 시작되었다. 그는 원이 쇠약해지고 각지에서 한인漢人 반란군이 일어나자 이들을 토벌하러 간 고려 장수들의 상황 보고를 받고 기철奇轍을 비롯한 부원배들을 주살했다. 한편 정동행성이문소를 혁파하고 쌍성총관부와 동녕부를 공격해 실지를 회복했다. 그리고 원의 연호를 정지하고 관제도 문종 대의 것으로 복구했다. 이때 새로 설치된 충용위忠勇衛도 이 일련의 개혁 조치를 뒷받침하기 위한 군사 조직으로 볼 수 있다.

이때의 개혁을 주도한 세력은 홍언박洪彦博을 정점으로 하는 외척 세력과 연저시종공신燕邸侍從功臣 등이다. 즉 개혁 추진 세력이 신진사류가 아닌 권문세족이었던 것이다. 그런 만큼 그것이 가지는 제약성도 클 수밖에 없었고 원의 반발로 상당한 차질을 빚어야 했다. 게다가 공민왕 8년과 10년 홍건적의 침입으로 말미암은 정계의 혼란은 개혁의 지속적인 진행을 불가능하게 했다. 특히 2차 침입 시에는 개경이 함락되고 공민왕이 복주福州(안동)로 피난하는 사태까지 발생했다. 물론 최영崔瑩·이성계李成桂를 비롯한 여러 장수의 활약으로 개경을 수복했지만 공민왕 12년에는 평장사 김용金鏞이 총병관 정세운鄭世雲을 비롯하여 3원수(안우·김득배·이방실)를 살해하고 북상 도중 흥왕사興王寺에서 임시 거처를 마련하고 있던 공민왕을 습격하는 사건이 발생하기도 했다.

몇 달 뒤 원은 일방적으로 공민왕을 폐위하고 충숙왕의 아우 덕흥군德興君을 왕으로 삼아 고려로 향하게 했다. 그러나 최영·이성계에 의해 덕흥군과 최유崔濡 세력은 격퇴당하고 원도 공민왕을 다시 복위시켰다.

그러던 중 공민왕 14년에 노국대장공주가 죽었다. 시름에 빠져 있던 공민왕은 신돈辛旽(원래 승명은 편조遍照)이라는 승려를 등용하여 다시 한 번 대대적인 개혁을 단행했다. 신돈은 먼저 최영을 비롯한 권문세족을 쫓아내고 자신의 측근을 중심으로 하는 내재추제內宰樞制를 신설했다. 또한 외방의 한인들을 뽑아 군대에 소속시켰으며 순자격제循資格制를 실시하여 근무 연한 중심의 인사 규정을 마련했다. 이와 함께 전민변정도감田民辨整都監을 설치하여 탈점된 공·사전을 원래 주인에게 돌려주고 불법적으로 노예가 된 백성들을 풀어주는 사업을 전개했다. 그는 또한 성균관을 중건해 실력 있는 유신들을 길러내기에 힘썼다.

그런데 이러한 일련의 개혁 속에서 신진사류가 크게 성장했다. 약간의 성향 차이는 있지만 이색李穡을 정점으로 정몽주鄭夢周·이존오李存吾·임박林樸·박상충朴尙衷·이숭인李崇仁·정도전鄭道傳·박의중朴宜中·윤소종尹紹宗·권근權近 등은 모두 과거 출신자들로 개혁 의지를 가진 인사들이었다. 그러나 이때의 개혁도 공민왕 18년부터 시작된 가뭄과 신돈 자신의 부정으로 퇴색하고 신돈은 동왕 19년 말 수원으로 유배되었다가 그곳에서 처형당했다.

이렇듯 점차 세력을 확장한 신진사류들은 권문세족들과 달리 새롭게 중국에서 대두하던 명明과 관계를 맺는 경향이 있었다. 그것은 친원 정책을 비판하던 정도전·정몽주·이숭인·임박 등이 우왕 원년(1375) 유배된 데서 확인된다.

신진사류들은 또한 유교적 입장에서 권문세족과 밀착된 불교를 격렬하게 비판했다. 성리학적 입장에서 실천 윤리를 강조하던 신진사류들에게 불교의 비현실적 논리는 맞지 않는 것이었다. 당시 타락한 불교계의 상황도 이러한 비판의 명분으로 작용했다. 이색 같은 이는 불교계의 폐단을 지적하는 정도에 그쳤으나 정몽주를 거쳐 정도전에 이르면 불교 말살론까지 나온다. 정도전은 "출가한 무리들을 모아 본업에 돌아가게 하고 오교양종五敎兩宗(고려 중기부터 조선 초기까지 불교 종파의 총칭)을 혁파하여 군사를 보충하며 서울과 지방의 사사社寺는 그곳의 관사官司에 나누어 소속시키고 (…) 엄한 금령을 세워 머리를 깎는 자는 죽여서 용서치 말아야 할 것이다"라고 주장했다.

요컨대 고려 말에는 권문세족들의 횡포와 부패·토지 탈점, 그리고 백성들에 대한 착취로 민중의 생활은 말이 아니었다. 사람들은 권문세족들의 강압으로 노비가 되기도 했지만 농토의 상실과 생활고로 스스로 노비가 되기도 했다. 게다가 타락한 불교도 백성들의 산업을 침탈하고 있었다. 이에 일부 뜻있는 왕과 신진사류들이 개혁을 시도했지만 큰 성과는 거둘 수 없었다. 좀 더 근본적인 개혁이 필요했다.

대쪽 같은 절개와 새 시대를 향한 의지

이런 상황에서 고려는 또한 홍건적과 왜구의 침입으로 몸살을 앓고 있었는데 이들을 격퇴해가며 신흥 무장 세력이 성장하고 있었다. 그 대표자가 이성계(1335~1408)로, 그는 우왕 14년 최영(1316~1388)의 명으로 요동 정벌을 떠났다가 위화도에서 회군하여 최영을 제거한 뒤 신진사류들과 결탁해 고려를 멸망시키고 조선을 건국했다. 고려의 명장 최영과 그의 부하 이성계, 이들의 운명은 어떻게 갈렸으며 고려의 멸망 속에서 이들은 어떤 역할을 했는가.

안팎으로 나라를 지킨 고려 최고의 명장 ― 최영

최영은 충숙왕 3년(1316) 사헌규정(종6품) 최원직崔元直의 아들로 태어났다. 그는 대대로 높은 벼슬을 지낸 철원 최씨 가문 출신인데 그의 5대조인 최유청崔惟淸은 무신정권 시대에 문반으로 활약해 중서시랑평장사(정2품)까지 지냈다. 그의 어린 시절에 대한 기록은 자세히 전하지 않는다. 다만 그가 16세 되던 해에 아버지가 죽으면서 남긴 "너는 황금 보기를 돌같이 하라"는 유훈을 가슴 깊이 되새기면서 생활했다는 내용이 전한다. 훗날 그가 줄곧 무신으로 출세한 점으로 미루어 젊은 시절도 군인으로 활약했다고 보면 무리가 없을 것이다.

당시 고려는 앞서 보았듯 원의 간섭으로 상당한 혼란을 거듭하고 있었다. 그리고 홍건적과 왜구의 침입으로 고통을 겪기도 했다. 군인이던 그는 이들을 격퇴하는 과정에서 전공을 세워 관직에 진출했다. 특히 양광도 도순문사 휘하에서 여러 번 왜구를 무찔러 우달치于達赤가 되었는데, 우달치는 왕의 시위·숙위를 담당하는 특수부대로 이로써 왕의 측근에서 활동할 수 있게 된 것이다. 그 시기는 정확히 알 수 없지만 대략 충목왕·충정왕 무렵이 아닌가 한다. 그 뒤 공민왕 원년(1352) 안우安祐·최원崔源 등과 함께 조일신의 난을 진압한 공로로 정4품의 호군護軍(고려 전기의 장군)이 되었고 공민왕 3년에 대호군大護軍이 되었다.

이 무렵 원나라는 상당한 혼란에 빠져 있었다. 황위 계승 싸움과 귀족 간의 내부 모순으로 민심이 동요되고 있었으며 마지막 황제 순제順帝가 환락에 빠져 국가 재정이 어려웠다. 그러자 각지에서 한인漢人 반란군이 봉기하기 시작했다. 대주臺州에서 방국진方國珍, 영평永平에서 한산동韓山童, 유복통劉福通, 호주濠州에서 곽자흥郭子興 등이 일어났고 공민왕 3년에는 장사성張士誠이 들고일어나 원 내부는 군웅이 할거하는 양상이 되었다.

이에 원은 토벌군을 파견하여 진압하고자 했는데 공민왕 3년 장사성의 반란군을 토벌하는 데는 승상 탈탈脫脫이 나서서 고려에도 조정군助征軍을 파견할 것을 요청해왔다. 이에 고려에서는 원의 압력에 못 이겨 조정군 2천 명을 모집해 장상將相 40여 명에게 인솔케 했는데 그 장상에 유탁·염제신·인당·김용·정세운·이방실·안우 등과 함께 최영도 속해 있었다. 이때 출전한 최영은 항상 선두에 서서 싸웠으며 여러 번의 부상에도 흔들림이 없었다.

공민왕 8년에는 약 4만 명에 달하는 홍건적이 고려의 국경을 넘어 쳐들어왔다. 홍건적은 원말의 혼란을 틈타 한산동·유복통 등이 하북성 영평에서 일으킨 유적으로 머리에 붉은 수건을 둘렀다 해서 붙여진 이름이다. 이들은 백련교白蓮敎라는 종교 결사를 중심으로 했는데 공민왕 4년에는 한산동의 아들 한림아韓林兒가 유복통 등에 의해 추대되어 황제를 칭하고 국호를 송宋이라 했다. 그러다가 원의 토벌군에 쫓겨 고려로 넘어 들어온 것이다.

이에 고려에서는 이암을 도원수로, 경천흥을 부원수로 삼아 이들을 격퇴케 했고 최영은 이방실·안우 등과 더불어 출전해 각지에서 큰 공을 세웠다. 이때 물러간 홍건적은 이후에도 산발적으로 노략질을 계속하더니 공민왕 10년(1361)에 이르러서는 10만여 병력을 이끌고 재차 침입했다. 고려는 안우를 상원수로 삼고 김득배를 도병마사로 삼아 이를 방어했으나 개경이 함락당하고 공민왕은 안동으로 피난을 가게 되었다. 이때 최영은 정세운·안우·김득배·이방실·이성계 등과 더불어 20만 병력을 거느리고 개경을 수복했다. 이 공로로 최영은 훈勳1등으로 벽상壁上에 도형되고 전리판서典理判書에 제수되었다.

홍건적을 격파한 직후 고려에는 또 하나의 큰 사건이 발생했는데 김용의 난과 공민왕 피습 사건이었다. 김용은 공민왕이 세자 시절 원에 있을 때 시종한 공으로 대호군에 오른 인물이다. 그는 정세운이 왕의 신임을 받는 것을 시기해왔다. 공민왕 10년 정세운이 총병관으로서 개경을 수복하고 홍건적을 압록강 밖으로 몰아내자 그보다 먼저 총병관을 지낸 바 있던 김용은 그 공을 시기했다. 더욱이 정세운이 정2품 중서평장사가 되어 재상의 반열에 오르자 김용은 거짓으로 왕명이라 속여 정세운을 살해했다. 이것이 탄로 날 것을 두려워한 그는 왕에게 안우·김득배·이방실이 마음대로 정세운을 죽였다고 거짓 보고해 이들 세 명의 원수까지 살해했다.

김용은 한걸음 나아가 왕을 폐위하려는 음모에 가담했다. 당시 원에 있던 기황후는 공민왕 5년 자신의 일족이 살해당한 데 대한 복수를 생각하고 있었다. 이것을 눈치 챈 최유는 기황후의 지원을 받아 공민왕 11년에 덕흥군을 고려 왕으로 세움과 아울러 자신은 좌정승이 되고 김용을 판삼사사判三司事에 임명했다. 그것은 물론 최유가 김용의 처지를 알고 있기 때문이었다. 이 소식을 들은 공민왕은 국내의 가담자를 색출케 했다.

이에 불안을 느낀 김용은 공민왕을 시해할 계획을 세워 공민왕의 임시 행궁인 흥왕사를 습격했다. 위험에 처한 공민왕은 대비의 밀실로 숨고 공민왕 대신 침대에 누워 있던 환관 안도적이 왕을 대신하여 죽었다. 이때 최영은 자신의 직속 군대를 거느리고 행궁으로 가서 난을 진압했다. 물론 김용은 밀성군으로 귀양 갔다가 경주에서 거열車裂형에 처해졌다. 최영은 이 공으로 훈1등에 진충분의좌명공신 호를 받고 판밀직사사에 평리評理를 거쳐 찬성사贊成事에 올랐다. 이때 김용이 가지고 있던 금은보화가 도당에 헌납되어 많은 대신이 구경했는데 최영은 그것을 거들떠보지도 않았다. 이처럼 그는 물욕이 없었고 개인의 이득을 도모하지 않았다. 곧이어 최유가 덕흥군을 받들고 의주로 쳐들어오자 최영은 이성계 등과 같이 이들을 물리치기도 했다.

공민왕 14년 등용된 신돈 집권 시절에 최영은 많은 수난을 겪었다. 신돈 집권 초기에 좌천된 것을 시작으로 신돈의 모함을 받아 여러 번

죽을 고비를 넘겼다. 그러나 왕에 대한 충성심은 변함이 없어 공민왕 20년 신돈이 제거되자 그는 다시 소환되어 찬성사에 올랐다. 공민왕 23년에는 제주도의 목호牧胡들이 명나라에서 요구하는 말의 공출을 거절하자 최영은 왕명을 받고 탐라를 정벌했다. 이해에 공민왕은 자제위 소속의 홍윤과 내시 최만생에 의해 살해당하고 그 뒤를 이어 우왕이 왕위에 올랐다.

우왕 원년에 판삼사사에 오른 최영은 극심해진 왜구의 침략을 격퇴하는 데 온 힘을 기울였다. 이 왜구와의 전투 중 가장 빛나는 것이 바로 현재의 부여군 홍산면에서의 홍산대첩이다. 우왕 2년, 왜구가 충청도에 대거 침입하자 고려에서는 원수 박인계를 보내 태조의 진영이 있던 연산의 개태사를 지키게 했으나 패배하여 박인계가 전사했다.

최영은 이 소식을 듣고 출정할 것을 자원했다. 우왕은 그의 나이를 고려해 만류했으나 그는 끝내 출정을 강행했고, 밤낮으로 행군해 홍산에 이르렀으나 군사들이 두려워 나아가지 않으려 했다. 최영은 몸소 사병들의 선두에 서서 돌진했다. 그때 적의 화살이 그의 입술을 맞혔으나 그는 아랑곳하지 않고 화살을 다시 뽑았다. 이러한 분전으로 최영은 왜적을 대파했다. 이 공으로 우왕은 최영을 신하로서는 최고 관직인 시중侍中에 임명하려 했으나 "시중이 되면 제때에 전선으로 나가기 어렵다"면서 사양하고 받지 않았다. 이에 왕은 그를 철원부원군에 봉하는 데 그쳤다.

우왕 3년에도 최영은 도통사가 되어

• 홍산대첩 기념비

해주·평주에 침입한 왜구를 무찔렀다. 다음 해 4월에는 왜구가 승천부에 쳐들어와 장차 개경을 침입할 것이라고 공언했다. 그러자 최영은 그 부관인 찬성사 양백연과 해풍海豊에 진을 쳤는데 적이 곧바로 중군을 향해 쳐들어오자 최영은 잠시 몸을 피했다. 그때 이성계가 정예 기병을 거느리고 양백연과 합세해 최영을 구하고 적을 깨뜨렸다. 잠시 후퇴했던 최영은 다시 공격하여 적을 완전히 물리쳤고 이 공으로 그에게는 안사공신호安社功臣號가 주어졌다.

서릿발 같은 칼날로 대장부의 위국충절을 세워볼까 하노라

이 무렵 고려는 새롭게 흥기한 명과의 관계로 골치를 앓고 있었다. 명은 곽자흥의 부하였던 주원장朱元璋이 곽자흥의 뒤를 이어 오왕吳王에 즉위한 뒤 장사성과 방국진을 평정하고 공민왕 17년(1368)에 세운 국가였다. 명이 건국되자 고려에서는 재빨리 사신을 보내 통교했으나 명은 점차 고려를 위협하기 시작했다. 그러던 중 우왕 즉위년(1374) 고려에 사신으로 온 명나라의 채빈蔡斌이 귀국 도중 김의金義에게 피살당하는 사건이 일어났다. 이 사건으로 고려와 명의 관계는 악화되었고, 명이 고려에서 보낸 사신을 억류하는 사태까지 발생했다. 그러나 당시의 집권자 이인임이 원과 명을 동시에 통교하는 양단 외교 정책을 행함으로써 큰 사단 없이 지나갔다. 그리하여 우왕 11년, 그때까지 미루어오던 우왕의 즉위 승인과 공민왕의 시호를 받으면서 명과의 관계는 잠시 원만해졌다.

이럴 즈음 고려 내부에서는 이인임을 비롯한 임견미·염흥방이 백성들의 토지를 마구 탈점하면서 최영과의 갈등이 시작되었다. 최영은 이들의 불법적인 행동을 비판했고 이인임 일파는 이런 최영을 제거하고자 했다. 그러나 최영이 거느리던 군사 집단의 힘과 우왕의 비호로 불발에 그쳤다.

이런 상황에서 우왕 14년 염흥방의 가노(가내 노비)가 전 밀직부사 조반의 땅을 빼앗는 사건이 일어났다. 이에 조반은 염흥방의 가노를 죽였고, 염흥방은 모반 혐의를 뒤집어씌워 조반을 죽이고자 했다. 그러나 우왕과 최영은 오히려 염흥방을 구금했고 이를 계기로 이인임 일파는 최영에 의해 제거된다. 이로써 최영은 시중의 벼슬에 올라 최고 실권자가 되었으며 우왕에게 한 딸을 들임으로써 왕의 장인이 되었다.

그러나 명과의 관계가 다시 악화되면서 고려에서는 어수선한 분위기가 연출되었다. 우왕 13년 6월 요동 지역의 나하추納哈出를 평정한 명은 그해 12월에 드디어 우리나라 철령鐵嶺 이북의 땅을 회수하고 철령위를 설치하겠다는 태도를 보였다. 이 소식을 접한 고려는 박의중朴宜中을 사신으로 삼아 철령 이북에서 공험진까지는 원래 고려 땅이었음을 설명하고 철령위 설치의 중지를 요청했다. 그러나 아무런 소식이 없자 요동 정벌을 단행하기에 이른다.

이 요동 정벌을 이성계는 반대했으나 최영은 이를 일축하고 우왕을 움직여 정벌을 단행한다. 결국 최영 자신은 8도 도통사가 되고 조민수가 좌군도통사, 이성계가 우군도통사가 되어 5만여 대군을 거느리고 출정했다. 그러나 최영은 늙은데다가 우왕의 장인이라는 이유로 평양에 머물러 있었고 이성계와 조민수만 출정하여 압록강의 위화도에 이르렀다. 여기서 이성계는 조민수를 설득하여 회군하고, 최영은 고봉현高峰縣에 유배되었다가 창왕昌王 즉위년인 1388년 12월에 73세의 나이로 참수되었다.

이렇듯 최영은 기울어져가는 고려를 바로잡아 지키려 하다 최후를 맞이한 고려의 마지막 명장이었다. 그는 무인다운 기개를 가지고 있었다. 왜적을 방어하기 위해 동·서강에 유숙할 때 심한 병이 걸렸으나 그는 여러 장수의 권유에도 불구하고 약도 먹지 않은 채 임무를 수행했다. 그의 무인다운 기개는《해동가요》에 나오는 다음의 시 〈호기가豪氣歌〉를 통해서도 잘 알 수 있다.

> 좋은 말 살지게 먹여 시냇물에 씻겨 타고
> 서릿발 같은 칼 잘 갈아 어깨에 둘러메고
> 대장부의 위국충절을 세워볼까 하노라.

그는 아버지의 유훈을 받들어 재물에 욕심을 갖지 않았으며 공과 사를 엄격히 구분하는 인품을 가지고 있었다. 우왕 대에 최영의 조카사위 안덕린安德麟이 함부로 사람을 죽여 구속된 적이 있다. 이때 최영은 판순위부사로 있었는데 도당에서는 최영과의 관계를 고려하여 죄를 경하게 하려고 안덕린을 순위부로 넘겨 보냈다. 그러자 최영은 노하여 "안덕린은 무고한 사람을 죽였으니 마땅히 헌사憲司에서 판결해야 한다"라며 돌려보냈다.

• 최영 장군의 묘

그는 또한 잘못된 일에 대해서는 목숨을 걸고 왕에게까지 직언을 했다. 한번은 우왕이 유람을 가려 하자 최영이 "이제 기근이 자주 들어 백성이 살 수 없는 형편이며 또 지금이 농사철인데 분별없이 유람을 즐

기어 백성을 괴롭히는 것은 옳지 않습니다"라며 강하게 만류했고 이에 우왕은 유람을 그만두었다.

그러나 그는 때로 지나치게 엄격한 면도 없지 않았다. 교동과 강화에서 왜구를 방어할 때 군대를 검열해보니 대오가 정돈되지 못했다 하여 그 책임자를 사형에 처할 것을 왕에게 요청하기도 했다. 우왕 5년에는 종실인 마경수가 양민을 상대로 탈점을 행하고 이를 은닉한 사실이 발각되어 옥에 갇혔다. 이에 여러 재상이 그를 풀어주고자 했으나 최영은 사형에 처할 것을 주장했고, 결국 마경수는 곤장 107대를 맞고 귀양 가다 죽고 말았다.

활솜씨 하나로 세력 기반을 넓히다 — 이성계

최영의 부하였다가 위화도에서 회군해 최영을 죽음에 이르게 한 이성계는 충숙왕 후4년(1335) 화령부和寧府에서 아버지 이자춘李子春과 어머니 최씨 사이에서 태어났다. 그의 가문은 전주 이씨로 전주에 살고 있었다. 그러다가 무슨 연유였는지 이성계의 증조인 이안사李安社 때에 이르러 간도 지방으로 건너가 원나라의 지방관이 되었고 그의 후손인 이행리·이춘 등이 덕원 지방의 천호千戶 벼슬을 지냈다. 이자춘·이성계가 고려 조정과 관계를 맺은 것은 공민왕 5년부터다. 그해 공민왕이 유인우柳仁雨에게 쌍성총관부를 공격케 할 때 내응한 것이다.

그는 어려서부터 활을 잘 쏘는 명궁이었다. 하루는 그의 서모 김씨가 담장 위에 앉아 있는 까마귀를 보고 이성계에게 이를 쏘아보라 했다. 그러자 그는 화살 하나를 재어 까마귀를 쏘았는데 그 화살에는 까마귀 다섯 마리의 머리가 꿰어 있었다. 이를 본 서모는 그 비범함에 깜짝 놀라면서 말하기를 "오늘 이 일을 누설하지 말고 행동거지를 조심하라"

• 태조 이성계

했다 한다. 그의 이러한 활솜씨가 홍건적이나 왜구를 무찌를 때 유감없이 발휘되었음은 물론이다.

이성계가 처음 고려 조정에서 활약한 것은 공민왕 10년(1361) 독로강禿魯江 만호 박의朴儀의 반란을 진압한 일이었다. 곧 이어 홍건적이 침입하여 개경이 함락되자 정세운 · 안우 · 이방실 · 김득배 등과 더불어 개경을 수복하는 데 큰 역할을 하기도 했다.

공민왕 11년, 앞서 쌍성총관부가 함락될 때 원나라로 도망간 쌍성총관 조소생趙小生과 천호 탁도경卓都卿이 원의 장수 나하추를 꾀어 고려를 침략했다. 이때 고려에서는 도지휘사 정휘鄭暉를 보내 싸우게 했으나 번번이 패했다. 이에 조정에서는 이성계를 동북면병마사로 삼아 적을 치게 했다. 이성계는 철갑鐵甲을 하고 장팔모丈八矛를 휘두르며 아군을 괴롭히던 적장 하나를 활로 쏘아 죽임으로써 군사들의 사기를 북돋아 무사히 싸움을 승리로 이끌었다. 이때 싸움에 패하고 돌아간 나하추는 "이자춘이 전일 나에게 무예 있는 아들이 있다 하더니 과연 거짓말이 아니었구나" 하며 이성계의 무예를 칭찬했다 한다.

공민왕 13년 최유가 덕흥군을 세우고 고려를 침입했을 때 이성계는 최영과 더불어 이들을 격퇴하기도 했다. 그러나 이 전투 때문에 이성계가 동북면을 비운 사이 삼선三善 · 삼개三介 등이 이끈 여진족이 이 지역에 침입하여 함주까지 함락당하고 말았다. 이에 고려에서는 이성계에

• 전북 남원 운봉에 있는 황산대첩비

게 이들을 물리치라 했다. 이성계는 명에 따라 군사를 돌이켜 한방신 ·
김귀 등과 더불어 이들을 크게 무찔렀다. 이 공으로 이성계는 밀직부사
密直副使에 제수되었으며 단성양절익대공신호端誠亮節翊戴功臣號를 받았다.

그의 명성은 우왕 6년(1380)의 황산대첩에서 두드러졌다. 이해에 왜적
이 500여 척의 선박을 타고 와서 진포鎭浦(충남 서천)에 정박하고는 충청 ·
전라 · 경상도를 횡행하면서 민가를 약탈하고 불사르며 양민을 학살
했다. 이처럼 일찍이 없었던 잔학성을 보인 것은 그들이 타고 와서 매
어둔 500여 척의 배가 최무선이 발명한 화포에 파괴되는 바람에 퇴로
가 막혔기 때문이었다. 이성계는 이의 토벌에 총책임을 맡았다. 그는
양광 · 전라 · 경상 3도 도순찰사에 임명되고 그 휘하에 변안렬 · 왕복
명 · 우인렬 · 이원계 등 일곱 원수를 거느리고 출정했다.

이때 왜구는 경상도의 상주 · 경산 등을 노략질하고 함양을 거쳐 남
원의 운봉현을 불사르고 있었다. 이성계의 군대는 남원에 이르러 이미
파견된 배극렴의 군대와 합세했다. 그리고 운봉을 넘어 황산 서북쪽에

이르렀다. 여기서 그는 적의 선봉대를 맞아 활로 이들의 기선을 제압했다. 그런 뒤 백마를 타고 장창을 휘두르며 아군을 괴롭히던 아기발도阿其拔都라는 소년 장수에게 활을 쏘아 투구를 맞혀, 이두란이 그를 죽이게 함으로써 전투를 승리로 이끌었다. 이 싸움에서 이성계는 말 1,600여 필을 노획했으며 적은 약 70여 명만 살아남아 지리산으로 도망했다. 이러한 용맹스러운 활약으로 이성계는 기존의 세력 기반이 별로 없었음에도 점차 신흥 무장 세력으로 성장할 수 있었다.

위화도 회군과 개혁의 시작

우왕 8년 여진인 호발도胡拔都가 동북면을 침략해 오자 이를 격퇴하기도 했던 이성계는 우왕 14년(1388) 그의 인생에 새로운 전기를 맞는다. 당시 철령위 설치 문제와 관련해 최영과 우왕은 요동을 정벌하기 위한 준비에 착수한다. 그러나 이성계는 네 가지 불가한 이유四不可論를 들어 이에 반대한다. 첫째 작은 나라가 큰 나라를 치는 것은 옳지 않으며, 둘째 여름철에 군사를 일으키는 것은 좋지 않다는 것이었다. 셋째 거국적인 원정으로 왜가 그 허점을 틈탈 것이며, 넷째 때는 바야흐로 무덥고 비가 많이 오는 철이므로 활의 붙임이 풀려 제 기능을 발휘하지 못하고 군대가 질병에 걸릴 것이라는 점이었다.

그러나 최영과 우왕은 이러한 견해를 묵살하고 출정을 명령했다. 병력은 대략 10만이었다. 평양까지 전송 나온 우왕은 최영과 같이 그곳에 머무르고 이성계와 조민수가 군대를 거느리고 압록강의 위화도에 다다랐다. 그러나 상황은 이성계가 우려하던 대로였다. 비가 많이 와 물에 빠져 죽는 자가 속출했고 진군하기가 어려워 군량만 허비하고 있었으며 활은 풀리고 갑옷이 무거워 싸우기가 힘들었다. 게다가 군사들의 사기도 떨어졌다. 이성계는 이러한 상황을 왕에게 보고하면서 군사를 되돌릴 것을 다시 건의했다. 그러나 이 건의도 묵살되었다.

이때 군중에 이성계가 친병을 거느리고 동북면으로 갈 것이라는 소문이 돌면서 군사들이 동요했다. 이에 이성계는 조민수를 설득함으로써 5월 22일 드디어 회군을 시작했다. 이 소식을 들은 우왕과 최영은 급히 개경으로 돌아와 방어선을 구축했으나 전세는 이미 기울어 최영은 잡혀 고봉현으로 귀양 가고 우왕도 폐위되어 강화도로 쫓겨난다.

그런데 이성계가 개경을 공격할 때 조민수의 군대가 최영의 군사에게 패했다. 그리고 군사들은 신하가 왕을 친다는 이유로 마음이 동요되는 듯했다. 이를 본 이성계는 백 보 밖에 있는 소나무를 가리키며 "내가 아무리 명궁이라도 평시에는 저 소나무를 맞힐 수 없다. 그러나 지금 내가 하는 일이 천명이라면 하늘의 도움으로 저 소나무를 맞힐 수 있을 것이다"라며 활을 쏘았다. 화살은 소나무를 맞혀 쓰러뜨렸고 군사들은 사기가 올라 진군해 개경을 함락했다 한다.

이렇게 하여 권력을 잡은 이성계는 우왕의 후계자를 두고 잠시 조민수와 대립했다. 조민수는 우왕의 아들 창昌을 후계자로 세우자 했고 이성계는 종실 가운데 사람을 택해 우왕의 뒤를 잇게 하려 했다. 그러나 당대의 명유였던 이색이 조민수를 지지함으로써 1388년 창왕이 즉위했다.

이에 당시 정도전·조준 등 신진사류의 지지를 받고 있던 이성계는 사전 개혁을 반대하던 조민수를 제거하고 얼마 뒤 김저金佇 사건을 일으켜 반대파를 제거했다. 김저 사건의 발로는 최영의 생질이던 김저와 역시 최영의 친척인 정득후가 강화로부터 황려(여주)에 옮겨와 있던 우왕을 찾아간 것이다. 우왕은 자신의 처지를 호소하면서 곽충보郭忠輔란 사람과 협력하여 자신을 복위케 해달라며 그들에게 자신의 칼 한 자루를 주었는데, 곽충보가 이를 이성계에게 밀고했다. 이성계는 여기에 연루된 변안렬·이림·우현보·왕안덕 등을 유배하고 우왕도 강릉으로 내쫓았다. 그리고 폐가입진廢假立眞을 명분으로 창왕도 폐하여 강화로 유배하고 정창군定昌君 요瑤를 받들어 즉위케 했으니 이가 공양왕恭讓王(재위 1389~1392)이다. 공양왕의 옹립으로 이성계는 수문하시중守門下侍中 자리에 올랐다.

공양왕 2년에 윤이·이초 사건이 일어나면서 다시 한 번 이성계의 잔여 반대 세력이 제거되기에 이른다. 이는 윤이·이초란 자가 중국에 가서 이성계가 마음대로 왕을 폐하고 군대를 동원하여 명나라를 침략하려 한다고 밀고했는데, 이 사실은 명에 사신으로 갔던 왕방·조반 등이 돌아와서 보고함으로써 알려진 일이다. 이 사건으로 이색 이하의 구세력 대부분이 옥에 갇혔다. 그러자 이성계와 신진사류 계열은 그해 9월 공·사 전적田籍을 개경 거리에서 불살라 사전을 혁파했다. 그 이듬해(1391) 정월에는 군제를 개혁하여 새로이 삼군도총제부三軍都摠制府를 설치하고 이성계 자신이 삼군도총제사가 됨으로써 군권도 완전히 장악했다.

공양왕 4년, 이성계는 마지막 걸림돌 정몽주를 제거했다. 창왕을 폐하고 공양왕을 옹립하기까지 이성계와 뜻을 같이한 정몽주는 이성계가 정도전·조준·남은·윤소종 등과 더불어 역성혁명을 하려 한다는 사실을 알고 이들과 결별했다. 이때 마침 명나라에서 돌아오는 세자 석奭을 마중하러 갔던 이성계가 해주에서 사냥하다 말에서 떨어져 다친 일이 일어났다. 이 틈을 타 정몽주는 간관 이진양李震陽에게 탄핵하게 하여 조준·정도전·남은·윤소종 등을 유배했다. 이에 위협을 느낀 이성계의 아들 이방원李芳遠은 이성계에게 위급함을 알리고 급히 개경으로 돌아왔다. 그러자 정몽주는 동태를 살피기 위해 병문안을 핑계로 이성계를 방문했고, 이방원은 아래의 〈하여가何如歌〉를 읊어 정몽주를 회유하려 한다.

> 이런들 어떠하리 저런들 어떠하리
> 만수산 드렁 칡이 얽혀진들 어떠하리
> 우리도 이같이 얽혀 백 년까지 누리리다

그러나 정몽주는

> 이 몸이 죽고 죽어 일백번 고쳐 죽어
> 백골이 진토塵土되어 넋이라도 있고 없고
> 님 향한 일편단심이야 가실 줄이 있으랴

라는 〈단심가丹心歌〉로 이를 단호히 거절한다. 결국 이방원은 부하를 시켜 돌아가는 길에 정몽주를 격살한다.

　마지막 장애물을 제거한 이성계는 그해 7월 공양왕을 폐하고 수창궁에서 새 왕조의 태조로 즉위했다. 이때 그의 나이 58세였다. 이로써 고려왕조는 34대 475년 만에 종말을 고하고 새로운 왕조가 탄생되었다. 그 뒤 이성계는 창업주로서 역할을 다하다 태종 8년(1408) 74세를 일기로 세상을 떠났다.

보수와 진보? ─ 뜻을 달리한 두 명장

　이처럼 최영과 이성계는 처음에는 고려왕조를 지키기 위한 무장으로서 같은 길을 걸었다. 홍건적과 왜구의 침입을 격퇴하는 데 혁혁한 공을 세웠을 뿐 아니라 우왕 대에 불법을 자행하던 이인임 일파를 제거하는 데도 뜻을 같이했다. 그러나 양자는 얼마 가지 않아 헤어져 다른 길을 간다. 최영이 대체로 권문세족의 이익을 대변하는 쪽으로 갔다면 이성계는 신진사류들과 뜻을 같이하는 방향으로 길을 잡았다.

그들의 길이 이렇듯 갈린 까닭은 무엇일까. 우선 그들의 나이차를 들 수 있다. 이성계는 최영보다 나이가 19년 아래였다. 그만큼 그는 최영보다는 진보된 생각을 가졌으며 새롭게 떠오르던 신진사류들과 교류도 더 잦았다. 둘째는 그들의 출신 배경과 관련된 문제다. 최영은 고려 전기부터 문벌을 형성한 철원 최씨 가문 출신이었지만 이성계는 토착적인 기반이 별로 없이 정계에 진출한 인물이었다. 때문에 이성계는 중앙에 큰 기반 없이 새롭게 진출한 신진사류들과 뜻을 같이할 수 있었다. 군사적인 면에서도 양자는 차이가 있다. 최영은 주로 국왕의 친위 군대인 우달치를 중심으로 군사력을 형성한 반면에 이성계는 그의 선대가 동북면 지방에서 거느려온 가별초家別抄와 지방민들이 주요 기반이었다. 따라서 최영은 근왕勤王적인 성격을 가진 것이 당연했고 이성계는 왕들을 폐위하면서까지 자신을 옹호한 것으로 추측할 수 있다.

요컨대 최영은 국가를 유지하고 보호해야 하는 임무를 띤 군대의 시각에서 본다면 충실한 무장이었다고 할 수 있다. 또한 성공 여부는 차치하고라도 대국인 명에 굽히지 않고 오히려 그를 정벌코자 했다는 면에서 그의 확고한 자주성과 용기를 높이 사야 한다. 그러나 그는 당시의 부패하고 모순된 현실을 개혁하려 하지 않았으며 앞날을 내다볼 수 있는 혜안을 갖지 못했다는 측면에서 비판받을 소지가 있다. 마찬가지로 이성계는 군대의 시각에서는 명령을 어긴 하극상의 대표자가 될 수 있지만 당시의 모순된 현실을 개혁하고 나름으로 새로운 사회를 건설하고자 했다는 측면에서는 긍정적인 평가를 내릴 수 있다. 이렇듯 한 시대의 마지막에 서로 다른 장단점을 가지고 활동했으며 그에 따라 운명이 갈린 두 인물이지만, 결국 그 시대의 요구를 더 잘 읽어낸 쪽이 이성계였다는 점만은 그리 이의가 없을 듯하다.

| 생각해 보기 |

1. 고려의 멸망 원인은 무엇일까?
2. 요동 정벌은 바람직한 일이었나, 불필요한 것이었나?
3. 점진적인 개혁이 좋은 것인가, 급진적인 혁명이 좋은 것인가?
4. 군인은 무조건 상관의 명령에 따라야 하는가, 부당한 명령은 거부해도 되는가?

조선 전기부터

3부

조선 후기까지

7장

그들의 선택이
충신도 변절자도
아니라면

◆

조선 초기의 유교 정치와 성삼문 vs 신숙주

조선 초기의 정치 상황

태조, 새 왕조의 통치 기반을 다지다

1392년 이성계가 왕위에 올라 조선왕조가 개창되었지만 그것은 이성계 개인에 의한 것은 아니었다. 그를 도와준 많은 인물이 있었기에 가능한 일이었다. 정도전·조준·남은·배극렴을 비롯한 사대부들이 밀의하고 도평의사사의 의결이란 형식을 거쳐 이루어진 것이다. 이리하여 이들 유신들을 포함한 52명의 개국공신이 탄생했으며 이 밖에도 수많은 원종공신原從功臣과 회군공신回軍功臣이 책봉되었다. 이 공신 집단이 조선의 핵심적인 지배 세력으로 등장했음은 물론이다.

이 사대부들은 유교적인 이상 정치를 표방하여 자신들의 권익을 도모하려 했다. 정도전의 《조선경국전》이나 정도전·조준의 《경제육전經濟六傳》같은 책이 그러한 배경에서 나왔다. 당연한 결과로 이들 공신 세력은 도평의사사의 요원이 되어 때로는 태조 이성계의 권한을 제약하는 요소로 작용했다. 이에 이성계는 자신의 왕권을 강화하기 위해 그 세력의 약화를 시도할 필요가 있었다.

이러한 상황을 잘 알고 있던 정도전은 태조의 전폭적인 지지를 얻어 관제 개혁에 착수했다. 그리하여 1392년 9월 기존의 중방을 폐지하는 한편 삼군도총제부를 의흥삼군부義興三軍府로 개편하고 정도전 자신과 조준이 번갈아 책임을 맡으면서 병권을 중앙에 귀속하는 작업을 단행했다. 또한 진법훈련을 통해 개인이 거느리고 있던 사병을 국가 체제에 흡수하려 시도했다. 이로써 도평의사사가 가진 군무軍務 기능은 소멸되고 단순한 정무政務만 취급하게 됨에 따라 그 권한이 자연스럽게 약화되었다. 나아가 태조는 국가의 중요한 정치 문제는 자신이 직접 도평의사사에 명을 내려 시행케 함으로써 왕을 정점으로 한 통치 형태를 구축하려 했다.

태조는 지방 제도에 대해서도 일련의 개혁을 단행했다. 그는 1393년 전임 행정관으로 관찰사를 전국에 파견하여 지방 통제 강화를 꾀했다. 수령 자격을 참상관인 6품 이상으로 올려 수령의 권한을 강화하기도 했다. 그리고 지방관이 파견되지 않아 그곳 향리의 통치에 맡겨졌던 속군·현이나 향·소·부곡 등을 없앰으로써 될 수 있으면 전국의 모든 지역이 중앙의 직접적인 통제를 받게 했다. 결국 이러한 지방 통제는 토착향리의 세력을 약화시킴으로써 중앙집권을 강화하는 것이 목적이었다.

이어 태조 3년에는 국도를 한양으로 천도해 새 왕조의 면모를 일신하고자 했다. 고려의 수도 개경을 떠나 새로운 기분으로 왕조 통치에 임하려 함이었다. 태조 5년, 새 서울 한양에 성곽을 비롯한 종묘·사직·관아 건물이 준공됨으로써 새 왕조는 어느 정도 면모를 갖추었다.

그러나 태조의 정국 운영에는 약간의 문제가 있었다. 그는 정도전·조준·남은 등 일부 신하에게 지나친 권력 남용을 허락했다. 이것은 다른 공신들에게 상당한 불만으로 작용하여 지배 세력 간의 알력을 조장하는 요소가 되었다. 특히 태조의 다섯째 아들이면서 조선왕조 개국의 제일등공신이라 할 수 있는 이방원의 불만이 컸다. 이러한 불만과 알력은 결국 두 차례에 걸친 왕자의 난으로 표출되었다.

1차 왕자의 난은 태조 7년(1398)에 일어났다. 그것은 왕위 계승 문제와 관련된 것이었다. 태조에게는 부인이 두 명 있었는데 전처 한씨韓氏부인에게서 난 소생으로는 장남인 방우를 비롯하여 방과·방의·방간·방원·방연의 6형제가 있었다. 그러나 한씨부인은 일찍 죽고 장남인 방우도 태조 2년에 죽었다. 그리하여 후처로 강씨康氏부인을 들여 방번·방석 두 아들을 얻었다. 그런데 태조는 위의 많은 형을 제쳐두고 막내인 방석을 세자에 책봉했고 이에 방원이 들고일어났다. 방원은 이것이 정도전·남은 등의 책동으로 이루어졌고 이들이 자신을 해치려 한다는 구실을 내세워 살해했다. 그리고 방석·방번 형제까지 살해함으로써 자신의 입지를 강화했다. 이때 강씨부인은 이미 죽은 후였다.

그 후 방원은 자신은 왕위에 뜻이 없었음을 밝히기 위해 세자 자리를 방과에게 양보했다. 그리하여 이방과가 태조의 뒤를 이어 왕위에 오르니 그가 정종定宗(재위 1398~1400)이다. 정종은 형제간에 피를 본 한양을 떠나 개경으로 수도를 옮겼다. 그러나 얼마 뒤 재차 왕자 사이의 싸움이 벌어졌다. 이번 싸움은 1차 왕자의 난으로 권력이 커진 방원에 넷째 형 방간이 도전한 데서 비롯되었다. 여기에는 또 1차 왕자의 난 때 방원의 편에서 큰 공을 세웠으나 일등공신에 피봉되지 못한 박포朴苞도 방간 편에 개입되어 있었다. 그러나 이것도 방원의 승리로 끝나 방간은 토산兎山으로 유배되었다가 거기서 죽었다. 그리고 박포는 주살되었다.

방원은 2차 왕자의 난이 끝난 직후 세자가 되어 사병 혁파와 관제 개혁을 통해 왕권 강화를 시도했다. 방원은 왕자의 난 때 동원되기도 한 사병들을 혁파하고 의흥삼군부에 속하게 함으로써 이들을 공병화했다. 이로써 공신들과 다른 왕자들의 세력은 현저히 약화되었다. 한편 그는 하륜에게 명하여 도평의사사 중심의 관제도 개혁하게 했다. 그리하여 도평의사사를 없애고 의정부를 신설했으며 중추원까지도 해체시키고 그 직무를 의흥삼군부가 관장하게 했다. 또한 왕명출납을 담당했던 중추원 승지들의 권한은 승정원承政院이라는 새로운 기구를 만들어 독립시켰다. 이제 정무와 군무가 분리되어 의정부와 의흥삼군부가 각각 관장하게 된 것이다.

정종 2년 11월 정종의 선위를 받아 방원은 태종으로 왕위에 올랐다. 이를 못마땅하게 여긴 태상왕(임금이 생존 시에 왕위를 물려주었을 때 그를 높여 부르는 말) 이성계는 함흥으로 가서 생활했는데 여기서 '함흥차사咸興差使'라는 말이 나오기도 했다. 또한 이 과정에서 태조의 옛 친구 성석린成石璘 등이 죽임을 당했고 박순朴淳 같은 이는 소와 송아지를 이끌고 함흥으로 갔으나 역시 죽음을 면치 못했다. 결국 이성계는 사부였던 무학대사無學大師의 청을 받고서야 돌아왔다.

한편 방원은 왕위에 오르자마자 다시 관제 개혁에 착수했다. 그는 우선 문하부를 혁파하고 그 기능의 일부를 의정부에 이관했다. 문하부의 하부 기관이었던 낭사郎舍는 사간원司諫院으로 독립시켰다. 그리고 재정을 맡았던 삼사는 사평부司平府로 개편했으며 의흥삼군부는 승추부承樞府로 개칭하여 왕명출납 기능을 첨가시켰다. 승추부는 2년 뒤 삼군도총제부로 개편함으로써 다시 군무와 왕명출납을 분리했다.

이어 태종 5년(1405)에는 사평부를 혁파하고 그 기능을 호조에 일임했으며 승추부의 권한은 병조에 맡겼다. 그리고 종래 상서사尙瑞司에서 맡아오던 문·무반의 인사 업무를 이조·병조에 귀속시켰다. 요컨대 이때 개혁의 핵심은 의정부가 장악하고 있던 제반 서무를 모두 6조로 이관하는 것이었다. 따라서 이 개혁의 의의는 고려시대 이래 국가의 행정 실무가 처음으로 재상들의 손에서 분리 독립되었다는 데 있다. 이해 한양으로 다시 천도한 것도 이러한 관제의 개편에 따른 왕권 강화 결과였다. 이후 태종 14년(1414) 육조직계제六曹直啓制가 확립됨으로써 왕이 직접 모든 일을 처결할 수 있는 바탕이 마련되었다.

세종 — 유교적 왕도 정치 구현

태종의 뒤를 이어 즉위한 세종世宗(재위 1418~1450)은 집현전을 설치하고 그곳 학사들을 우대함으로써 유교 정치의 실현에 힘썼다. 세종은 태종 대에 정비된 통치체제 위에서 조선 건국의 주역이었던 사대부들의 이상과 주장을 존중했다. 그리고 유교에 정통한 인재들의 선발과 육성, 유교문화의 진작에 심혈을 기울였다. 세종 2년 설치한 집현전도 이러한 노력의 결실이었다.

집현전에는 유학에 정통한 연소 학자들이 주로 속해 있었는데 그들은 때때로 경연經筵과 서연書筵을 담당하는 것 이외에는 학문 연구에 몰두할 수 있게 배려되어 있었다. 그들은 사헌부의 규찰을 받지 않았으며 경제적인 배려 또한 컸다. 그러나 무엇보다 이들은 세종의 극진한 사랑을 받았다. 이들을 통하여 세종은 유교적인 왕도정치를 구현하려 한 것 같다.

그리고 세종은 유교이념과 관련된 여러 서적을 편찬하기도 했다. 먼저 즉위하자마자 정도전이 편찬한《고려국사》의 개수를 명령했다.《고려국사》가운데 공민왕 이후 부분은 정도전이 임의로 필삭을 가한 것이 많다는 견해를 표명하면서 유관과 변계량에게 개수케 한 것이다. 이들은 세종 3년 일단의 개수를 완성했으나 세종은 변계량의 개서주의改書主義가 사실을 매몰시켰다 하여 왕 5년 유관과 윤준에게 다시 개수할 것을 명령했다. 이후 세종 24년 다시 한 번《고려사》가 개찬되었고 세종 31년부터 문종 원년에 이르러 김종서·정인지에 의한《고려사》가 완성되었다. 이《고려사》편찬은 전조사의 단순한 정리가 아니라 유교적 입장에서 전조의 사건이나 인물을 평가하여 그 귀감을 보여주려 한 것이었다.

또한 세종은 유교를 장려하고 교육하기 위해 4부학당의 제도를 마련하고 종친 교육을 위한 종학宗學을 설립했다.《삼강행실》·《효행록》등을 출간하여 효사상을 보급하고 주자가례를 준행하기 위해《국조오례의國朝五禮儀》를 간행하기도 했다. 이 밖에 지리지나 의약서·농서 등도 출간되었다. 훈민정음의 창제도 백성들에게 유교사상을 효과적으로 보급하기 위한 측면이 있었다.

이러한 유교 정치는 당연히 전조에 유행했던 불교에 대한 비판으로 나타나기도 했다. 이미 태조는 도첩제를 시행하여 아무나 승려가 되는 것을 금지하는 한편 사원전에 대한 면세 혜택도 폐지한 바 있다. 그리고 태종도 대대적인 사원 정리를 단행하여 전국에 242개 사원만을 남겨두고 나머지는 철폐했으며 그에 속한 토지와 노비도 몰수했다. 세종대에도 이러한 불교 탄압책이 지속되어 각 종파를 선·교 양종으로 병합하고 사원 소속의 토지와 노비를 몰수하는 정책을 계속했다. 그러나 세종은 '수신지도修身之道'로서의 불교를 어느 정도 인정하고 있었다. 그리하여 많은 유신의 반대에도 불구하고 궁중 안에 내불당을 설립하기도 했다.

한편 선왕 대를 이어 세종 대에 추구된 군왕 중심의 유교 정치는 관료정치를 이상으로 하는 유신들에게 불만의 대상이었다. 특히 집현전 학사들은 재상 중심 체제의 부활과 이를 통한 자신들의 정치 참여를 희망하고 있었다. 이는 세종으로서는 달갑지 않은 일이었으나 집현전 학사들의 주장을 마냥 무시할 수는 없었다. 결국 세종 18년(1436) 태종에 의하여 성립된 6조직계제가 폐지되고 의정부의 서사署事제도가 부활되기에 이르렀다.

세종조 후반 집현전이 간쟁기관·정치기관으로 변모하면서 집현전 학사들의 정치적 입지는 더욱 강화되었다. 게다가 세종 24년 왕이 병이 들어 세자의 교육과 보필을 위해 설립한 첨사원의 관리로 집현전 학사들이 임명되면서 그들의 정치적 기능은 더욱 왕성해졌다. 이 세자가 세종의 뒤를 이어 왕위에 즉위했는데 이가 곧 문종이었다.

세조 즉위 — 또다시 시작된 권력 쟁탈전

문종 대에는 세자 시절 그를 보필한 집현전 학사들의 위치가 절정에 달했다. 그러나 문종이 병약하여 단명하고 그 뒤를 이어 단종端宗(재위 1452~1455)이 12세의 나이로 즉위하면서 사태는 상당히 복잡해졌다. 문종은 세종 대 이후 줄곧 재상을 지냈던 김종서·황보인·남지 등 3정승과 집현전 출신 관료들에게 어린 단종을 잘 보필해줄 것을 부탁했다. 때문에 단종 즉위 초의 정국은 이들 재상들이 주도권을 행사함으로써 의정부의 권한이 커져 왕권은 다시 실추될 수밖에 없었다.

이러한 가운데 유신 세력을 억제하고 실추된 왕권을 회복시키려는 움직임이 세종의 둘째 아들이며 단종의 삼촌이던 수양대군首陽大君을 중심으로 일어났다. 그는 권람·한명회 등과 모의하여 김종서·황보인 등의 중신과 자신의 친동생인 안평대군을 살해했다. 그리고 영의정 및 이조·병조의 판서와 내외병마도통사의 직을 겸임함으로써 정권과 병권을 독점했다.

그러나 수양대군의 중신 제거와 권력 장악은 여기저기에서 부작용을 초래했다. 특히 김종서의 심복으로 함경도 도절제사였던 이징옥李澄玉이 문제였다. 이를 염려한 수양대군이 함경도 도체찰사로 박호문朴好問을 파견하자 이징옥은 반란을 일으켰다. 그는 자신을 대금국大金國 황제라 칭하고 여진을 포섭하여 대항했고, 이 반란은 진압군에 의해 진정되었지만 민심은 흉흉했다. 이런 가운데 수양대군이 드디어 어린 단종을 내쫓고 왕위에 올랐으니 그가 곧 세조世祖(재위 1455~1468)다.

요컨대 조선 초기는 새로운 국가의 건설을 도모하기 위하여 여러 가지 제도적 장치가 마련되었다. 특히 유교적 정치 이념에 입각한 정치적·문화적 장치가 정비되어갔다. 때문에 피지배층이 볼 때는 그런대로 개혁적 조처가 마련되었다고 볼 수 있다. 이 시기에 민중의 반란과 같은 큰 사건이 별로 없었던 것이 이를 말해준다. 그러나 이 과정에서 지배 세력 내부의 권력 쟁탈전은 계속되었다. 그리하여 2차에 걸친 왕자의 난과 수양대군의 왕위 찬탈 등이 있었던 것이다.

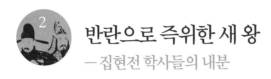

반란으로 즉위한 새 왕
─ 집현전 학사들의 내분

이러한 세조의 즉위를 대부분의 집현전 학사들이 반대한 반면 일부는 이 사태를 용인하는 태도를 보였다. 전자의 대표자가 성삼문成三問(1418~1456)이고 후자의 대표자는 신숙주申叔舟(1417~1475)다.

집현전 학사에서 권력 중심부로 ─ 성삼문

성삼문은 1418년(태종 18) 외가인 충청도 홍주(홍성)에서 무반이던 승勝의 아들로 태어났다. 본관은 창녕이며 자는 근보謹甫, 호는 매죽헌梅竹軒이다. 그가 태어날 때 하늘에서 "났느냐?" 하는 소리가 세 번씩이나 들렸기 때문에 이름을 삼문이라 지었다고 전한다.

그는 18세에 생원시에 급제했고 21세에 하위지河緯地와 같이 식년시式年試에 급제했다. 1442년(세종 24) 성삼문은 집현전 학사로 뽑혀 박팽년·신숙주·하위지 등과 학문을 연마했다. 집현전 학사들은 때때로 경연을 하기도 하고 서연을 열어 세자를 교육하기도 했다. 어느 날 성삼문이 밤늦도록 공부하다 막 잠자리에 들려 하는데 누가 "근보! 근보!" 하며 부르는 소리가 들렸다. 나가보니 바로 후일 문종이 된 세자였다. 둘은 밤이 깊어가는 줄도 모르고 학문에 대한 토론을 했으니 집현전 학사들과 왕ㆍ세자의 사이가 이처럼 가까웠다.

세종도 이들을 깊이 신임하여 정음청을 설치했고, 훈민정음을 만들 때 성삼문은 왕명을 받고 신숙주와 같이 요동에 귀양 와 있던 명나라의 한림학사 황찬黃瓚에게 열세 번이나 가서 문의했다. 세종이 만년에 신병으로 자주 온천에 행차할 때도 성삼문을 비롯하여 이개ㆍ하위지ㆍ신숙주 등에게 항상 뒤따르게 했으니 세종과 이들의 사이를 가히 짐작할 수 있다.

성삼문은 시문에도 능했다. 중국 사신 예겸倪謙과의 일화가 유명한데, 예겸이 조선에 왔을 때 그를 접대하던 신하들이 시문을 대적하다가 번번이 낭패를 당했다. 그러나 성삼문은 그와 대적할 수 있었으니 이에 감탄한 예겸은 성삼문과 의형제를 맺었다. 그리고 예겸은 조선의 학자들이 준 시를 모아 《요해편遼海編》이라는 책을 엮었는데 이의 발문을 성삼문이 썼다. 이로써 성삼문의 이름이 중국에까지 알려져 후일 명나라 사신 장녕張寧이 조선에 왔을 때 그를 찾았으나 성삼문은 이미 죽은 뒤였다. 그러자 장녕은 "눈앞이 적적하다" 하며 아쉬워했다.

세종이 왕위에 즉위한 지 32년 만에 세상을 떠나자 세자가 문종으로 왕위에 올랐고, 문종이 2년 3개월 만에 죽자 열두 살의 세자가 왕위에 올랐으니 그가 곧 비운의 주인공 단종이었다.

앞서도 이야기했듯 생전에 문종은 대신들과 집현전 학사들에게 어린 세자를 부탁했는데, 당시 집현전 학사들과 김종서ㆍ황보인 등의 대신들은 정치적 입장이 달랐다. 집현전 학사들은 경연관으로서 왕과 직

• 성삼문 초상

접 대면하여 학문을 토론할 수는 있었지만 정치 문제에 크게 관여할 수 없었다. 즉 이들은 고제古制의 연구나 각종 편찬·제술 분야에서 뛰어난 능력을 발휘했으나 정작 정치권력 구조상으로는 큰 역할을 담당할 수가 없었던 것이다. 이 때문에 대부분 명문가 출신이던 이들은 나름의 불만을 가지고 있었다. 이리하여 그들은 집현전을 떠나 출세가 보장되는 대간臺諫·정조政曹로 자리를 옮기려 했다. 물론 이러한 시도는 세종의 강경한 태도로 쉽게 이루어지지 않았지만 문종이 즉위하면서 대간과 같은 요직에 대거 발탁됨으로써 그들의 희망이 어느 정도 이루어져가고 있었다.

하지만 문종이 일찍 죽고 단종이 즉위하자 김종서·황보인 등이 세력을 좌우했다. 이것은 집현전 학사 출신들의 출세에 장애가 되었다. 그리하여 그들은 왕실의 권한 회복을 꿈꾸던 수양대군을 도와 김종서·황보인의 제거에 협조했다. 결국 수양대군은 뜻을 이루었고, 집현전 학사들은 수양대군에 의해 요직에 대거 책봉되었다. 이는 정난공신靖難功臣이나 좌익공신佐翼功臣에서 집현전 학사 출신이 차지한 비중이 컸다는 데서 알 수 있다. 정난공신은 단종 원년 10월 수양대군이 김종서·황보인 등 당시의 의정부 대신들을 제거하고 난 직후 책봉한 것인데 여기에 포함된 문과 급제자 12명 가운데 8명이 집현전 학사 출신이었다. 즉 성삼문을 비롯하여 권람·박중손·신숙주·이계전·이사철·정인지·최항이 여기에 포함되었다. 좌익공신은 세조가 왕위에 오른 직후 원년 9월에 즉위를 도와준 인물들을 책봉한 것으로 여기에도 집현전 학사 출신이 7명이나 되었다. 박중손을 제외하고 정난공신이 되었던 7인이 좌익공신에 다시 책봉되었던 것이다.

물론 이 내막에는 이들이 직접 세조에게 협조했다기보다 집현전 학사들을 이용하여 의정부 대신들을 제거하고 또 자신의 집권을 유교적으로 합리화해보려는 세조의 의도가 크게 작용한 것이 사실이다. 즉 그의 집권과 왕위 즉위는 유교적인 대의명분에서 볼 때 타당한 것이 아니었다. 때문에 집현전 학사 출신을 비롯한 유신들을 공신으로 책봉하여 왕권 강화를 효과적으로 달성하고 자신의 위치를 확고히 하고자 한 것이다. 집현전 학사들이 과연 진정으로 세조의 즉위에 협조했는지에 대해서는 의문의 여지가 있다.

어쨌든 단종이 경복궁 경회루에서 국새를 수양에게 전함으로써 수양대군은 왕위에 올랐다. 이때 예방승지(禮房承旨)로서 왕명에 의하여 할 수 없이 옥새를 수양에게 건네주어야 했던 성삼문은 목을 놓아 통곡했다 한다. 옆에 있던 박팽년도 분을 이기지 못해 경회루 앞 연못에 몸을 던지려 했으나 성삼문이 그를 말리면서 후일을 도모하자 했다는 이야기가 전한다.

그리하여 성삼문을 비롯한 박팽년·이개·하위지·유성원 등의 집현전 학사들과 무인이던 성승·유응부·김질, 그리고 단종의 외숙 권자신(權自愼) 등은 상왕(단종)을 복위시키기로 하고 기회를 엿보고 있었다. 결국 기회가 왔다. 세조 2년(1456) 6월 세조가 세자와 같이 명나라에서 온 사절을 창덕궁에서 맞기로 한 것이다. 성삼문 등은 성승·유응부가 별운검(別雲劍, 왕이 행차할 때 옆에서 칼을 들고 호위하는 무관)이 되게 하고 신호에 따라 세조와 세자를 없애기로 했다. 세조의 즉위를 도와준 신숙주도 살해하

기로 했다. 그러나 이러한 거사가 있을 것을 눈치 챈 한명회는 "광연전
(창덕궁 내에 있는 집)이 좁고 더우니 세자와 운검을 들이는 것은 그만두는 것
이 좋겠습니다"라 했고 세조는 이를 받아들였다.

　이것을 모르고 칼을 들고 입장하려던 성승은 한명회의 저지를 받자
먼저 그를 살해하려 했으나 성삼문의 만류로 그만두었다. 유응부 또한
소식을 듣고 거사는 미루면 안 된다며 단신 돌입해 거사를 수행하려 했
으나 집현전 학사들의 만류로 후일을 도모하기로 했다. 신숙주를 죽이
러 간 윤영손도 이 소식을 듣고 철수했다. 이렇듯 거사가 연기되자 이
모의가 누설될까 두려워한 김질金礩은 장인 정창손을 찾아가 이 사실을
고했다. 정창손이 이를 세조에게 고함으로써 거사에 가담한 자는 모조
리 잡혔다.

하늘에는 두 해가 없다 ─ 사육신의 최후

　그리고 국문鞫問이 시작되었다. "너희들이 어찌하여 나를 배반하느
냐?" 이 말은 세조가 집현전 학사들에게 요직을 주고 우대했는데 왜 거
사를 도모했느냐는 뜻이다. 당시 성삼문은 좌부승지, 박팽년은 형조참
판, 이개는 직제학直提學, 하위지는 예조참판 등의 직위에 있었다. 성삼문
은 "나리는 번번이 주공周公의 이야기를 했소. 그러나 주공이 이랬단 말
이오. 하늘에는 두 해가 없고 한 백성에 두 임금은 없는 법이오"라 답했
고, 이에 세조는 "그렇다면 어찌 내가 즉위할 땐 말리지 않고 내게 붙
고는 오늘에 와서 배반하느냐?" 하고 말했다. 그러자 성삼문은 "대세는
어찌할 길이 없었소. 단 한 가지 물러나서 죽는 길밖에 없었소. 그러나
죽는 것만이 능사는 아니기에 후일을 도모하려고 참아왔소"라 했다. 결
국 성삼문은 불에 달군 인두로 살을 지지는 낙형烙刑에 처해졌다.

한편 유응부는 국청에서 성삼문 등을 돌아보며 다음과 같이 말했다. "나약한 서생들과는 더불어 일을 꾀하지 못할 것이라 하더니 과연 참말이었구나. 이번 연회 날에 내가 칼을 한번 시험해보려 했더니 너희들은 만전의 계책이 아니라 하여 후일을 기하자고 말리더니 오늘의 화를 받는구나. 너희들은 사람으로서 꾀가 없으니 어찌 짐승과 다르랴." 그리고 말없이 참형을 견디었다.

마침내 성삼문을 비롯한 거사자들은 형장으로 끌려갔다. 성삼문은 이때 그 심정을 시로 읊었다.

울리는 저 북소리 운명을 재촉하는데	擊鼓催人命
머리를 돌이키니 서산에 해가 저문다	回頭日欲斜
황천 가는 길엔 주막도 없다는데	黃泉無一店
오늘 밤은 뉘 집에서 자고 갈거나	今夜宿誰家

형장으로 끌려가는 수레 뒤편에서는 대여섯 살밖에 안 된 딸이 "아버지! 아버지!" 하며 울부짖을 뿐이었다. 죽기 직전 하인의 술 한 잔을 마시고 읊었다는 "이 몸이 죽어가서 무엇이 될꼬 하니 / 봉래산 제일봉에 낙락장송 되었다가 / 백설이 만건곤할 제 독야청청하리라"라는 시는 지금도 심금을 울린다.

이리하여 성삼문은 동지 박팽년 · 이개 · 하위지 · 유응부와 함께 형장의 이슬로 사라졌다. 유성원은 자신의 집 사당에서 자결했다. 이들이 바로 '사육신死六臣'이다. 물론 성삼문의 가문은 멸족당했고 처와 자부는 관비가 되었다. 다만 그의 외손이 살아남았을 뿐이다. 이 밖에 권자신 등 여기에 연루된 70여 명도 살해당하거나 유배되었다.

그러나 사실 당시 주모자가 누구였는지는 확실히 알 수 없다. 주모자임이 확실한 성삼문·박팽년을 제외하고 사육신이 누구라고 단정하기는 어렵다. 박팽년의 공초를 보면 사육신으로 거론되는 6인 이외에 김문기金文起 등 7인이 모의에 더 가담했음을 말하고 있기 때문이다. 주동자로 사육신이라는 말이 확실히 기록에 보이는 것은 남효온의 《육신전六臣傳》이 처음이다. 그러나 그가 어디에 근거하여 언급한 것인지는 자세히 알 수 없다.

한편 단종도 이 사건에 관계되었다 하여 노산군魯山君으로 강등되어 강원도 영월의 청령포로 귀양을 갔다. 금부도사 왕방연王邦衍은 단종을 모시고 갔다가 돌아오는 길에 아픈 마음을 다음의 시로 읊었다.

천 리나 머나먼 길에 고운 님 여의옵고
이 마음 둘 데 없어 냇가에 앉았으니
저 물도 내 맘 같아 울며 밤길 가더라

· 단종의 묘 장릉

대비 송씨도 '부인'으로 강등되었다. 세조의 아우 금성대군도 단종이 일찍이 그 집에 묵은 일이 있다 하여 순흥부로 귀양 보내졌다. 그러나 얼마 후 순흥부사 이보흠이 금성대군과 더불어 단종을 복위하려다 발각되어 금성대군은 사약을 받고 죽었다. 노산군도 서인으로 폐해졌다가 정인지 · 한명회 · 신숙주 등의 청으로 역시 사약이 내려졌다. 그리고 단종의 시체는 물에 던져졌으나 영월호장 엄흥도가 몰래 거두어 장사지냈으니 현재 강원도 영월의 장릉莊陵이 그것이다.

이렇듯 세조의 살육이 계속되면서 민심이 흉흉해지자 김시습 · 남효온 · 이맹전 · 원호 · 조여 · 성담수는 폐인을 자처하면서 세조를 비난했으니 이들을 일명 '생육신生六臣'이라 했다. 신숙주의 아우인 신말주申末舟 등도 정계에서 은퇴했다.

성삼문 등 사육신이 죽자 아무도 그들의 시신을 수습할 수 없었다. 그러나 생육신의 한 사람인 김시습이 밤중에 사람의 눈을 피해 시체를 거두어 장사지냈으니, 이것이 현재 노량진에 있는 '사육신 묘'다. 충남

은진에도 성삼문의 묘가 있는데 이것은 성삼문을 거열車裂형에 처하고 이를 전국에 조리돌릴 때 한 다리를 묻은 곳이라 전한다.

이후 이들은 반역자로 취급되어오다 220여 년이 지난 숙종 2년(1676)에 와서 홍주 노은동에 있는 성삼문의 집 옆에 이를 모신 녹운서원緣雲書院이 세워졌으며 그 5년 뒤에는 노량진의 육신묘 옆에 민절서원愍節書院을, 동왕 11년 9월에 영월의 노릉魯陵 곁에 창절서원彰節書院을, 그리고 연산에 충곡서원忠谷書院을 세워 사육신을 제향했다. 그리고 숙종 17년에는 사육신의 관직이 복구되었고 영조 34년(1758)에는 성삼문에게 이조판서의 관직이 추증되고 충문忠文이란 시호가 내려졌다.

팔방미인 학사 신숙주

신숙주는 1417년(태종 17) 전라도 나주 금안동(현 나주군 노안면 금안리)에서 태어났다. 아버지는 이조정랑을 거쳐 공조참판을 지낸 신장申檣이었고 어머니는 금성 정씨였는데 그는 5남2녀 가운데 3남이었다. 호는 희현당希賢堂·보한재保閑齋다.

그는 아버지 신장이 세종 2년(1420) 집현전 학사로 뽑힌 전후에 서울로 올라가 살았다. 그리고 일곱 살이던 세종 5년부터 윤회尹淮를 스승으로 모시고 공부했다. 윤회는 조선 개국공신 윤소종의 아들로, 술을 좋아했으나 문장에는 일가견이 있었다. 신장과 같이 집현전에서 공부한 인연으로 그는 신숙주의 스승이 되었다. 이것이 계기가 되어 신숙주는 열여섯 되던 해에 윤회의 손녀며 윤경연의 딸인 규수와 혼인을 했다.

신숙주는 어려서부터 기상과 도량이 비범했고 자라서 공부를 하면서는 모든 서사書史를 한번 보면 잊어버리지 않고 다시 외웠으며 문장에도 능했다 한다. 부인 윤씨와의 사이에 8남1녀를 두었으며 아들은 모두 외자 이름으로 주·면·찬·정·준·부·형·필이었다.

신숙주는 세종 20년(1438), 22세의 나이에 진사시에 장원으로 급제하고 이듬해 8월에는 한성회시에서 생원 제2등으로 급제했다. 그리고 그해 9월 문과에 제3등으로 급제함으로써 관직 생활을 시작했다. 여기서 생원시는 사서오경 등 유교경전에 대한 지식을 시험하는 것이고 진사시는 시·부 등의 문장을 시험하는 것인

· 신숙주 초상

데 이 둘을 합하여 소과라 했다. 이 소과를 통과하여 성균관에서 일정 기간 수학을 한 생원·진사가 마침내 대과인 문과에 응시할 수 있었다. 물론 소과에 합격했다 하여 반드시 성균관에 입학해야 하는 것은 아니었다. 신숙주가 문과에 급제한 것은 아버지 신장이 1433년에 죽은 지 6년째 되는 해였다.

그가 처음 맡은 관직은 궁중의 큰 제사에 쓸 곡식을 맡아보는 관청인 전농시典農寺의 직장直長이었다. 이때 뜻하지 않은 일이 발생했다. 궁중에 한 행사가 있어 신숙주도 참석하도록 명을 받았으나 아전이 잊고 말을 하지 않아 참석하지 못했던 것이다. 사헌부에서 이를 문제삼자 신숙주는 자기가 알고 있었으나 잊고 나가지 못했다 하여 아전이 죄를 면하게 해주는 아량을 보였다. 신숙주의 인간미를 보여주는 대목이라 할 수 있다.

세종 23년(1441) 주자소의 별좌에 임명되면서 그는 책의 출판에 대한 지식을 습득했다. 이해 가을에 그는 집현전 부수찬·지제교 겸 경

연사경(종6품)에 이르면서 집현전 생활을 시작한다. 그는 여기에서 학문 연구는 물론 왕의 교서를 기초하고 경연을 담당했다. 집현전에서 신숙주가 어떻게 생활했는지 당시 실록은 이렇게 적고 있다. "매양 출근하는 날이면 장서각에 가서 문을 걸어 잠그고 단정히 앉아 경사經史와 백가百家를 빠짐없이 두루 읽었다. 혹 동료에게 대신 숙직하기를 청하여 밤새 잠을 자지 않고 글을 읽기도 했다. 하루는 밤 3시경에 세종께서 어린 환관을 시켜 공이 무엇을 하는지 엿보게 했더니 끊임없이 책을 읽고 있었다. 4시경에 다시 가보게 했더니 역시 그랬다. 가상하게 여긴 세종은 어의를 하사하여 장려했다."

세종 24년에는 세종의 명을 받아 성삼문·박팽년·이석형·하위지 등과 함께 삼각산 진관사에서 독서를 하며 때로는 지등연구紙燈聯句(등불을 켜놓은 상태에서 제목을 정해놓고 여러 사람이 한 연씩 이어가면서 한 편의 시를 완성하는 것)를 하기도 했다. 이른바 사가독서賜暇讀書의 일환이었는데, 사가독서란 세종이 집현전 학사들에게 때때로 휴가를 주어 직무를 쉬고 독서를 하게 한 것을 가리키는 말이다.

세종 25년(1443) 신숙주는 일본 통신사의 서장관으로 가서 중요한 경험을 한다. 일본에 문명을 날리고 포로로 잡힌 조선인을 귀환하게 했을 뿐 아니라 쓰시마 섬에 들러 유명한 '계해약조癸亥約條'를 성사시켰다. 이 조약은 쓰시마 섬을 비롯한 주변의 토호들이 조선에 신속된 존재임을 전제로 그들이 조선에 보낼 세견선의 수와 세사미두歲賜米豆(세종 이후 해마다 쓰시마 도주에게 내리던 쌀과 콩)의 양을 규정한 것이다. 삼포의 개항 이후 세견선 파견과 고기잡이를 허락하고 세사미두를 주었는데 그에 대한 규정이 없어 분규를 거듭해오던 차에 이 조약으로 준거 규정이 마련되었다.

세종 27년(1445)에 신숙주는 왕의 명을 받아 요동에 귀양 와 있던 명나라의 한림학사 황찬을 만나기 위해 성삼문·손수산 등과 같이 요동을 여러 차례 왕래했다. 명나라 운서《홍무정운洪武正韻》번역을 끝낸 그는 그 오류를 바로잡기 위해 황찬을 여러 번 만났다. 한때 그의 당호였던 '희현당'은 이때 황찬이 지어준 것이다. 그 뒤 명의 한림시강 예겸과 사마순이 사신으로 왔을 때 이들과 대적할 문장가로 신숙주와 성삼문이 나선 일도 있었다. 이처럼 신숙주와 성삼문은 가까운 사이였으나 훗날 서로 다른 길을 선택한다.

신숙주는 세종과 같이 음운 연구에도 몰두하여 여러 가지 편찬사업에 참여했다. 그 대표적인 것이 세종 29년 완성된《동국정운》의 편찬이다. 이 책은 신숙주를 비롯하여 정인지·최항·박팽년·성삼문 등 8인이 편찬했는데 당시 혼란스러웠던 우리나라 한자음을 바로잡아 통일된 표준음을 정하려 한 것이 편찬 목적이었다. 또한 같은 해에 찬술된 또 하나의 운서인《사성통고四聲通攷》도 신숙주가 중심이 되어 편찬했다.

두 왕을 섬기다

문종 대에 이르러 신숙주는 사헌부 장령(정4품)을 지내면서 몇 차례 과거를 관장하여 후일 계유정난의 주역이 되는 권람 등 많은 인재를 선발했다. 그러다가 단종이 어린 나이로 왕위에 즉위하면서 신숙주의 생애는 일대 전환을 맞는다. 당시 정치는 김종서·황보인 등 의정부의 일부 재상들에 의해 좌우되었다. 임금에게 올릴 문서가 있으면 의정부에서 이를 먼저 보고 의결하여 노란 점을 쳐서 올리면 단종은 그 노란 점을 보고 그에 따라 붓으로 낙점을 할 뿐이었다. 이를 '황표정사黃標政事'라 했는데 그만큼 의정부 대신들의 권한이 컸음을 말해준다.

이러한 정사에 대해 6조의 관리와 집현전 학사들뿐 아니라 단종의 숙부인 대군들도 불만을 갖게 되었다. 특히 단종이 즉위 직후 발표한 '분경금지법奔競禁止法'은 대군들의 불만을 부채질했다. '분경'이란 사람들이 벼슬을 얻기 위해 집정자의 집에 드나들면서 아첨하고 뇌물을 주는 행위를 말한다. 그런데 의정부 당상은 관청에서 공무를 가탁하여 사람들을 공식적으로 만날 수 있었던 데 비해 대군들은 제도적으로 대신들을 만날 수 없는 처지였으니 이 법으로 피해를 보는 것은 주로 대군들 쪽이었다. 이러한 불만이 결국 계유정난과 세조의 즉위라는 모습으로 나타난 것이다.

단종의 숙부인 대군들에는 수양대군·안평대군을 비롯하여 임영대군·광평대군·금성대군·평원대군·영응대군의 7명이 있었다. 이 가운데 정치에 가장 뜻이 있는 사람은 수양대군과 안평대군이었다. 이 둘은 일찍이 세종·문종과 더불어 훈민정음 창제에 깊이 관여했으며 운회 번역·활자 제조·각종 편찬 사업을 주도했다. 수양대군은 성격이 호방하고 활달하여 학문도 잘했으나 활쏘기와 말 타기 등 무예에 출중했다. 반면 수양의 바로 아래 동생인 안평대군은 시문과 서화에 능하여 많은 문사가 그를 따랐다. 신숙주도 처음에는 안평대군과 깊이 교류했다. 신숙주가 남긴 시문 중에는 안평과 교류한 내용이 많이 남아 있다. 안평은 예술적 재능뿐 아니라 학문에도 조예가 깊어 운서 번역 사업 때도 신숙주와 가까이 지냈다.

그럼에도 신숙주가 계유정난을 묵인하고 수양대군의 등극을 도와준 것은 단종 즉위년(1452) 수양대군과 같이 베이징에 다녀온 것이 계기가 아닌가 한다. 물론 그 이전부터 신숙주는 수양대군과 잘 알던 사이였으나 이 일로 수양과 급격히 가까워진 것이다. 이해 8월 단종 즉위의 고명을 내려준 데 대한 고마움을 표하기 위해 명에 고명사은사를 보내는 일이 논의되었다. 이때 수양대군은 자신이 사은사로 갈 것을 자청했다. 아마도 수양은 이 중책을 맡음으로써 돌아온 후 자신의 정치적 입지를 더욱 강화하는 한편, 황보인과 김종서의 아들 황보석·김승규를 대동함으로써 그들에 대한 위협의 뜻도 보여주려 한 것이 아닌가 한다. 그리고 집현전 학사 출신으로 명망이 높은 신숙주를 동행함으로써 후일 집현전 학사들의 도움을 받으려 한 것으로 풀이된다. 이렇게 해서 시작된 장장 4개월에 걸친 수양대군과의 동행은 신숙주에게 수양대군의 인격과 의지를 아는 계기가 되었을 것이다.

그들이 베이징에서 돌아온 단종 원년 10월, 수양은 계유정난을 일으켜 김종서·황보인 등을 살해하고 자신은 영의정 자리에 앉았다. 신숙주는 이때 권준·홍윤성·엄자치 등과 같이 정난 2등공신에 책봉되고 승정원 좌승지로 승진했다. 그러자 성삼문·신숙주를 비롯한 일부 문신들은 자신들의 공신호를 삭제해달라고 청했지만 허락되지 않았다. 단종 2년 승정원 도승지로 승진한 신숙주는 세조를 도와 한명회·권람 등과 함께 단종을 내쫓고 세조를 즉위시켰다. 그 공으로 그는 좌익공신 제1등으로 봉해졌다. 그리고 그해 10월에는 세조의 왕위 계승을 승인받기 위해 옌징(연경)으로 떠났다. 이 사이 신숙주의 부인 윤씨가 병을 앓다 죽었으니, 신숙주는 아내의 임종도 지키지 못했다. 게다가 아버지와 옌징에 동행한 맏아들 신주도 귀국 후 어머니의 병사 소식을 듣고 그 충격으로 세상을 떴다.

변절자로 낙인찍혔으나

비록 유교적 명분에 어긋난 세조의 즉위를 도와주기는 했지만 신숙주는 많은 업적을 남겼다. 세조 3년(1457) 춘추관 감사가 되어 조선 역대의 사적을 적은 편년체 역사책인 《국조보감國朝寶鑑》을 완성했으며 세조 4년 우의정에 오른 후에는 세조의 명을 받아 《병정兵政》이라는 군사제도에 관한 책을 지었다.

이듬해에는 함길도 도체찰사가 되어 여진족을 회유하고 돌아왔다. 그러나 반란을 획책했다가 죽은 아버지 낭발아한과 형 낭이승거의 원수를 갚기 위하여 낭비아차라는 여진족이 재차 반란을 일으키자 신숙주는 세조 6년 2월 다시 함길도 도체찰사가 되어 여진족 토벌 작전을 개시했다.

이 1차 북정은 곧 끝나고 7월에 2차 북정이 시작되었다. 이 북정으로 여진족의 소요는 사라지고 삼수갑산 지역의 경계가 강화되어 뒤의 현종 15년 조선의 국경이 이곳으로 확정되는 토대가 되었다. 이 북정 때 신숙주가 진중에서 지었다는 시가 전한다.

오랑캐 땅 서리 내려 변방은 찬데　　　　　　虜中霜落塞坦寒

철마는 백 리 사이를 누비누나　　　　　　　鐵馬縱橫百里間

밤 싸움은 그치지 않았는데 날이 새려 해　　夜戰未休天欲曉

누워서 북두성 보니 영롱히 반짝이네　　　　臥看星斗正闌干

전하는 말로는 여진족이 밤중에 습격하여 진중이 소란스러웠는데도 태연히 화창하여 군사들이 모두 사기충천했다는 시다.

그러나 세조 13년(1467) 이시애의 난이 일어나면서 신숙주는 또 한 번 시련을 맞는다. 함길도 관찰사로 있던 둘째 아들 신면이 난의 진압 과정에서 죽었을 뿐 아니라 그 자신도 투옥되었다. 함길도의 토호였던 이시애가 난을 일으키며 퍼뜨린 소문 때문인데, 이시애는 함길도 절제사

강효문이 신숙주·한명회 등과 결탁하여 역모를 꾀했기에 이들을 제거하기 위해 의거를 감행했다고 했다. 곧 석방되기는 했지만 신숙주로서는 유일한 투옥 경험을 한 것이다.

세조가 재위 13년 만에 죽고 예종睿宗(재위 1105~1122)이 즉위한 뒤 신숙주는 한명회·구치관 등과 더불어 원상院相이 되어 승정원에 나와 서무를 의결했다. 그리고 '남이의 옥'(예종 즉위년, 역모를 꾀한 남이 등을 처형한 사건)을 잘 다스린 공으로 공신이 되었다. 성종 2년(1471)에는 다시 영의정에 임명되었으나 여러 번에 걸친 사직 상소를 올렸고 성종 6년(1475) 59세를 일기로 세상을 떠났다. 죽기 전에 그는 성종의 명을 받아 일본의 지세와 국정, 교빙 왕래의 연혁, 사신 접대 예절 등을 적은 《해동제국기》를 편찬하는 여력을 보이기도 했다. 그의 묘는 현 경기도 의정부시 고산동에 있다.

그런데 이렇게 생애를 마감한 신숙주가 성삼문 등 집현전 동지들과 뜻을 같이하지 못하고 수양을 보필하게 된 것은 왜일까. 변절자로 낙인 찍혀 '숙주나물'이란 말까지 생겨나게 한 것은 무엇 때문인가. 우선 신숙주와 세조가 동갑이라는 이유를 고려해볼 수 있다. 양인은 똑같이 1417년생으로 같은 해에 태어났다는 동료 의식이 어느 정도 작용했으리라 보인다.

둘째, 앞서도 잠시 살펴보았듯 단종 즉위년 수양대군과 4개월 이상을 같이 지내면서 두 사람 사이의 교류가 더욱 돈독해졌을 것이다. 특히 신숙주 쪽보다 수양대군 쪽에서 신숙주를 이용했다고도 볼 수 있다. 수양대군은 신숙주의 학문과 문장에 매력을 느꼈을 뿐 아니라 그를 자신의 정치적 의지를 실천하는 명분으로 삼으려 한 것이 아닌가 한다.

셋째, 계유정난의 주역들과 밀접한 관계를 맺은 인연도 크게 작용했다고 생각된다. 권람은 그가 과거를 관장할 때 뽑힌 인물이며 한명회와는 세조 즉위 직전 사돈관계를 맺었다. 이러한 여러 요인으로 그는 집현전 학사 출신 동료들을 떠나 세조 편에 가담한 것이리라.

그러면 신숙주는 반역자이고 성삼문은 충신이라 말할 수 있는가. 우선 유교적 기준이나 지배자의 시각으로 보면 당연히 그런 평가를 내릴 수 있다. 그렇다면 민중의 입장에서 본다면 어떨까. 신숙주의 행동을 반역으로 볼 수 없을 만큼 당시 상황이 나빴으며 따라서 지도자 내지 왕이 바뀌어야 할 필요성이 있었는가. 백성들에 대한 수탈과 억압이 심해 백성들이 항거할 만한 상황이었는가.

그렇지는 않았다. 당시는 조선이 건국된 지 60여 년이 지난 시기로 여러 면에서 정비가 이루어지던 시점이었다. 따라서 민중봉기 같은 것도 별로 없었다. 즉 단종이 물러나고 새로운 지도자인 세조가 집권할 절대적인 시기는 아니었다. 게다가 유교적인 명분도 없다. 이렇게 본다면 세조의 등극이나 신숙주의 협조는 불법적인 것이었을 뿐 아니라 불필요한 것이었다. 따라서 신숙주의 행동은 후일 그의 업적이 어떠하든 정당화될 수 없다.

그렇다면 성삼문의 행동은 정당했는가. 이 역시 그렇게 보기는 힘들다. 그도 나름대로 권력을 잡기 위해 단종의 복위를 꾀했다고 볼 수 있기 때문이다. 그는 수양이 김종서 등을 죽일 때는 크게 반발하지 않았다. 그러나 단종의 복위에는 적극적으로 가담했다. 만약 그 거사가 성공했다면 단종이 복위된 뒤 성삼문은 신숙주 못지않게 출세의 가도를 달렸을 것이다. 나름대로 성삼문도 이 점을 염두에 둔 것으로 보인다. 그리고 사건 후 형장에서 그가 취한 태도도 충신의 것이라기보다는 역모에 가담한 자는 결코 살 수 없다는 당시의 현실에서 다른 선택이 없었던 것이라 할 수 있다.

결국 단종의 폐위나 세조의 즉위는 일반 백성들과는 별 상관이 없는 단순한 지배 세력의 교체에 불과했다. 따라서 이러한 시류에 편승해 각자 다른 길을 갔지만 성삼문·신숙주도 권력을 추구한 단순한 정치인들일 뿐이었다면 지나친 혹평일까. 좋게 말하면 그들도 지극히 인간적인 삶을 살다 간 사람들이라 하겠다.

| 생각해 보기 |

1. 왕 중심의 정치가 바람직한가, 재상 또는 신하 중심의 정치가 바람직한가?
2. 사육신은 정치적 야망이 있었을까, 없었을까?
3. 불사이군不事二君은 필요한 것인가, 필요없는 것인가?
4. 한글 전용이 좋은 것인가, 한자 병기가 좋은 것인가?

8장

사상가와 실천가,
진정한 동학의
모범을 보이다

◆

한국 유학사의 전개와 이황 vs 이이

1 한국 유학사의 전개

지배층의 중심 학문으로 자리 잡다

중국의 유학이 우리나라에 언제 들어왔는지는 자세히 알 수 없다. 종래의 학자들은 기자동래설, 즉 중국 은殷나라의 기자箕子가 기자조선의 제후로 오면서 팔조금법이 만들어지고 예의와 교화가 시작되었다는 데 착안해 동방의 유교가 기자에서 시작되었다고 주장한다. 그러나 기자동래설과 교화설은 근거가 박약해 믿을 수 없다. 다만 이미 진국辰國시대부터 우리나라에 유교가 전해져 있었으리라 추측하고 있다.

이후 삼국시대에 이르러 유교는 귀족사회의 질서 유지에 공헌했다. 고구려에서는 소수림왕 2년(372) 태학太學을 세워 귀족들의 자제를 교육했고 지방의 경당扃堂에서도 유학을 가르쳤다. 그리하여 그들은 오경이나 《사기史記》, 《한서漢書》와 같은 역사책을 읽었다 한다. 백제에도 오경박사가 있었으니 이미 유학이 어느 정도 자리를 잡았음을 알 수 있다. 신라는 고구려나 백제보다 늦었지만 화랑도들 사이에서 신·충과 같은 유교적 덕목이 강조되었다. 이는 원광의 세속오계나 임신서기석王申誓記石을 통해 알 수 있다. 또한 역사서의 편찬에서도 유교가 이미 상당히 전파되었음을 알 수 있다. 고구려 이문진의 《신집新集》 5권, 백제 고흥의 《서기書記》, 신라 거칠부의 《국사國史》 등이 그것이다.

통일신라에 들어와서 유교는 주로 6두품들에 의해 학습되었다. 그 예로 외교문서 작성에 뛰어났던 임나 출신의 강수强首와 이두문자에 밝았던 설총을 들 수 있다. 그들이 학습한 유교 교육기관으로는 신문왕 2년(682)에 설립된 국학國學이 있었다. 여기서는 3과로 구분하여 교수했는데 《논어》와 《효경》은 공통 필수과목이었다. 그리고 원성왕 4년(788)에는 독서 성적에 따라 3등급으로 나누어 관리를 채용하는 독서삼품과가 실시되었다. 이때의 시험과목도 오경五經(시경·서경·역경·춘추·예기)·삼사三史(사기·한서·후한서)·제자백가諸子百家 등이었다.

유교는 또한 도당 유학생을 통해 더욱 발전했다. 당에 가서 유학을 수학한 자들의 대부분은 6두품이었다. 이들 가운데는 당에 그대로 머무른 자들도 있었지만 대부분 신라로 돌아와 유학의 융성에 공헌했다. 특히 신라 말의 3최崔가 유명하다. 진성여왕에게 〈시무時務10조〉를 올리기도 했던 최치원, 견훤을 위해 외교문서를 작성한 최승우, 왕건 밑에서 태자의 사부로 있었던 최언위가 그들이다.

고려에서는 성종 대에 〈시무28조〉를 바친 최승로 같은 유학자의 활약에 힘입어 유학이 정치사상으로서의 위치를 어느 정도 차지하게 되었다. 그리하여 국립대학 격인 국자감國子監이 설립되어 유학 교육이 활발히 진행되었다. 여기서는 국자학·태학·사문학 등으로 나누어 교육했는데 《논어》와 《효경》은 신라시대와 같이 공통 필수였다.

고려 중기로 가면 유학의 진흥이 사학12도私學十二徒의 설립으로 나타났다. 사학12도는 일종의 사립대학으로 최충이 세운 문헌공도文憲公徒를 비롯한 12개가 설립되어 과거를 위한 유학 교수가 이루어졌다. 그리고 이 시기에는 유학에 대한 서적도 발간되었다. 대표적인 유학서로는 윤언이尹彦頤의 《역해易解》와 김인존金仁存의 《논어신의論語新義》, 최윤의崔允儀의 《상정고금례詳定古今禮》가 있다.

성리학의 도입으로 찬란히 꽃피다

그러나 유교가 본격적으로 연구되고 불교를 제치고 정치사상으로 등장한 것은 고려 후기 성리학이 도입되면서라고 할 수 있다. 성리학은 고려 충렬왕조의 안향에 의해 원나라에서 유입되었다.

송대에 이르러 성리학은 종래 자구의 해석에 주력하던 한당漢唐의 훈고학풍에서 벗어나 경학을 이론적으로 탐구하는 신유학을 가리키게 된다. 이러한 신유학의 단서를 연 것은 북송의 주돈이周敦頤로, 그 뒤를 이어 정호程顥·정이程頤 형제 등이 한층 발전시켰고 다시 남송의 주희朱熹가 종합화·체계화해 집대성했다. 따라서 이 새로운 학문은 발생한 시기가 참작되어 송학宋學이라 불리기도 하고 문제의식에 따라 구분해 이학理學·의리학義理學·심학心學이라 불리기도 한다. 대표적인 학자의 이름을 따서 정주학程朱學·주자학朱子學이라 하기도 한다. 이 학문은 주로 이理·기氣를 바탕으로 우주의 원리와 인간의 심성을 다루는 철학적·사변적 사상 체계다.

안향에 의해 도입된 성리학은 백이정·이제현·이곡·이색 등에 의해 연구되고 '동방 이학理學의 조祖'라 일컬어진 정몽주에 의하여 더욱 꽃피었다. 그리고 당시 고려불교의 타락성을 비판하던 신진사대부들에 의해 깊이 신봉되어 결국 조선왕조의 지배이념으로 자리잡았다. 그 가운데 조선의 개국 일등공신이던 정도전이 이를 정치사상으로 체계화했다. 그의 유학사상은 《삼봉집》에 들어 있는 〈심기이편心氣理篇〉과 〈불씨잡변佛氏雜辨〉에 잘 나타나 있다.

그러나 이 성리학은 중앙에서 관직 생활을 하던 문신들보다는 지방의 초야에 묻혀 생활하던 사림들에 의해 더 많이 연구되었다. 지방에 근거를 둔 사림학자들은 서원을 중심으로 학문 연구와 후진 양성에 힘을 기울였는데, 정계를 등진 학자들에게는 실용적인 학문보다 사색적이고 이론적인 것이 구미에 맞았을 것이다. 따라서 사변적이고 형이상학적인 성리학은 사림들의 심리에 영합되어 많은 대가를 배출해냈다.

주리파 대 주기파, 기나긴 논쟁의 시작

그러다가 성종 대부터 사림 세력이 서서히 정계에 등장했고 중종 대에는 조광조에 의한 도학정치가 시행되기도 했다. 도학정치가 실패로 돌아가는 바람에 사림 세력은 타격을 입었지만 성리학은 더욱 발전하여 결국에는 주리파主理派와 주기파主氣派로 갈리기에 이르렀다.

주리파의 선구자는 이언적李彦迪이고 그의 뒤를 이어 이를 집대성한 자는 퇴계 이황이다. 이황은 동방의 주자라 할 수 있을 만큼 주자의 학설을 계승해 이를 마음의 학문으로 심화시켜 체험주의·수양주의의 입장을 내세웠다. 주자는 우주의 근원이 되는 이·기의 관계에 대해 양자는 서로 떠날 수 없는 관계에 있으나 서로 섞이지 않는다는 '이기이원론理氣二元論'을 내세웠다. 이황도 이와 같은 주자의 설을 그대로 따랐지만 〈비이기위일물변증非理氣爲一物辯證〉을 지어 이와 기를 둘로 나누어 보는 데 중점을 둠으로써 이와 기가 서로 섞일 수 없는 것임을 더욱 강조했다. 그러나 그에 의하면, 이는 기의 활동에 근저가 되고 기를 주재하고 통제하는 실재였다. 즉 그는 주리적인 입장이었던 것이다.

주리설은 개개 사물의 법칙을 인식하는 것보다는 우주의 근원인 생명력에 대한 인식을 더 중요하게 보았다. 따라서 좀 더 나아가면 그 생명력에 근본을 둔 인간의 도덕적 의욕이 중요시된다. 자연히 주리설은 내향적인 경향이 있었으며 내적인 경험을 존중하게 되었다. 그들이 도덕적 신념과 이를 실천함에 있어 절조節操와 기백氣魄을 중히 여김은 그 때문이었다.

이러한 경향은 이황의 심성론에서 엿볼 수 있다. 그는 심성 문제도 이기이원으로 분석하여 심의 체體인 성性을 본연의 성과 기질의 성으로 구분하고 성의 발發인 정情도 사단四端(측은惻隱 · 수오羞惡 · 사양辭讓 · 시비지심是非之心)과 칠정七情(희喜 · 노怒 · 애哀 · 구懼 · 애愛 · 오惡 · 욕欲)으로 대비했다. 그리하여 본연의 성과 사단의 정을 절대순선絶對純善인 이의 체와 용으로 보고 기질의 성과 칠정은 가선가악可善可惡의 상대적 가치를 지닌 기의 작용으로 보았다. 또한 사단과 칠정을 인심人心과 도심道心이 나뉜 것으로 생각해 인심은 칠정이요, 도심은 사단이라 했다. 이황의 사단칠정 · 이기호발설은 이러한 근본사상에서 유래한다.

이러한 사단칠정론은 기대승奇大升의 비판을 받아 7년간이나 이어진 논쟁의 발단이 되었다. 이황 이후 주리파는 유성룡 · 김성일 등의 제자에 의해 영남학파로 계통이 이어졌다. 아울러 일본 학계에도 큰 영향을 주어 근세 일본유학의 주류로 형성되었다.

주리설과 대립되는 입장이 주기설이었다. 주기설의 선구적 존재는 일생을 은거하며 학문에 전념한 서경덕徐敬德이다. 그 뒤 기대승이 이황과 논쟁을 벌이면서 주기설은 점차 세를 떨치게 된다. 기대승이 이황의 사단칠정론을 비판한 요지는 다음과 같다. 사단 · 칠정은 하나의 정이고 칠정 밖에 따로 사단이 있는 것이 아니다. 사단·칠정을 이·기에 분속하면 이·기를 독립된 별물別物로 보게 되어 사단 속에는 기가 없고 칠정 속에는 이가 없게 된다. 사단·칠정의 문제는 도심·인심의 문제와 달라서, 도심·인심은 이·기에 분대分對하여 말할 수 있겠지만 사단·칠정은 분대하여 말할 수 없다. 따라서 이는 이와 기는 떨어질 수 없다는 이황의 논리의 원칙에 위배된다.

이러한 논쟁을 배경으로 주기설을 대성시킨 이는 이이였다. 이이도 이·기로써 우주를 해석하여 우주의 삼라만상이 이와 기를 떠나서 존재할 수 없고 결국 그것에 의해 우주가 형성되고 삼라만상이 나타나는 것으로 보았다. 그러나 이이는 이와 기를 이체이물二體二物로 규정하는 주자 및 퇴계의 순수이원론에는 반대했다. 그에 의하면 이와 기는 일체 양면적인 것이어서 이를 분석하면 둘이로되 양자의 관계에서 보면 일물一物에 지나지 않는다.

이理는 일반적인 것, 내재적인 것으로 대자적對自的으로는 무활동적인 것, 비현실적인 사유의 표상, 추상적인 것이다. 따라서 이를 외부로 표출해 현실적인 것으로 나타나게 하려면 활동적인 기의 작용이 필요하다. 즉 이는 기라는 활동체에 의해 천태만상의 개별성과 차별성을 낳게 되고 기는 그 내재적이고 주재적인 이가 아니면 현상하지 못하게 된다. 그리하여 그는 본체理가 제 현상氣 중에 나타나는 개별성을 물과 방원기方圓器·대소병大小瓶에 비유하기도 했다.

그는 또한 이는 모든 만물에 통하고 기는 이를 국한하여 차별성과 개별성을 나타낸다는 의미에서 '이통기국理通氣局'이라는 용어를 사용하기도 했다. 결국 그의 이론은 '이기일원적 이원론'이라 할 수 있지만 기를 더 중시하는 경향이 있었다.

심성론에서도 이이는 이황과 생각이 달랐다. 즉 인심과 도심은 각기 다른 방향으로 지향하려는 양면성이 있어 서로 내포할 수 없는 반대의 개념이지만 사단 · 칠정에 있어서는 사단은 칠정을 내포할 수 없되 칠정은 능히 사단을 내포할 수 있으므로 서로 대치할 수 없다는 것이다. 그 때문에 칠정에는 인심 · 도심이 모두 포함되어 있어 사단은 곧 도심과 인심의 선한 부분이나 칠정과 인심과는 결코 일치하지 않는다는 것이다.

한편 이러한 주기파는 이이의 학우인 성혼成渾, 제자인 사계 김장생金長生 등 기호학파畿湖學派에 의해 계승되었다. 그러다가 숙종 말년 주기적인 기호학파 내에서 다시 주리와 주기로 대립해 논쟁이 일어나는데, 이를 호락논쟁湖洛論爭이라 한다. 호락논쟁은 권상하權尙夏의 문하에서 발단해 낙하洛下의 학자들에게 파급되었다. 당시 권상하는 송시열의 수제자로 청풍의 황강에서 강학해 그 문도가 매우 많았다. 그들은 인 · 의 · 예 · 지 · 신의 오상五常을 금수禽獸도 가지느냐 못 가지느냐 하는 문제 즉 금수와 오상과의 관계, 그리고 사람의 희 · 노 · 애 · 락의 정이 발동하지 않았을 때의 상태 즉 심체心體에 기질이 있느냐 없느냐 하는 문제 등을 논의하다가 의견에 대립이 생겼다.

그 본격적인 논쟁은 권상하의 문하 8학사 가운데 이간李柬과 한원진韓元震 사이에서 시작되었다. 권상하가 한원진의 설에 찬동하자 이것이 점차 확대되어 전국 석학들의 관심거리가 되었다. 그리고 이 쟁론은 애초부터 정쟁이나 당쟁의 성격은 아니었으나 시비의 전개가 거의 당론화되어 200년이 지나도록 그치지 않았다.

이간의 설을 지지하는 이재李縡 · 박필주朴弼周 · 어유봉魚有鳳 등 낙하洛下(서울) 학자들은 인성과 물성은 다 같이 오상을 가진다는 인물성구동론人

物性俱同論과 미발한 마음의 본체는 기질의 선악이 없으므로 본래선이라 하여 미발심체본선론未發心體本善論을 주장했다. 당시 이를 낙론洛論 또는 낙학洛學이라 불렀다.

반대로 한원진의 설을 찬동하는 권상하 · 윤봉구尹鳳九 · 최징후崔徵厚 · 채지홍蔡之洪 등 호서 학자들은 인성은 오상을 가지지만 물성은 그 오상을 모두 가지지 못한다고 보아, 인성과 물성은 서로 다르다는 인물성상이론人物性相異論과 미발한 마음의 본체에도 기질의 선악이 있다는 미발심체유선악론未發心體有善惡論을 역설했는데 이를 호론湖論 또는 호학湖學이라 한다.

더 자세히 말하면 호락론자들은 주희의 이동기이설에서 유래하는 이이의 이통기국설에 바탕을 두었다. 이간은 주리적 입장에 서서 이통과 이동을 내세움으로써 인성과 물성을 구동俱同으로 보아 한가지로 오상을 가진다는 동시오상의 논리로 그 철학 체계를 일관화한 것이다. 반면 한원진은 주기적 관점에서 기국과 기이를 강조함으로써 인성과 물성을 상이한 것으로 보며 그것은 기질의 차이로 말미암은 것이라는 철학 체계를 세웠다.

다시 말하면 주리적인 입장인 이간의 설명은 이렇다. 성性은 곧 이理이므로 인성과 물성은 모두가 이로서의 태극太極, 천명天命의 원형이정元亨利貞, 사덕四德을 본성으로 타고난다. 따라서 오상의 본연을 모두 갖고 있으므로 그들 본성은 이통으로 동시오상이다. 인성과 물성이 상이한 것 같이 보이는 것은 다만 그들 기질의 국한성, 즉 차이에 따라서 상이하게 드러날 뿐이다. 그러므로 인과 물의 본성, 즉 본연지성은 동시오상으로서 구동이요, 사람의 미발심체는 본선이다. 이에 반해 주기적 경향인 한원진의 주장은 이렇다. 인성과 물성은 각기 그 기질로 말미암아 이루어지므로 상이하며 그 기질지성이 각기 인과 물의 본연지성이다. 따라서 인물의 본성, 즉 그 기질지성은 기로 인한 것으로 상이하고, 사람의 미발심체도 기질지성을 통해 선과 악이 공존한다.

이 양론은 철학적 입장의 차이에 따라 방법론도 달라질 수 있음을 보여준다. 호락논쟁은 이간 이후 오래도록 계속되었지만 끝내 매듭지어지지 못했다. 그러나 여기에서 제기된 문제들은 성리학의 근본 문제들로, 논쟁 과정에서 그것을 해결하려는 철학적 방법론이 뚜렷이 드러난 점 등에서 주목할 만한 것이다.

이후 조선의 성리학은 한편으로 비판을 받으면서 이익李瀷이나 정약용 등에 의해 실용적인 실학으로 연결되었다. 그리고 조선 말기 개항기에는 이항로와 기정진 등의 학자에게 그 맥이 이어졌다.

그들의 학문적 입장은 달랐으나

전원을 동경하며 학문에 충실한 삶 — 이황

이황(1501~1570)은 연산군 7년 경상도 예안현 온계리(안동군 도산면 온혜리)에서 태어났다. 그해는 주자가 죽은 지 꼭 300년이 되는 해였다. 본관은 진보眞寶였으며 좌찬성 식埴의 7남1녀 가운데 막내였다.

그의 생애는 대략 3기로 나눌 수 있는데 1기는 수학 시대로 태어나서 33세까지다. 그는 태어난 지 일곱 달 만에 아버지를 여의고 어머니 박씨와 숙부 송재松齋 이우李堣에게 훈육을 받았다. 아명은 서홍瑞鴻이었으나 숙부는 그를 이마가 넓다 하여 광상廣顙이라 불렀다. 숙부에게 가르침을 받기 전까지 그는 제대로 교육을 받지 못했다. 겨우 천자문 정도를 아는 이웃집 노인에게 수학한 정도였다. 12세에 그는 숙부에게 《논어》를 배웠는데, 당시의 통상적인 교육 과정은 8세경에 《소학》을 배우고 《대학》, 《논어》, 《맹자》, 《중용》 순으로 나가는 것이 통례였으니 독서의 정규과정을 무시했다고 볼 수 있다.

• 퇴계 이황

14세경부터는 혼자 독서하기를 좋아했는데 특히 도연명의 시를 사랑하고 그를 흠모했다. 훗날 그가 전원으로 돌아가기를 그토록 갈망한 것도 도연명의 영향으로 볼 수 있다. 한편 17세에 그는 숙부를 통해 안동부사가 되어 관찰사로 내려온 모재慕齋 김안국을 만난다. 아마 이때 김안국에게 강의를 들었으리라 추측된다. 그리고 20세가 되면서는《주역》연구에 몰두해 몸이 마르고 쇠약해지는 병에 걸렸다고 한다.

21세가 되던 해 진사 허찬許瓚의 딸과 혼인하고 24세에 향시에 응시했으나 세 번 연속 낙방했다. 이때 부인 허씨가 죽어 서른에 재취 부인으로 권질의 딸을 맞았다. 28세이던 중종 23년(1528)에 진사시에 합격했으며 32세에 문과별시의 초시에서 2등으로 합격했다. 이후 성균관에 들어가 김안국을 만나 성인군자에 관한 견문을 넓혔다.

34세에 문과에 급제하고 승문원부정자가 되면서 그는 관직 생활을 시작했다. 생애 중 2기인 출사 시대가 시작된 것이다. 승문원부정자가 된 지 몇 달 지나지 않아 예문관의 검열과 춘추관기사관으로 선임되었으나 김안로의 방해로 좌절되었다. 이유는 이황의 처가와 김안로의 고향이 같은 영주인데도 이황이 자신을 찾아오지 않았다는 것이었다. 그러나 이후 이황은 정자·박사·호조좌랑을 거쳐 39세에는 홍문관수찬관에 임명되었다. 그 뒤에도 여러 벼슬을 거쳐 성균관사성의 직을 받았으나 사양했다. 몸이 병약하기도 했지만 전원에 대한 동경과 학문에 충실하고픈 마음 때문이었다. 그가 얼마나 전원을 동경했는지는 그가 서른여섯에 지은 〈감춘感春〉이란 시에 잘 드러나 있다.

> 삼 년 동안 서울의 봄은
> 멍에 맨 망아지처럼 국축했으니
> 실없어라 마침내 무슨 유익이 있었던가
> 아침저녁으로 나라 은혜 부끄럽도다
> 우리 집은 맑은 낙동강 위라
> 한가한 마을에 태평을 즐기나니 이웃들은 농사일에 나가고
> 닭과 개는 울타리를 지켜주네
> 책을 쌓아놓고 고요한 책상머리
> 봄 아지랑이는 강과 들에 피어오르고 시내에는 고기와 새들이요
> 소나무 아래에는 학과 잔나비 있네
> 즐겁구나 산속에 사는 사람들
> 나도 돌아가 술 마실 궁리하리

을사사화 후 그는 병약을 핑계 삼아 모든 관직을 버리고 46세 되던 해 고향인 낙동강 상류 토계兎溪의 동쪽 바위에 양진암養眞庵을 짓고 독서·구도 생활에 전념했다. 이때 토계兎溪를 퇴계退溪로 개칭해 자신의 아호로 삼았다.

그 뒤에도 자주 임금의 명을 받자 외직을 자원해 단양·풍기 등의 군수를 역임했다. 풍기 군수 시절 그는 전임 군수 주세붕이 주자의 백록동서원白鹿洞書院을 본떠 설립한 백운동서원白雲洞書院에 편액·학전·서적을 하사해줄 것을 조정에 청하여 허락받는데, 이것이 조선조 최초의 사

액서원인 소수서원紹修書院이다.

이후 풍기 군수를 사임하는 글을 세 번이나 올렸으나 회답이 없자 그는 50세 되던 해 결연히 임소를 떠나 퇴계로 돌아왔다. 그는 퇴계의 서안西岸에 한루암寒棲庵을 세우고 다시 구도 생활에 침잠했다. 이때를 3기인 강학講學 시대의 시작으로 볼 수 있다. 물론 이후에도 임금의 명에 의해 성균관대사성(52세), 홍문관부제학(56세)을 거쳐 58세에는 공조참판에 임명되었으나 여러 차례 사양했다. 43세 이후 이때까지 관직을 사퇴하거나 임관에 응하지 않은 일이 20여 회에 이르렀다.

60세 되던 해에 그는 도산서당陶山書堂을 짓고 스스로 '퇴도退陶', '도옹陶翁'이라 했다. 이때부터 그는 더욱 사색과 구도를 즐기고 독서에 정진했다. 이처럼 학문에 조예가 깊어감에 따라 따르고 배우는 무리가 사방에서 모여들었다. 율곡 이이가 23세의 젊은 나이로 이황을 방문해 도를 물은 것이 이미 수년 전의 일이었다. 명종은 예를 다하여 그를 여러 번 불렀으나 사양하고 오지 않자 이것을 안타까이 여겨 비밀히 화공을 보내 도산의 형승을 그려오게 했다. 그런 뒤 병풍을 만들고 이를 통해 퇴계를 흠모했다 한다. 이 시기 이황은 〈도산 12곡〉을 짓는 등 그의 주요 저술 대부분을 이 시기에 남겼다. 예를 들어 《계몽전의啓蒙傳疑》, 《주자서절요朱子書節要》, 《송계원명이학통록宋季元明理學通錄》, 《심경석의心經釋疑》 등이 있으며, 기대승과 사단칠정을 두고 서한을 주고받은 것도 이 시기의 일이다.

이황이 67세 때, 명나라에서 사신이 오자 명종은 이황을 다시 초청했고 이를 어길 수 없던 그는 잠시 서울로 올라갔다. 이때 명종이 갑자기 죽고 선조가 즉위하자 예조판서에 임명되나 신병 때문에 부득이 귀향했다. 68세에는 다시 선조의 명으로 대제학·지경연이 되어 선조에게

〈무진육조소(戊辰六條疏)〉를 올렸다. 그 내용은 선왕인 명종에게 효도를 다하고 참언에 흔들리지 않으며, 성학을 존숭하고 임금이 스스로 모범을 보이는 동시에 과실은 반성하고 대간의 말을 경청할 것 등이다. 그리고 필생의 힘을 기울여 《성학십도(聖學十圖)》를 저술, 선조에게 바쳤다. 이듬해 이조판서에 임명되었으나 사양하고 낙향했다. 70세가 되던 선조 3년 (1570), 매화분에 물을 주게 하고 앉아서 세상을 떠났다.

이처럼 이황은 그 일생을 통해 알 수 있듯 관직 생활보다 학문 탐구와 구도 생활에 전념한 인물이었다. 이는 본래 조용하고 전원을 좋아하는 성품 탓이기도 했지만 당시의 정치 상황이 그를 그렇게 만들었다고도 할 수 있다. 그의 문인이던 우성전은 "선생이 무진년(1568) 조정에 나간 것은 정치에 그 뜻이 전혀 없었다고는 할 수 없다. 그러나 한 시대를 잡고 있는 무리들이 하는 일 없이 세월만 보내면서 이익과 녹봉만 탐내니, 선생이 하고자 하면 그들이 여러모로 방해하여 한 가지 시책도 이

• 도산서원. 1574년 이황의 학덕을 추모하는 문인과 유림들이 지은 서원으로 원래 도산서당이 있던 곳이다.

룰 수 없었다"라고 말했다.

그리고 이황은 진리란 난해한 자구나 괴이한 생활 속에 있는 것이 아니라 평범한 일상 속에 있다고 믿었다. 또한 자기 학설이 잘못되었을 때는 고치기를 서슴지 않았으며, 잘못을 지적해주는 후생·제자들이 있음을 기뻐했다. 그의 겸손함을 잘 보여주는 일화로, 그는 자신이 일찍이 쓴《광학석의廣學釋義》라는 책을 중화 군수가 판각·간행하려 한다는 소문을 듣고 자신 없는 저술이라 하여 제자 기대승에게 목판을 불사르게 하기도 했다.

이외에도 이황은 평소 아주 검소하고 경건한 생활을 해서 후대에 본보기가 되었다. 그는 세수그릇도 질그릇으로 만든 것을 사용하고 부들자리에 포의로써 자족했으며 출입할 때는 칡으로 만든 신에 죽장을 짚을 따름이었다. 21세에 장가든 처가는 영주의 부유한 집안으로 좋은 말이 많았으나 내왕 시에는 반드시 자기의 변변치 못한 말을 사용했다. 30세에 재취한 뒤에는 장인 권질이 서울에 있는 자기 집을 주었으나 사양했다.

그러나 이황에게도 인간적인 면모는 있었다. 회고담을 보면 젊었을 때 그는 술을 꽤 좋아한 듯하다. 사냥을 나갔다가 술에 취해 말에서 떨어지기도 했는데 깨어보니 몸이 아픈지라 스스로 반성하고 경계하게 되었다고 문인들에게 말했다 한다. 또한 48세에 단양 군수를 지내면서는 관기 두향과 유명한 연애담을 남겨, 정비석이《명기열전》에서 이를 소설화하기도 했다. 당시 이황이 열 달 만에 다른 임지로 발령이 나자 두향은 평생 망부석이 되어 그를 사모하다 쓸쓸히 죽어갔다는 이야기가 전한다.

참된 진리를 찾고자 한 젊은이 ─ 이이

이이(1536~1584)는 중종 31년 덕수 이씨 이원수와 신사임당 사이에서 태어났다. 자는 숙헌叔獻이고 호는 율곡栗谷이다. 그가 태어나던 날 밤 사임당 신씨는 검은 용이 바다에서 집 안으로 날아 들어오는 꿈을 꾸었다. 그리하여 이이의 어렸을 때 이름을 견룡見龍이라 했고 강릉 오죽헌에는 그때의 산실이 '몽룡실夢龍室'이라는 이름으로 보존되어 있다.

이이는 어렸을 적부터 총명하고 비범하여 네 살 때《사략史略》첫 권을 배웠는데 스승보다 글귀의 토를 더 잘 붙였다고 한다. 그러다가 여섯 살 때 양친과 서울로 올라왔고 이듬해부터 어머니 신씨에게 글을 배웠는데 진보가 매우 빨랐다. 여덟 살 때는 조상들이 대대로 살던 경기도 파주의 율곡으로 내려가 살았다. 그해 가을 임진강가에 있는 화석정花石亭에 놀러 간 이이가 그 경치를 읊었다는 시가 전해지는데 시정이 매우 빼어나다.

숲 속 정자에 가을이 이미 늦으니	林亭秋已晩
나그네 마음 다할 길 없어라	騷客意無窮
멀리 보이는 물은 하늘과 연하여 푸른데	遠水連天碧
서리 맞은 단풍은 햇빛을 받아 붉구나	霜楓向日紅
산은 외로운 둥근 달을 토하고	山吐孤輪月
강은 만 리의 바람을 머금었구나	江含萬里風
변방의 기러기는 어디로 가는고	塞鴻何處去
아득한 그 소리 저녁 구름 속으로 끊어져버리네	聲斷暮雲中

13세에 그는 과거의 자격시험이라 할 수 있는 소과에 우수한 성적

• 율곡 이이

으로 합격했다. 그러나 16세 되던 해 공무로 출장 가는 아버지를 따라 관서지방에 갔다가 임종도 보지 못하고 모친상을 당했다. 이 사건은 그에게 큰 충격을 주어 가례에 따라 여막에서 3년을 지내는 동안 인생의 허무함과 덧없음을 느꼈다. 18세 되던 무렵 울적한 마음에 뚝섬 강 건너 봉은사奉恩寺에 갔다가 불교 서적을 접하고 결국 19세 되던 해에 뜻을 정해 금강산으로 들어간다.

원래 우리나라 유가에서 불교란 삼강오륜의 인륜에서 벗어난다 하여 배척하는 것이 통례였다. 불교 서적을 읽는 것은 더욱이 금기시되었다. 그런데도 이이는 이러한 통념을 깨뜨리고 도를 찾기 위해 불교 서적을 탐독했고 입산까지 했다. 당시 그의 생각은 친구에게 보낸 글에 잘 드러나 있다. 그는 "사람은 누구나 다 같이 기氣라는 것을 타고 태어나는 것이다. 그런데 이 기를 잘 기르면 마음이 주재하는 대로 기가 복종하여 성현이 될 수 있다. 그러나 기를 기르지 못하여 마음이 기에 복종하면 모든 정욕이 문란하게 날뛰어 어리석은 미치광이를 면하기 힘들 것이다"라고 썼다. 그는 아무런 이해타산 없이, 그리고 모든 선입견을 벗어나서 참된 진리를 찾고 싶었을 뿐이었다.

금강산 마하연摩訶衍의 참선하는 도량으로 찾아간 이이는 세속적인 모든 것을 끊고 참된 진리를 위해 정진했다. 그렇다고 그가 승려가 된 것은 아니었다. 후일 제자 한 사람이 그에게 금강산에 있을 때 머리를 깎고 치의를 입었는가 묻자 "이미 산에 들어갔으니 외양은 변하지 않았다 하더라도 마음이 그에 빠졌다면 그런 것이 무슨 소용인가. 그런 일은 물을 필요도 없다"라고 답했으며, 금강산에서 나온 지 1년 남짓 되어 이이가 머리를 빗는 것을 본 친구가 있었는데 머리가 길어서 서서 빗었다고 한다. 아무튼 이런 생활을 1년여 지속했으나 불교에서는 깨치지 못하고 홀연히 《논어》를 읽고 깨친 바가 있어 하산했다. 그때 그의 나이 20세였다.

금강산에서 나오는 길에 그는 이광문李廣文의 집 초당에 잠시 머물렀는데 그때 지은 시에 당시 그의 깨우침이 잘 표현되어 있다.

도를 배움은 곧 집착이 없는 것이니	學道卽無著
인연 따라 도처에서 노니네	隨緣到處遊
초당에 잠시 머물러 쉬는데	草堂聊寄宿
매화와 달 이가 곧 풍류일세	梅月是風流

그는 그길로 할머니가 있는 강릉 오죽헌으로 돌아갔다. 여기서 생활하면서 그는 '스스로를 경계하는 글自警文'을 써서 인생의 좌우명으로 삼았다. 그 대체적인 요지는 "먼저 그 뜻을 크게 품자. 마음을 안정하자. 혼자를 삼가자. 언제나 실제로 할 일을 생각하자. 참된 뜻을 다하자. 방심하지 말고 서둘지 말자" 등이었다. 여기서도 알 수 있듯 그가 가장 강조한 것은 뜻을 어떻게 세우느냐였다. 40세에 학문과 정사에 요긴한 말들을 옛 책에서 뽑아 만든 《성학집요聖學輯要》나 그 두 해 뒤인 선조 10년 (1577)에 저술한 어린이를 위한 교육서 《격몽요결擊蒙要訣》에도 모두 그 첫머리에 입지장立志章이 나온다.

이렇게 강릉 외가에서 학문에 정진한 그는 1년 뒤 서울로 올라와 한

성시에 수석으로 합격했다. 22세에는 성주목사 노경린의 딸과 결혼하고 이듬해 처가에서 서울로 올라오는 도중 예안의 이황을 방문해 뜻 깊은 만남을 가진다. 그리고 그해에 〈천도책天道策〉을 지어 별시에서 장원으로 합격했다. 26세가 되던 해에 부친상을 당한 뒤 상례를 마치고 나서도 그는 여러 차례의 과거시험에 장원으로 합격한다. 전후를 합치면 모두 아홉 번이나 과거에 장원했으니 사람들은 그를 '구도장원공九度壯元公'이라 불렀다.

대정치가로서의 삶 — 죽는 날까지 나라를 걱정하다

그는 29세에 호조좌랑을 시작으로 중앙의 관직 생활에 들어갔다. 31세 되던 해 3월에는 사간원정언司諫院正言으로 동료들과 시무삼사를 논했으며 선조 즉위 직후에는 수렴청정을 하던 인순왕후 심씨의 척족인 심통원을 논죄하라는 상소를 올리기도 했다. 그는 여러 관직을 역임했으나 특히 간쟁을 맡은 사간원의 책임자인 대사간을 전후 아홉 번이나

맡아 임금을 보좌하는 한편 충직한 간언을 마다하지 않았다. 34세에는
《동호문답東湖問答》을, 39세에는《만언봉사萬言封事》를 지어 임금이 취할 태
도를 밝혔고 40세에는《성학집요》를 저술하여 군왕의 도를 상술했으며
48세에는 〈시무육조時務六條〉를 선조에게 올려 정치를 바로잡기 위해 노
력했다.

　또한 그는 변란을 대비해 10만의 군사를 양성해야 한다는 10만양병
설을 주장하기도 했다. 서울에 2만, 8도에 각각 1만씩 군사를 두어 6개
월마다 교대로 서울을 지키게 하고 유사시에는 그 10만이 모두 힘을 합
하여 방어할 것을 주장한 것이다. 그러나 당시의 집정자들은 이것이 민
심을 불안케 하는 조치일 뿐이라 보아 이는 실현되지 못했다.

　이처럼 이이는 독서와 사색으로 학문에만 전념한 인물보다는 아는
것을 실천하려 한 대정치가에 가까웠다. 그는 당시 정치의 폐해를 바로
잡으려 노력했으며 민생 문제에도 남다른 관심을 기울였다. 당시는 정
계의 인사들이 동·서 분당으로 나뉘어 싸움이 심하던 때였다. 그는 이
런 당파에 초연했을 뿐 아니라 〈논붕당론論朋黨論〉, 〈세척동서소洗滌東西疏〉
등을 올려 당쟁의 화근을 없애려 했다. 또한 우선 백성들이 먹고사는
데 걱정이 없어야 교육이나 덕화가 가능하다고 생각해 '경제사經濟司'를
설치할 것을 선조에게 건의했다. 일찍이 청주목사로 있을 때 지은 〈서
원향약〉, 해주에 있을 때 지은 〈해주향약〉과 〈사창계약속社倉契約束〉 등은
평상시 생각한 민생과 교화의 결과였다.

　이런 이이는 사람을 대하는 데 정성을 다했고 인간적이되 결코 음란
하지 않았다. 이것은 두 가지 일화를 통해 알 수 있다. 사임당이 별세한
뒤 그는 계모를 맞게 되었다. 계모는 성질이 좋지 못해 조금만 화가 나
면 문을 닫고 늦도록 자리에서 일어나지 않았다. 그러면 이이는 문 밖

에서 머리를 조아리고 계모가 화가 풀리길 기다렸다. 또한 계모는 술을 좋아하여 아침에 해장술을 먹고 나서야 자리에서 일어났는데 이 해장 술을 이이는 직접 마련해 올렸다. 이러한 정성에 감동하여 나중에 계모 는 심성이 온순하고 착하게 변했다 한다.

또 하나의 일화는 기생 유지에 관한 이야기다. 유지는 이이가 38세에 황해도 관찰사로 있을 때 이이의 몸종으로 있다가 기생이 되었다. 그 뒤에도 이이는 중국 사신을 접대하는 일이 있을 때나 황주에 있는 손윗 누이를 만나고 올 때 가끔 유지를 찾았다. 그러던 어느 날 밤 유지가 이 이의 처소를 찾아왔다. 이이는 애틋한 정을 억누르면서 "문을 닫자 하 니 인정을 상할 것이요閉門令傷仁, 같이 자자 하니 의리를 해치겠구나同寢令 害義"하는 시를 지어주고 뜬눈으로 밤을 새웠다 한다.

이이는 선조 17년(1584)에 49세의 젊은 나이로 세상을 떠났다. 그는 죽어가는 순간까지 나랏일을 걱정했다. 아들의 극진한 만류가 있었음 에도 죽음을 눈앞에 두고 변방의 임지로 떠나는 순무어사 서익徐益을 만 나서 〈육조방략여서어사익六條方略與徐御使益〉이라는 글을 지어주었다 한다. 물론 그가 직접 쓴 것은 아니고 입으로 말한 것을 그의 아우가 받아 적 은 것인데 북쪽 변방에 관한 여섯 가지 조목으로 된 이 글은 그의 마지 막 글이 되었다. 그리고 이이 역시 이황처럼 검소해, 세상을 마칠 때 집 에는 아무런 유산도 없었다. 염습에 쓸 수의조차 없어 친구들의 도움으 로 겨우 예를 치를 정도였다고 한다.

이황과 이이의 만남 — 존경 속에 서로를 인정하다

이황과 이이의 생애를 보면 유학사상의 차이 외에도 둘의 인생관이 달랐음을 짐작할 수 있다. 이황은 정치적 실천을 중시하면서도 학자의 본분에 충실했다. 따라서 관직 생활을 하기도 했지만 시골에 내려가 조용히 사색하면서 자신의 사상을 저술해 후세 사람들을 일깨우는 데 힘썼다. 반면 이이는 마음공부의 필요성을 중시하면서도 정계에 나가 민생을 안정시키기 위해 경세제민의 경륜을 실천하려 했다. 아는 것을 실천해야 한다는 생각이 강했던 듯하다.

그러나 이 두 사람은 학문과 인생관의 차이 그리고 35년이라는 나이 차이를 뛰어넘어 서로가 위대한 학자이며 정치가임을 인정했다. 서로를 인정하고 존중하는 위대한 인간적 면모를 갖춘 것이다. 이것은 그들의 만남을 통해 잘 알 수 있다. 성주 처가에서 돌아오던 23세의 이이가 예안의 이황을 찾아갔을 때 이황은 58세의 노학자였다. 이황은 장래가 촉망되는 홍안청년을 겸손하고 정중한 태도로 맞았으며, 이이도 노학자의 인격과 학식에 감복했다. 이이는 이런 인상을 담아 시 한 수를 올려 찾아온 이유를 밝혔다.

시내는 수수 · 사수에서 나뉘었고	溪分洙泗派
산봉우리는 무이산처럼 빼어났소	峰秀武夷山
살아가는 모든 것은 천여 권의 경전이고	活計經千卷
나아가고 물러감에 두어 칸 집뿐일세	行藏屋數間
마음은 활짝 갠 달과 같고	襟懷開霽月
말씀과 웃음은 거친 물결을 멈추게 하오	談笑止狂瀾
저로서는 도를 듣고자 온 것이지	小子求聞道
반나절의 한가로움을 훔치려는 것이 아니라오	非偸半日閒

여기서 '수사洙泗'는 공자의 고향인 산둥성에 있는 수수洙水와 사수泗水

를 가리키는 말로 유학의 전통을 뜻하며 무이산은 중국 푸젠성(복건성)에 있는 산으로 주자가 강학한 곳이다. '광란狂瀾'이란 표현은 명종 연간의 혼탁한 세태를 가리키는 것으로 볼 수 있다. 따라서 이 시는 이황의 학자적 입지, 간소한 생활, 도산의 풍경과 이황의 인품, 그리고 자신의 방문 목적을 표현한 것인데 특히 이황의 인품을 높이 찬양하고 있다.

이에 이황도 시를 지어 화답한다.

병든 나는 문 닫고 있어 봄을 미처 못 보았는데	病我牢關不見春
그대 와서 내 마음을 시원하게 해주었소이다	公來披豁醒心神
높은 명성에 헛된 선비 없음을 이제 알겠거니	始知名下無虛士
지난날의 공경치 못한 몸가짐 부끄럽구려	堪愧年前闕敬身
좋은 곡식은 자란 돌피의 아름다움을 허용치 않고	嘉穀莫容梯熟美
티끌은 갈고닦는 거울에 쌓일 수 없도다	游塵不許鏡磨新
정에 지나친 시어는 모름지기 깎아버리고	過情詩語須刪去
공부에 노력하여 날로 더욱 친해보세	努力工夫各日親

여기에는 이황이 이미 이이의 명성을 알고 있었다는 것과 그에 대한 인상, 그리고 계속 열심히 공부할 것을 당부하는 내용이 담겨 있다.

이이는 이곳에서 2박3일을 머무른 뒤 떠났다. 이때 이이는 이황의 인품과 학문에 크게 감화받았고 이황 역시 이이를 높이 평가했다. 이황은 제자 조목에게 보낸 편지에 "모某(이이)가 찾아왔는데 사람됨이 명랑하고 시원스러울 뿐 아니라 지식과 견문도 많고 우리의 학문에 뜻이 있으니 후배가 두렵다는 전성前聖(공자)의 말이 나를 속이지 않았다"라고 이때의 인상을 전했다. 이이의 방문 이후 두 학자는 몇 차례 서신 왕래를 하며 서로의 학문과 사상을 격의 없이 토론하기도 했다.

이처럼 이황과 이이는 서로 다른 학문적 입장과 인생관 그리고 35년 이라는 세대 차이를 가지고 있었으나 서로를 존중하고 인정하는 자세를 통해 이를 현명하게 뛰어넘었다. 또한 진지한 학문적 토론을 마다하지 않음으로써 진정한 대학자로서의 인품과 태도를 지켜 동학으로서 모범을 보여주었다.

| 생각해 보기 |

1. 인간은 원초적으로 선한 존재인가, 악한 존재인가?
2. 인간이 동물보다 우수한가, 아니면 동질적인가?
3. 인간에게 있어 종교는 필요한 것인가, 불필요한 것인가?
4. 학자는 학문 탐구에만 전념해야 하는가, 배운 것을 실천해야 하는가?

9장

위인은
'인간'이 아닌
'신'이 되어야 하는가

◆

임진왜란과 이순신 vs 원균

분열기의 조선을 노리는 외세의 움직임

16세기에 접어들면서 조선은 내부적인 혼란과 더불어 국제 정세도 많은 변화를 맞고 있었다. 먼저 명나라를 보면 16세기 이래 정권을 장악한 자는 황제의 측근인 내각대학사의 수석首席이나 내정에서 봉사하는 환관들이었다. 특히 환관의 실권 장악은 후반기 중앙 정치의 암적인 존재가 되었다. 그리하여 한때 수석대학사인 장거정張居正이 나타나 환관 정치가 일시 후퇴했으나 그의 사후에 청의파淸議派인 동림당東林黨과 환관의 대립이 격화되었다. 한편으로는 북방에서 타타르족의 침입이 있었으며 동남해안으로는 왜구의 침입에 시달렸다.

반면 만주 지역에서는 여진족이 서서히 그 세력을 강화해갔다. 그리하여 선조 16년(1583) 여진의 추장 니탕개尼湯介가 조선의 변경을 대거 침략해 오기도 했다. 이에 조선은 신립 장군을 파견하여 이를 물리침으로써 당장의 위기는 모면했으나 이후에도 여진의 소규모 침략은 계속되었다. 그리고 누르하치가 나타나 서서히 여러 부족을 통일하는 형세가 전개되었다.

일본은 이와 달리 16세기 전반기에는 전국의 다이묘大名들이 서로 할거하는 전국戰國시대가 연출되었으나 후반기에 접어들면서 오다 노부나가織田信長의 주도 아래 통일정권을 수립하려는 움직임이 나타났다. 그러다가 그가 통일 과정에서 죽자 그 뒤를 이어 통일 사업을 완성한 것은 도요토미 히데요시豊臣秀吉였다. 그는 먼저 관동 지방의 다이묘였던 도쿠가와 이에야스德川家康와 화평을 맺고 1587년 구주九州 정벌을 끝낸 후 1590년 동부 지역의 북조씨北條氏 일가를 정벌하여 착실하게 통일 사업을 완수해나갔다. 그는 전국적인 토지조사 사업과 호구조사를 시행했으며 농민들의 반란을 막기 위하여 전국에 도수령刀狩令 즉 칼사냥 명령을 내렸다.

이렇듯 일본은 혼란에서 통일로 국력이 모아지고 있었다. 때문에 임진왜란은 일본의 도요토미 히데요시가 전국시대라는 혼란기를 수습하고 난 후 불만을 가지고 있던 봉건영주들의 관심을 해외로 돌리기 위해 벌였다고 볼 수 있다. 또한 일본이 조선이나 명과 활발한 무역활동을 전개하여 해외 발전을 꾀하려 한 것이 원인이었을 수도 있다. 이 밖에도 일본을 통일한 여세를 몰아 명나라까지 차지해보려는 도요토미의 지나친 야망이나 영웅심도 작용했다고 생각된다.

이렇게 일본은 분열에서 통일의 시대로 진행되고 있었던 데 반해 조선은 오히려 통일에서 분열의 시대로 들어서고 있었다. 즉 연산군 대부터 시작된 4대 사화를 겪으면서 지배체제가 흔들렸다. 연산군 4년(1498) 세조의 왕위 찬탈을 의제를 살해한 항우項羽에 비유하여 비난한 김종직의 '조의제문弔義帝文'을 그의 제자인 김일손이 사초史草에 실은 것을 계기로 일어난 무오사화戊午士禍가 그 시작이다. 연산군 10년(1504)에는 그의 어머니 윤씨의 폐비사사廢妃賜死 사건으로 일어난 갑자사화甲子士禍가 있었고, 중종 14년(1519)에는 조광조의 위훈삭제僞勳削除 사건을 계기로 기묘사화己卯士禍가 있었다. 이어 명종 즉위년(1545)에는 소윤小尹(윤원형尹元衡 일파)이 대윤大尹(윤임尹任 일파)을 공격한 을사사화도 있었다.

또한 선조 초년부터 시작된 동·서 분당으로 말미암은 당쟁은 지배체제의 혼란을 가중시켰다. 이렇게 당시 조선의 위정자들은 급변해가는 국제정세를 제대로 파악하지도 못하고 오직 명나라와의 사대관계에 의지한 채 정쟁과 권력싸움으로 일관함으로써 일본의 침입을 맞게 되었다.

도요토미가 조선을 침략하기 위해 준비를 시작한 것은 1587년 4월로 볼 수 있다. 그는 구주에 입성하면서 그 인근의 도주島主들에게 항복을 받기 시작했다. 쓰시마 도주가 항복한 것은 물론이다. 쓰시마 섬은 조선과 일본 사이에 위치한 조그만 섬으로 농토가 거의 없어 조선과 일본의 중개무역으로 생계를 영위하고 있었다. 쓰시마 도주는 일본과도 가까웠으나 조선에 대해서도 신하를 자칭하는 위치에 있었다. 그리하여 도요토미에게 조선 침공의 뜻을 전해 받은 쓰시마 도주 소 요시시게宗義調·소 요시토시宗義智 부자는 이 위급한 상황을 조선에 알리면서 통신사를 파견할 것을 요청했다.

쓰시마 도주가 처음으로 사신을 파견한 것은 1587년 9월이었다. 그는 가신 다치바나 야스히로橘康廣를 일본국 왕사로 파견하여 일본의 국내 사정을 설명하고 통신사 파견을 요청했다. 그러나 조선은 가지고 온 서신이 오만불손하다 하여 이 요청을 거절하고 사신을 돌려보냈다. 그 뒤에도 쓰시마 도주는 도요토미의 사신 자격으로 여러 차례 사신을 보내 일본과 수교할 것을 권했다. 이에 조선은 더 이상 거절할 수가 없어

1590년 3월, 정사에 황윤길黃允吉, 부사에 김성일金誠一, 서장관으로 허성許筬을 임명하여 일본에 파견했다. 세종 때 신숙주가 일본에 통신사로 다녀온 이래 어느덧 100여 년이 지난 때의 일이다.

그런데 이들이 일본에 다녀온 후 보고한 내용은 서로 상반된 것이었다. 정사 황윤길과 서장관 허성은 일본이 반드시 침략할 것이라고 보고한 반면 부사 김성일은 일본이 조선을 침략할 동정이 없으며 도요토미의 눈이 쥐의 눈과 같아 침략하더라도 걱정할 것이 못 된다고 보고했다. 이렇듯 엇갈린 견해는 황윤길은 서인이었고 김성일은 동인이었다는 데서도 기인하지만, 김성일이 갑작스러운 민심의 동요를 우려한 것이라 볼 수도 있다. 이러한 상반된 주장에 유성룡을 비롯한 조정 중신들의 의론이 김성일의 견해를 받아들임으로써 조선은 별다른 대비책을 강구하지도 못한 채 왜란을 맞게 된다.

임진왜란 발발 — 초반의 열세를 딛고 반격에 나서다

1592년(선조 25) 4월 일본은 드디어 조선 침공을 개시했다. 왜란 초기에 침입한 왜군은 약 13만 7,200명이었다. 이 가운데 선봉대로 최전선에 투입된 병력은 고니시 유키나가小西行長를 주장으로 하는 만 8,700명, 가토 기요마사加藤淸正를 주장으로 하는 2만 2,800명, 구로다 나가마사黑田長政를 주장으로 하는 만 1,000명 총 5만 2,500명이었다.

이렇게 하여 선조 25년(1592) 시작된 임진왜란 초기에 조선은 속수무책으로 당할 수밖에 없었다. 부산과 동래에서 정발과 송상현이 분전했음에도 왜군은 물밀듯이 서울로 북상했다. 이에 조정에서는 다시 도순변사 신립申砬, 순변사 이일李鎰을 파견하여 조령·죽령을 지키게 했다. 그러나 이일은 4월 24일 상주에서 패해 충주로 물러섰다. 신립도 현지에 도착해보니 왜군이 이미 조령을 넘고 있었으므로 부득이 작전을 변경해 충주 탄금대에 배수진을 칠 수밖에 없었다. 그러나 이 충주전투에서도 아군은 처참하게 패했고, 신립은 강물에 투신자살하고 말았다.

4월 29일 밤 충주의 패전 보고가 들어오자 선조는 도성을 버리고 피난을 가야 하는 상황에 이르렀다. 일단 선조는 두 왕자를 각 도에 파견하여 근왕병을 모집하게 했다. 즉 임해군을 함경도에, 순화군은 강원도에 파견했다. 그 뒤 선조가 파천을 떠나자 백성들이 들고일어나 장예원掌隸院의 노비문서를 불사르고 관아에 들어가 약탈을 자행했다. 마침내 왜군은 부산에 상륙한 지 20일 만에 서울에 입성했으며 도성 방어의 책임을 맡은 김명원金命元은 아무런 저항도 하지 못하고 임진강 북쪽으로 후퇴했다.

서울에 입성한 왜군은 세 갈래로 진로를 정했다. 고니시의 부대는 평안도로, 가토의 부대는 함경도로, 구로다의 부대는 황해도로 진격하기로 했다. 이에 조정에서는 도원수 김명원에게 임진강을 사수하게 했다. 그러나 임진강 방어선마저 무너짐으로써 당시 평양에 있던 선조는 이덕형李德馨을 청원사로 삼아 명에 원군을 요청하기로 했다. 그러는 동안 왜군이 대동강 연안에 다다르자 선조는 이덕형·유성룡의 의견에 따라 다시 의주까지 피난을 가야 했다. 결국 왜군이 부산에 상륙한 지 60일도 못 되어 서울·개성·평양이 모두 함락되었다.

이처럼 우리가 임란 초전에 무참하게 패한 이유는 조선의 군대가 실전 경험이 전혀 없었던 데 비해 왜군은 오랜 전국시대를 통해 풍부한 전투 경험을 가진 정예군이었으며 수적으로도 우리보다 우세했기 때문이었다. 또한 그들은 조총이라는 새로운 신식 무기로 무장하고 있었으며 기습공격을 펼쳐 아군이 미처 방어태세를 갖출 여유가 없었기 때문이기도 했다. 그리고 군사작전 체계가 진관鎭管 체제에서 제승방략制勝方略 체제로 바뀜으로써 현지에 파견된 장수와 사졸이 호흡을 맞출 수가 없었던 데도 원인이 있었다.

그러나 왜군은 곧이어 곤경에 봉착했다. 우선 바다에서 이순신의 활약으로 보급로가 차단되었기 때문이다. 이에 대해서는 뒤에서 자세히 설명하겠다. 다음으로 들 수 있는 것이 전국에서 봉기한 의병들의 항쟁이다. 왜군은 세 갈래로 나누어 급히 진격했기 때문에 요지에만 군사들을 주둔시켜 하삼도(충청·전라·경상도) 대부분을 완전히 점령하지는 못한 상태였다. 때문에 일부 뜻있는 사람들이 근왕창의勤王倡義을 부르짖으면서 의병 활동을 전개했다. 정부의 모병에는 소극적이던 백성들이 향토 방위를 위하여 분연히 일어난 것이다. 양반·농민·노비 들이 의병장을 중심으로 부대를 편성했고 작전 지역을 확대해나갔다. 이러한 의병장 가운데 대표적인 사람이 조헌趙憲·곽재우郭再祐·고경명高敬命·김천일金千鎰·정문부鄭文孚다.

조헌은 충청도 옥천에서 일어나 승병장 영규靈圭가 이끄는 승병과 함께 청주성을 탈환하기도 했다. 이어 그는 금산에 진을 치고 있던 왜군을 섬멸코자 했으나 약속했던 관군의 응원이 없어 700여 명의 의병이 몰사하는 최후를 맞았다. 왜군 철수 후에 박정량과 김승철 등은 이들의 무덤을 하나로 만들었으니 이것이 곧 '금산칠백의총'이다.

홍의장군 곽재우는 경상도 의령에서 일어나 의령·창녕 등지에서 왜적을 물리치고 김시민金時敏과 함께 진주에서 왜병을 격퇴했다. 고경명은 전라도 장흥에서 거병하여 금산을 공격하다 전사했고, 김천일은 나주에서 의병을 일으켜 수원 독산성에 주둔하여 기세를 떨치다가 2차 진주성싸움에서 전사했다. 정문부는 함경도에서 활약한 인물이다. 이

외에도 많은 의병이 일어났는데 그 가운데는 묘향산의 서산대사 휴정休靜, 금강산의 사명대사 유정惟政과 같은 승병도 있었다.

명나라의 지원과 왜군 총퇴각

왜군은 명明의 원군이 도착하면서 더욱 어려운 상황에 몰렸다. 조선과 명나라는 전통적으로 우호적인 관계를 유지하고 있었다. 그런데 조선과 왜군이 합세하여 명을 칠 것이라는 소문이 있었고 조선의 수도가 순식간에 함락되었다는 소식을 듣고 명은 일종의 의구심을 가졌다. 그리하여 명은 요동의 군사를 평양에 파견하여 실정을 탐색하기도 했다. 원병 파견은 신중론이 강했으나 일단 조선 땅에서 왜군을 물리쳐야 한다는 판단에서 결정이 내려진 것이다.

이여송李如松이 거느린 5만의 명군은 평양을 탈환하는 데 성공했다. 그러나 벽제관에서 왜군에 패한 명군은 평양으로 돌아가 움직이지 않았다. 이때 권율은 명군과의 합동작전으로 서울을 탈환하려다가 명군의 패퇴로 행주산성에 고립되었다. 이러한 고립 상태에서도 권율을 비롯한 휘하 장졸들은 상하가 힘을 합쳐 몇 배나 되는 왜군을 격퇴했다. 이후로 왜군은 서울 이북에 출병하지 않고 서울 철수를 서둘렀다. 이 전투는 임진왜란의 3대첩 가운데 하나다.

이때 왜장의 하나인 고니시는 강화를 요청했고 조선에서는 이덕형을 내세워 대동강상에서 회담을 개시했다. 명나라로서도 막대한 희생을 치르며 왜군과 싸우는 것을 피하기 위해 강화를 모색하게 되었다. 그리하여 심유경沈惟敬이 기용되어 평양에서 왜군과 강화회담을 가진다. 명은 회담으로 왜군의 북상을 늦추고 일거에 진격할 수 있는 기회를 갖고자 했고, 일본이 이에 응한 것은 후방의 보급로가 끊기면서 함경도의 가토군이 후퇴할 수밖에 없는 상황이었기 때문이다. 그리하여 1593년 3월 용산회담의 결과로 일본군은 서울에서 남해안으로 철수하고 포로가 된 임해군·순화군 두 왕자를 돌려보냈다.

이렇게 하여 경남 해안 일대로 물러나 있던 왜군은 앞서 김시민에게 패퇴한 진주성을 재차 공격했다. 임진년 10월 그들은 3만 병력으로 진주성을 공격했으나 수성군 8,600명은 6일간의 격전 끝에 왜적을 격퇴했다. 이 전투 역시 3대첩의 하나로 꼽힌다. 그런데 이 2차 진주성싸움에서도 군민이 일치하여 10일간이나 버텼으나 결국 함몰당하고 김천일·황진·최경회 등이 전사했다.

조선은 명·일의 화의교섭을 반대했으나 회담은 진전되어 심유경이 일본에 파견되고 조선도 황신黃愼을 통신사로 일본에 파견했다. 그러나 5년이나 끈 강화회담은 결렬되고 왜군이 1597년(선조 27) 재차 침입했으니 이것이 정유재란丁酉再亂이다. 당시 조선 조정에는 영의정으로 유성룡, 좌의정 김응남金應南, 우의정 이원익, 병조판서 이덕형, 도원수 권율 등이 있었다.

정유재란 때의 총병력은 14만 1,500명으로 수군도 강화되었다. 왜군 총사령관은 고바야가와小早川秀包였고 군은 좌와 우로 나뉘었는데 우군은 모리毛利秀元를 대장으로 가토·구로다 등이 속해 있었고 좌군은 우키다宇喜多秀家를 대장으로 고니시·시마즈島津義弘 등이 속해 있었다. 왜군은 이번에는 작전을 바꿔 경상·전라·충청도를 완전히 점령할 것을 목표로 삼았다. 그러나 그들은 고령·황석산성·직산 전투에서 패했고 해전에서는 명량해전에서 이순신에게 크게 패한 후 경상도와 전라도 해안 지역에 봉쇄되었다. 그러다가 1598년(선조 31) 8월 도요토미가 죽자 일본군은 총퇴각했다.

승리의 기쁨을 누리기에는 너무나 큰 전쟁의 상처

이로써 7년간의 전쟁은 끝을 맺었다. 이 전쟁의 전개 과정을 볼 때 사실상 우리가 패한 것은 전란 초기의 2개월에 불과하고 나머지 기간은 왜군이 조선의 관군·의병·수군 등에게 괴로움을 겪은 전쟁이었다고 할 수 있다. 정유재란 때도 왜군의 활동은 주로 경상도를 중심으로 맴도는 데 그쳤다.

그러나 이 전쟁이 조선·명·일본의 동양 3국에 끼친 영향력은 대단했다. 우선 명나라는 조선에 원군을 파견하느라 국고가 허갈되고 정치가 어지러워져 결국 청에 멸망하고 말았다. 일본에서도 전쟁에 참여한 도요토미 일가를 비롯한 서부지방의 영주들이 몰락하고 동부의 영주들이 흥기하여 도쿠가와 막부德川幕府 정권이 서게 되었다. 도쿠가와 막부 정권과 조선 사이에는 수교가 성립되었으나 민족적 증오심은 오랫동안 남게 되었다.

그러나 무엇보다 큰 피해를 본 것은 전투장의 중심지였던 우리 조선이다. 많은 사상자로 인구가 감소하고 가옥과 재산 손실도 막대했다. 이수광은《지봉유설》에서 "서울 수구문 밖에는 쌓인 시체가 산과 같아 성보다 몇 장이나 높았으며 승도를 모아 이를 매장하였다"라고 당시의 상황을 전한다. 불국사나 경복궁 등 건물이나 사적 들이 불타 귀중한 문화재들이 소실되었다. 이러한 상황에서 민심은 흉흉하여 이몽학李夢鶴의 난까지 일어났다. 토지대장과 호적이 불타버려 조세와 요역의 징발이 어려웠을 뿐 아니라 전화로 인한 농촌의 황폐화가 진행되어 임란 전 170만 결에 달하던 토지가 임란 후에는 54만 결로 감소했다. 이것은 자연스럽게 국가재정의 궁핍을 가져와 농민들에게 과중한 부역·납세가 강요되기에 이르렀다. 한편 전쟁 중에 군량미를 모집하기 위해 발행한 공명첩_{空名帖}으로 신분제도가 붕괴되기도 했다.

그리하여 임란 후 조선은 각종 제도와 문화의 변모를 겪었다. 정치 면에서 군사만 관장하던 비변사가 서정 일반에 관여해 그 권한이 확대된 반면 의정부의 권한은 약화되었다. 그리고 병농일치의 국민개병제였던 오위_{五衛} 제도가 훈련도감을 중심으로 어영청·총융청·수어청·금위영 등의 오군영_{五軍營}제로 변모하여 모병제로 전환되었다. 경제 면에서는 국가재정의 고갈과 농민들에 대한 과중한 부담으로 공물의 미납화(대동법), 병역의 세납화(균역법) 등이 실시되기에 이르렀다. 사회적으로는 신분제도의 붕괴로 양반으로서 소작농으로 전락한 잔반_{殘班}이 있었는가 하면 광작_{廣作}이나 상업적 농작물의 재배로 평민 지주가 탄생하기도 했다. 문화적으로는 명의 원병 파견으로 사대사상이 팽배한 한편 허명화된 성리학을 비판하면서 좀 더 현실적인 실학이 탄생되었다.

요컨대 16세기에 이르러 조선은 지배계층의 분열과 국제 정세에 대한 몰이해로 임진왜란이라는 대전란을 맞았다. 그러나 일부 유생과 민중의 의병 활동 그리고 조선수군의 활약으로 이를 무사히 이겨냈다. 대세론적으로 볼 때 왜군은 별 소득 없이 퇴각했다 할 수도 있으나 조선이 입은 피해는 엄청난 것이었다. 그럼에도 그에 대한 책임과 문책은 시도되지 않았다.

성웅과 졸장부, 이분법의 거품을 걷고

앞서 보았듯 임란 초를 제외하고 왜군이 고전을 면치 못한 데는 조선 수군의 활약으로 인한 왜적의 진격로·수송로 차단이 큰 역할을 했다. 조선수군은 판옥선을 중심으로 한 함대의 우수성, 대형 화기 사용에 의한 함포의 우위 등에 힘입어 이러한 승리를 이끌어냈다. 그러나 무엇보다도 위와 같은 조건을 잘 이용한 이순신李舜臣(1545~1598)의 탁월한 전략을 빼놓을 수 없다. 이런 까닭에 이순신은 우리에게 영웅으로서 추앙되는데, 그에 반해 그를 모함했다는 원균元均(1540~1597)에 대해서는 지극히 부정적인 평가가 내려진다.

왜군의 침입을 내다본 탁월한 전략가, 이순신

이순신은 덕수 이씨로 아버지는 정貞이며 어머니는 초계 변씨였다. 그는 1545년(인종 원년) 서울 건천동乾川洞에서 태어났는데 형제는 모두 넷으로 순신 외에 희신羲臣·요신堯臣·우신禹臣이 있었다.

그의 시골 본가는 본래 충남 아산군 염치면 백암리였으나 어린 시절 주로 자란 곳은 서울이었던 것 같다. 그는 어린 시절부터 전쟁놀이를 자주 했으며 자라면서는 활쏘기와 말타기를 즐겨 했다. 28세 되던 해에 훈련원 별과라는 무과시험에 응시했으나 말에서 떨어져 발을 다치자 버드나무 가지로 묶고 다시 달렸다는 이야기는 유명하다.

선조 9년(1576)에 이르러 그는 식년 무과에 병과로 급제하여 권지훈련 원 봉사에 보임되었고 그 뒤 함경도에서 관직 생활을 하기도 했으며, 발 포수군만호鉢浦水軍萬戶·건원보권관乾元堡權官·훈련원참군訓鍊院參軍을 거쳐 1586년에 사복시주부司僕寺主簿가 되었다. 그의 초기 관직 생활은 순탄치 않아 조산보만호 겸 녹도둔전사의造山堡萬戶兼 鹿島屯田事宜 시절에 호인胡人의 침입을 받고 패한 죄의 대가로 첫 번째 백의종군이라는 벌을 받았다. 그러나 이것은 억울한 일이었다. 녹둔도는 원래 동떨어진 섬인데다 수 비병이 적어 여러 번 상관인 병사 이일李鎰에게 병력 증강을 요구했는데 도 번번이 묵살되었기 때문이다.

그 뒤 그는 전라도 관찰사 이광李洸에게 발탁되어 전라도의 조방장· 선전관 등을 역임했다. 그리고 1589년 정읍현감으로 있을 때 서애 유성 룡의 추천으로 고사리첨사高沙里僉使·절충장군折衝將軍·만포첨사·진도 군수 등을 거쳐 마침내 47세 때 전라좌도 수군절도사가 되었다.

이때부터 그는 곧 왜군의 침입이 있을 것을 예견하고 전선을 제조하 는 등 군비를 확충하여 만일의 사태에 대비했다. 특히 그가 만든 거북 선은 방어와 공격 모두에 편리한 뛰어난 고안이었다. 거북선은 배 위에 뚜껑을 덮어 적의 화살이나 총탄을 막고 그 위에 꽂힌 송곳이 적의 접 근을 막게 했으며, 배 좌우에 있는 포구로 아군이 자유롭게 공격할 수 있게 했다. 또한 군량 확보를 위해 여러 섬에 둔전을 둘 것을 조정에 요

• 이순신 초상

청하기도 했다.

1592년 4월 14일, 마침내 왜군이 침입했다. 이순신이 이 소식을 접한 것은 이틀 뒤였다. 급보를 전해 받은 그는 우선 전황을 면밀히 검토한 뒤 5월 4일에 전선 24척, 협선狹船 15척, 포작선鮑作船 46척으로 도합 85척의 대선단을 거느리고 출정했다. 한산도 앞바다에 이르러 경상우수사 원균의 선단과 연합 함대를 조직한 그는 옥포에 적선 30여 척이 정박해 있다는 소식을 듣고 공격을 개시했다. 불의의 기습을 당한 적은 26척의 배를 잃었고 인명 피해도 극심했다. 이 싸움이 옥포대첩으로 이순신이 활약한 첫 번째 해전이다.

첫 싸움에 크게 승리한 그는 전라우수사 이억기와도 연합 함대를 구성해 여러 번의 전투에서 큰 전과를 올렸다. 주요 해전만 해도 사천·당포·당항포·한산도·부산포·웅천 등지에서의 해전이 있다. 이 가운데 사천의 해전에서는 왜적의 조총탄을 맞아 어깨에 관통상을 입기도 했으나 연전연승하여 육지에서의 패전을 만회하는 데 큰 기여를 했다. 이러한 전공으로 이순신은 당항포해전 후 자헌대부資憲大夫(정2품 하계)에 올랐고 한산해전의 공으로 정헌대부正憲大夫(정2품 상계)를 제수받았다. 이 한산해전은 임진왜란의 3대첩 가운데 하나다.

이 같은 연전연승의 비결은 이순신의 정확한 상황 판단에 있었다. 그는 항시 척후를 사방에 파견하여 적의 동태를 끊임없이 살폈으며 이에 대처할 작전을 치밀하게 구상했다. 그는 평소에는 물론 잠자리에 들 때도 지휘 기구인 북을 베고 가면(假眠)을 취했으며, 어떤 상황에든 신속하게 대처하기 위해 군복을 벗은 일이 없었다 한다. 뿐만 아니라 그는 일단 전투가 벌어지면 항상 진두에서 작전을 지휘했다.

이러한 이순신의 활약으로 조선군은 해상권을 완전히 장악했고 해상으로 북진하여 육군과 연합하려던 왜군의 작전은 수포로 돌아갔다. 또한 곡창지대인 전라도 지역이 온전할 수 있었을 뿐만 아니라 보급로가 차단되어 왜의 육군이 제대로 작전할 수 없었던 것도 이순신의 공로 덕분이다. 유성룡도 《징비록》에서 "적은 본래 수군과 육군이 합세하여 서북쪽을 치려 했다. 그러나 이순신이 한산도해전으로 적의 한 팔을 꺾었기에 고니시가 비록 평양을 얻었으나 군세가 고립되어 더 나아가지 못했다"라고 적고 있다.

그 전공으로 이순신은 선조 26년(1593) 8월에 3도수군통제사가 되었다. 당시 그의 나이 49세, 무인 생활을 시작한 지 17년 만에 무인으로서는 최고 직위에 올랐다. 그때는 이미 한산도로 진을 옮긴 뒤였다. 그는 여기서도 열심히 전투 준비에 임해, 밤늦도록 잠을 못 이루는 일이 많았다. 밤늦게까지 수루(戍樓)에 앉아 있던 그는 다음과 같은 시를 읊기도 했다.

> 한산섬 달 밝은 밤에 수루에 홀로 앉아
> 큰칼 옆에 차고 깊은 시름 하는 차에
> 어디서 일성호(一聲號) 가는 소리 남의 애를 끊나니

이것이 그 유명한 〈한산도가〉다. 이 시기 그는 외로운 마음을 달래며 죽마고우로서 영의정에 올라 있던 유성룡에게 남도의 전략과 근황을

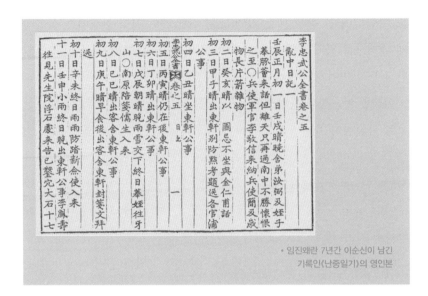

• 임진왜란 7년간 이순신이 남긴
기록인《난중일기》의 영인본

알리는 서신을 띄우기도 했다.

그는 '위대한 동양의 해군 사령관'이다

이순신의 활약으로 작전에 차질을 빚은 왜군은 명나라가 원군을
조선에 파견하자 더욱 곤경에 처했다. 전쟁은 소강상태로 접어들었
고 명나라와 일본의 강화회담이 진행되면서 왜군은 물러갔다. 그러나
1597년 명·일 사이의 강화회담이 결렬되었고 왜군은 재차 침입했으
니 이가 곧 정유재란이다. 이에 이순신은 적을 격멸할 기회가 왔음을
직감하고 만반의 준비를 했다.

그러나 원균의 모함과 적장 요시라要時羅의 간계에 휘말려 그는 옥에
갇히게 된다. 고니시小西行長의 부하로 이중간첩이던 요시라가 경상우병
사 김응서에게 가토加藤淸正가 어느 날 어느 시에 바다를 건너올 것이므
로 수군을 시켜 잡으라는 정보를 주었다. 조정에서는 이 정보를 믿고

246

이순신에게 이를 잡으라 했다. 이순신은 이것이 적의 간계인 줄 알고 망설이다 출정했으나 가토는 이미 서생포에 들어온 뒤였다. 그러자 원균은 장계를 올려 이순신이 국명을 어겼다고 모함했다. 이에 조정에서는 이순신을 체포해 극형에 처하려 했다. 이 일로 이순신은 죽음 직전에 우의정 정탁鄭琢의 변호로 간신히 목숨을 건지고 도원수 권율의 막하에 들어가 두 번째 백의종군을 한다. 이때 그는 어머니가 돌아가시는 아픔을 겪기도 했다.

한편 이순신 대신 삼도수군통제사에 임명된 원균은 칠천량해전에서 적의 유인전술에 휘말려 대부분의 선박을 잃고 전멸하다시피 했다. 이 비보를 접한 조정에서는 대책이 논의되었으나 아무도 선뜻 안을 내놓지 못했다. 병조판서 이항복이 이순신을 통제사에 임명하는 길밖에 없음을 말했을 뿐이다. 이에 다른 방도가 없던 선조는 그를 다시 삼도수군통제사에 임명했다.

재임명된 그가 군사를 수습해보니 남은 병사는 120여 명이요, 병선은 고작 13척에 불과했다. 그러나 호남의 지리적 여건을 잘 알고 있던 그는 울둘목(명량)의 빠른 물살을 이용하여 왜적을 대파했다. 133척의 적군과 대결해 31척을 부수는 대전과를 올린 것이다. 그는 수군의 본영을 고금도로 옮기고 백성들을 모집하여 둔전을 경작시키는 등 다음 전투에 대비했다. 이렇게 하여 군세를 회복한 그는 마침내 퇴각하려고 모여 있던 적선 500척을 공격했다. 이것이 1598년 11월의 노량해전으로 왜군은 많은 사상자를 내고 배를 잃었다. 그러나 선두에서 수군을 지휘하던 이순신은 적의 유탄을 맞아 54세의 나이로 장렬히 전사한다. 그는 죽으면서도 군사들의 사기가 떨어질까 염려해 자신이 죽었다는 말을 삼가라고 당부했다 한다.

그런데 이순신이 노량해전에서 죽은 것이 아니라는 설이 있어 흥미를 끈다. 선조에게 극도의 미움을 받은 그가 전쟁이 끝나면 선조가 자신을 다시 잡아 죽일 것이라는 판단하에 노량해전에서 죽은 것처럼 위장하고 은둔했다는 것이다.

이순신의 전사 상황은 그의 조카인 이분李芬이 쓴 행장에 자세히 전하는데 사실 그것을 보면 의문점이 많다. 첫째, 이순신이 적탄에 맞은 부위가 구체적으로 언급되지 않고 있다. 유탄이 급소에 맞지 않았다면 그렇게 쉽사리 죽지는 않는다는 것이다. 둘째, 당시 이순신 주위에는 몸종과 맏아들과 조카만이 있었다고 기술되어 있는데 그것은 믿기 힘든 이야기다. 함대 사령관은 여러 장교가 호위하는 것이 당연하기 때문이다. 또한 이들 가족들은 그전에는 해전에 참가한 적이 없는데 노량해전에만 참가했다는 것도 이상한 일이다. 셋째, 이순신은 일찍이 야간에 해전을 한 일이 없었으나 이때에는 야간에 해전을 했다는 점이다. 게다가 1598년 11월 19일 죽은 후 80일이나 지나서 장례를 치른 것도 설명하기 어렵다.

이런 의문점들로 볼 때 이순신은 야간에 가족들의 비호 아래 비밀리에 죽음을 위장하고 은둔했으며 그의 실제적인 죽음은 16년 후인 1614년에 묘지를 이장할 때일 가능성도 배제할 수 없다.

또 최근에는 이순신의 자살설도 제기되어 있다. 즉 선조의 미움을 사고 있던 그는 전쟁이 끝나면 자신이 무사하지 못할 것이라는 것을 알고 무장답게 죽는 길을 택했다는 것이다. 그가 마지막 전투 시 '면주免冑' 즉 '투구를 벗었다'는 기록을 들어 이는 자살 행위를 표현한 것이라는 해석이다. 그러나 이는 투구를 벗고 죽음을 무릅쓰며 용감히 싸운 것을 표현한 말에 불과하다는 반론도 있다.

진실이 무엇이든 이순신이 뛰어난 무장이었음은 변함없는 사실이다. 그는 지극한 충성심, 숭고한 인격, 위대한 통솔력을 갖춘 인물이었다. 명나라의 수군 제독이던 진린은 이순신이 "천지를 다스릴 만한 재주를 가지고 있었고 하늘의 해만큼이나 큰 공이 있었다"라고 평가했다. 죽마고우 유성룡은 《징비록》에서 "순신은 말이 적고 잘 웃지 않는 사람이었다. 그의 용모는 수려하고 근엄한 선비와 같았으나 내면으로는 담력이 있었다. 그가 자신의 몸을 돌보지 않고 오직 나라를 위한 것은 평소의 수양에 그 바탕이 있었던 것이다. (…) 순신은 재주는 있었으나 명이 없어 백 가지 경륜에서 한 가지도 시행하지 못하고 죽었으니 아아! 슬프고 아깝도다"라고 했다.

《선조실록》의 사관도 그의 죽음에 대해 "그의 단충丹忠은 나라를 위하여 몸을 바쳤고 의를 위하여 목숨을 끊었다. 비록 옛날의 양장良將이라 한들 이보다 더할 수가 있겠는가. 조정에서 사람을 쓰는 것이 그 마땅함을 모르고 순신이 그 재주를 다 펼치지 못하게 했구나. 병신년과 정유년 사이에 통제사를 갈지 않았던들 어찌 한산도의 패몰을 초래하여 양호兩湖 지방이 적의 소굴이 되었겠는가. 그 애석함을 한탄할 뿐이로다"라고 하고 있다.

영국 해전사 연구가로 이순신을 연구한 발라드G. A. Ballard는 객관적인 면에서 다음과 같이 그를 높이 평가했다.

이순신은 전략적 상황을 널리 파악할 줄 알고 해군 전술의 비상한 기술을 가지고 있었다. 또한

• 이순신 동상

• 전남 진도 이충무공 벽파진 전첩비

전쟁의 유일한 참정신인 불굴의 공격 원
칙에 의하여 항상 고무된 통솔 정신을 겸
비하고 있었다. 어떠한 전투든 그가 참가
하기만 하면 승리는 항상 결정된 것과 같
았다. 그의 물불을 가리지 않는 맹렬한
공격은 절대로 맹목적인 모험이 아니었
다. 그는 싸움이 벌어지면 강타하기를 주
저하지 않았으나 승리를 확보하기 위하
여 신중을 기하는 점에서는 넬슨과 공통
된 점이 있었다. (…) 영국인에게 넬슨과
어깨를 견줄 만한 사람이 있다는 것을 시인하는 것은 항상 어렵다. 그
러나 만일 그렇게 인정할 만한 사람이 있다면 그는 바로 한 번도 패배
한 일이 없고 전투 중에 전사한 이 위대한 동양의 해군 사령관임이 틀
림없다.

그는 글에도 능해 《난중일기》와 시조 등을 남겼다. 특히 그가 진중
에서 읊은 시조는 그의 우국충절이 잘 배어 있는 걸작으로 꼽힌다. 그
는 난이 끝나고 6년이 지난 선조 37년(1604) 권율·원균과 함께 선무1등
공신에 봉해졌으며 덕풍부원군德豊府院君에 추봉되었다. 그리고 뒤에 좌
의정·우의정이 더해졌다. 묘는 충남 아산군 음봉면 어라산에 있으며
충무의 충렬사, 순천의 충민사, 아산의 현충사 등에 제향되었다.

조선의 명장 원균, 그의 가려진 공로

이러한 이순신과 함께 임진왜란에서 활약한 원균은 이순신을 모함한
점 등으로 우리에게 흔히 간사한 악인으로 평가된다. 그런데 이는 이순

신이라는 영웅을 중심에 둔 시각에서 나온 원균에 대한 과소평가 내지 오해라는 주장이 있는데, 지금부터 그에 대해 살펴보겠다.

원균은 중종 35년(1540) 고려 태조 때 삼한공신이던 원극유元克猷의 후손으로 원주 원씨 가문에서 태어났다. 이순신보다 다섯 살 연상인 셈이다. 그의 성장 과정에 대해서는 자세한 자료가 전하지 않는다. 성년이 되어 그는 무과에 급제하고 선전관을 거쳐 조산만호造山萬戶로 봉직하다가 여진족을 무찌르는 데 큰 공을 세웠다. 이 때문에 그는 부령부사로 특진되었고 후에 종성으로 옮겨 병사 이일李鎰의 휘하에서 시전부락을 격파하는 데도 큰 역할을 했다. 그 뒤 1592년 경상우수사가 되어 임진왜란을 맞는다.

임란 초 왜적의 기습 작전으로 조선군은 미처 대항도 못하고 흩어졌다. 경상좌수영의 군들도 수사 박홍朴泓 이하 전 장병이 도주하여 제대로 싸워보지도 못하고 패했다. 이 같은 상황은 원균의 경상우수영도 마찬가지여서 그의 휘하에는 몇 안 되는 장병만이 남아 있을 뿐이었다. 그런 상태에서 원균은 조정에 장계를 올리는 한편 이순신에게도 공문을 보내 원병을 요청했다. 그러나 세가 불리하여 경상우수영이 함락되었다.

얼마 뒤 조정의 지시와 원균의 요청으로 전라좌우도의 수군이 출동하여 전라좌수사 이순신, 전라우수사 이억기, 그리고 경상우수사 원균의 합동 작전이 개시되었다. 이러한 합동 작전 속에서 원균은 제몫을 충실히 해냈다. 예컨대 옥포해전을 기술한 《선조수정실록》의 기록을 보면 "이순신이 드디어 원병을 내어 거제 앞바다에서 원균을 만났는데 원균이 이운용李雲龍과 우치적禹致績으로 선봉을 삼았다. 옥포에 이르러 적선 30척이 있는지라 진격하여 크게 무찌르니 남은 적이 뭍으로 올라 달아났다"고 되어 있다. 즉 옥포해전에서의 승리는 원균의 역할이 컸음을 알 수 있다. 그랬기에 선조가 평양의 행재소에서 남방에 파견한 선전관 민종신閔宗信에게 전황을 묻자 민종신은 "원균이 적선 30여 척을 공파하였다 합니다"라고 대답한 것이다. 적어도 옥포해전은 원균이 주장主將이고 이순신이 객장客將 역할을 한 것이라고 볼 수 있다.

또한 임란 가운데 3대첩의 하나인 한산도해전에서도 원균의 역할이 적지 않았다. 이형석李炯錫의 《임진전란사》를 보면 "전라우수사 이억기가 거느리는 함선들은 경상우수사 원균의 배 7척과 힘을 합하여 좌우 양 옆에서 더욱 포위를 압축하여 대함 20척과 중함 17척, 소함 5척 등을 격파하고 불질렀다"라고 나온다. 적선 100여 척을 격파하여 적의 교두보를 직접 공격한 것으로 평가되는 부산포해전에 대해서도 선조는 "원균·이억기는 이순신과 더불어 같이 공을 세운 사람"이라 하여 3인의 공을 다 같이 높이 평가했다.

1593년으로 접어들면서 조선의 연합 수군은 웅천을 여러 차례 공격했으나 왜군은 직접적인 교전을 피해 육지에 웅거함으로써 전황은 소강상태로 접어든다. 그런데 이때 수군 승리의 포상 과정에서 원균과 이순신의 공로 다툼이 심해 불화가 발생했다. 이런 불화는 1593년 8월 이순신이 신설된 삼도수군통제사에 임명되자 더욱 깊어져 원균은 1594년 12월 충청병사로 전임되었으며 얼마 뒤 전라병사가 되었다.

1596년 정유년에 왜군이 재차 침략하자 조정에서는 원균을 수사로 재기용하자는 논의가 있었다. 그러던 중 이순신이 서울로 잡혀오자 1597년 1월 원균은 경상우도수사 겸 경상도통제사가 되어 삼도의 수군을 거느리게 되었다. 이때 원균은 바다와 육지에서 동시에 공격함으로써 안골포의 적을 쳐서 부산에 이르는 길을 트고 이어 적의 보급로를 차단하자고 주장했다.

그러나 조정 일각에서는 수군이 먼저 움직여 적을 바다에서 막아야 한다고 주장했다. 결국 수군 선공의 주장이 채택되어 원균은 도원수 권율의 강제적인 명령으로 칠천량에서 왜적과 싸우게 되었다. 이때 왜군은 조선 점령을 위해서는 수군을 격파해야 한다는 각오 아래 이전보다 훨씬 증강된 600여 척의 대선단을 이끌고 있었다. 반면 우리 수군의 배는 134척뿐이었다. 조정에서는 이러한 사실도 모른 채 진격만 강요했고 결국 원균은 대패하여 전라우수사 이억기, 충청수사 최호 등과 함께 전사했다. 그는 사후 1604년 이순신 · 권율과 함께 선무1등공신에 책봉되었으며 원릉군原陵君에 추봉되었다.

무엇이 그들을 영웅과 악인으로 만들었는가

이상에서 보았듯 원균이 결코 간신이나 악인이 아니었으며 이순신에게도 결점이 있었다는 지적은 일리가 있는 주장이다. 이 주장에 의하면 우선 원균이 임란 초기에 싸우지도 않고 도망갔다는 내용은 사실과 다르다. 원균은 당시 적의 기습을 받아 장수들이 도피하고 병사들이 모두 도망함으로써 '무군지장無軍之將'이 될 수밖에 없었다. 그런데 그는 도망한 것이 아니라 기습을 당한 즉시 우군에 속보를 발하는 동시에 전라좌수사 이순신에게 원병을 청하고 한편으로는 흩어진 군사를 다시 수습하여

• 경기도 평택시에 있는 원균 장군 묘

전열을 정비했다는 것이다. 또한 원균은 옥포해전을 비롯한 곳곳의 싸움에서 반드시 선두에 서서 많은 공을 세운 인물이라 하고 있다.

둘째, 원균이 이순신을 모함했다는 내용도 문제가 있다고 지적한다. 그것은 원균에 의한 일방적인 모함이라 볼 수 없으며 같은 무장, 같은 수사水使끼리 있을 수 있는 쟁공爭功이라는 것이다. 《선조수정실록》에도 그 같은 상황을 전하고 있다. 즉 "처음에 원균이 이순신의 원병을 청하여 적을 격파했을 때 연명聯名으로 상주할 것을 바라니 이순신이 '천천히 하자' 해놓고 밤이 되어 원균이 군사를 잃고 의지할 곳이 없으며 적을 격파하는 데도 공이 없었음을 자세히 갖추어 보고하니 원균이 듣고 크게 감정을 가졌다. 이로부터 이들은 각각 따로 보고를 올렸고 양인의 간격이 여기서 비롯되었다"라고 나온다.

또한 우리가 지금까지 알고 있던 '이순신은 잡혀가 사형을 당할 지경에 이르렀으나 정탁의 변호로 사형을 면하고 권율 휘하에서 백의종군하게 되었다'라는 통설은 근거 없는 와전으로 조정에서는 이순신을 압송하여 조사한 뒤 그를 돌려보내 군공을 세워 죄를 갚게 했다. 그리고 이순신 대신 원균이 삼도수군통제사에 임명된 것이 아니라 경상우도수군절도사 겸 경상도통제사로 임명되었다는 것이다.

셋째, 칠천량해전의 패전도 다시 보아야 한다고 주장한다. 원균은 자기의 작전 계획과 건의가 묵살당하고 당시의 도원수 권율의 장벌杖罰까지 받는 반강제적인 상황에서 안골포의 적을 그대로 둔 채 오합지졸을 거느리고 진격을 감행했고, 만반의 준비를 갖추고 있던 왜군에게 격파되어 전사했다는 것이다.

결국 인조반정을 성공적으로 이끈 서인 세력이 자신들의 정적政敵들이 높이 평가하던 원균을 깎아내리고 이순신을 자기들 편으로 끌어들이기 위해 《선조실록》을 수정했다는 주장이 가능하다. 그것은 《선조수정실록》이 이순신과 같은 덕수 이씨인 이식李植이 중심이 되어 편찬된 데서도 알 수 있다는 것이다.

이것은 나름대로 일리가 있는 주장이다. 게다가 이순신도 인간이었으니 자신의 공을 내세운 면이 있었을 것이고 단점도 있었을 것이다. 그것은 "이순신이 원균을 모함하여 '원균이 조정을 속인다. 12세밖에 안 된 아들이 군공이 있다고 보고한다'라 하니 원균이 '내 아들의 나이 이미 18세에 궁마弓馬의 재주가 있다' 하면서 추궁해 이순신이 할 말을 찾지 못하였다"라는 《선조실록》의 기록에서도 알 수 있다.

원균과 이순신의 갈등·대립은 보통의 인간관계에서 충분히 있을 수 있는 것이었다. 원균은 이순신보다 나이가 다섯 살 위였으며 무과에도 먼저 합격했다. 그런데도 이순신보다 늦게 경상우수사가 되었고 나중에는 삼도수군통제사인 이순신의 지휘를 받아야 하지 않았던가.

원균이 후일 그렇게 역적으로 평가절하된 것은 이순신과는 대조적으로 그의 후손이 절손되다시피 한 점, 그리고 그에 관한 자료가 별로 남아 있지 않은 점에서 원인을 찾을 수 있다. 반면 이순신은 《난중일기》를 남겨 자신의 입장을 변호할 수 있었으며 죽마고우 유성룡의 《징비록》도 이에 유리하게 작용했다. 그리고 이들에 대한 대립적인 평가는 지난날 박정희 정권에 의해 지나치게 이순신이 성웅聖雄시된 데 대한 반작용과도 관련이 있을 것이다.

요컨대 임진왜란의 진행 과정에서 이순신의 활약이 뛰어났음은 누구나 인정하는 사실이다. 그리고 그가 훌륭한 인품과 탁월한 전략을 가지고 있었음도 분명하다. 그러나 그렇다 하여 그가 성인聖人이나 신인神人은 아니었다. 그에게도 인간적인 면이나 단점이 있었다. 원균에 대해서도 칠천량해전에서의 패배에 대한 책임을 물을 수는 있지만 그를 역적이나 졸장부로 치부하는 것은 곤란하다. 선인과 악인, 영웅과 졸장부 등의 이분법을 벗어날 때 우리는 역사에 대한 올바른 시각을 가질 수 있는 것이다.

| 생각해 보기 |

1. 임진 왜란의 발발 원인은 무엇일까?
2. 임진 왜란은 승리한 전쟁일까, 패배한 전쟁일까?
3. 이순신의 연전연승 요인은 무엇이었을까?
4. 원균은 용장일까, 역적일까?

10장

애정과
존경이 빠진
사제지간

◆

조선 후기의 붕당정치와 송시열 vs 윤증

조선 후기의 붕당정치

개국 이후 오랜 안정기를 구가하던 조선은 중기 이후 붕당정치가 전개되면서 혼란에 빠진다. 붕당은 사림 세력이 정계의 주도권을 잡고 내부 분열을 일으키며 시작되었는데, 이들은 조선 초기에는 핵심 권력층에서 배제된 채 초야에 묻혀 지냈다. 성종 이후 이들은 서서히 중앙 정계에 등장하기 시작하지만 기존 훈구 세력의 견제나 배척 또한 만만치 않아 종국에는 네 번에 걸친 사화士禍로 비화되었다. 그 여파로 사림 세력은 큰 타격을 입으나 을사사화를 주도한 소윤小尹(윤원형尹元衡 일파) 정권이 중종비 문정왕후의 죽음과 함께 몰락함으로써 정계의 주도권을 잡는다. 그리하여 선조宣祖(재위 1567~1608) 대에는 정계의 주류를 형성하지만, 얼마 지나지 않아 사림 내부에 강경파와 온건파의 대립 등 의견 충돌이 일어난다. 그러한 대립·갈등이 확대되어 종국에는 붕당을 이루어 대치하니, 이른바 붕당정치의 시작이었다.

붕당의 시작과 전개

최초의 분당은 선조 8년(1575) 동인과 서인의 대립이었다. 김효원金孝元을 중심으로 한 신진의 사림들은 명종비의 동생인 심의겸沈義謙을 척신으로 몰아 배척했다. 그런데 심의겸은 평소 사림을 옹호해 정계에 사림을 대거 등장시킨 인물로, 그의 후원을 받은 사림들은 오히려 김효원을 비판하고 심의겸을 두둔하며 신진 사림들과 대립했다. 이 두 파의 대립은 이조전랑吏曹銓郞 직을 둘러싸고 표면화되었다.

이조전랑은 문신들의 인사를 담당할 뿐 아니라 3사三司의 의견을 통일하는 역할도 하는 중책이었다. 이 직책의 후임은 전임 전랑이 추천하는 것이 관례처럼 되어 있었다. 이에 따라 선조 5년 조식曺植 쪽 문인이던 이조전랑 오건吳健이 후임으로 김효원을 천거했다. 그런데 당시 그 상관이자 이조참의吏曹參議로 있던 심의겸은 김효원이 한때 척신이던 윤원형尹元衡의 집에 드나든 일이 있다 하여 이를 반대했다.

이에 오건은 벼슬을 버리고 낙향했고 김효원은 결국 선조 7년에 전임자 조정기趙廷機의 추천으로 전랑이 되었다. 그런데 이제 상황이 바뀌어, 김효원의 후임 전랑으로 심의겸의 동생인 심충겸沈忠謙을 추천하는 이가 나왔다. 이번에는 김효원이 이를 거부했고, 이로써 양파의 대립이 격화되었다. 이때 김효원은 서울의 동쪽(건천동)에 살고 심의겸은 서쪽(정릉)에 살았기에 이들을 각각 동인東人과 서인西人이라 했다.

동인에는 대체로 이황李滉과 조식 쪽 문인이 많았고 서인에는 이이李珥와 성혼成渾 계열의 학자가 많았다. 이이의 명성이 높았음에도 정계에서는 동인이 우세했는데, 동인인 정여립鄭汝立의 모반 사건(1589)으로 동인 계열 가운데 타격을 입은 사람들이 있었으나 그 세력은 그대로 유지되었다.

그러다가 서인 정철鄭澈이 세자 책봉을 건의한 건저의建儲議 사건을 계기로 동인 사이에서 정철의 논죄를 놓고 강경파와 온건파의 대립이 생겨 남인과 북인으로 갈라졌다. 즉 이산해李山海 · 이발李潑 등은 정철을 중죄로 다스릴 것을 주장했고 유성룡柳成龍 · 우성전禹性傳 등은 선처를 주장했다. 이에 이산해가 서울의 북쪽에 살았으므로 북인北人, 우성전이 남산 아래 살았으므로 남인南人이라 했다.

선조 말년에는 그의 후계자를 둘러싸고 다시 북인 내에서 대북과 소북의 대립이 있었다. 선조에게는 왕비인 의인懿仁 박씨가 있었지만 그에게서 소생이 없었기에 선조는 왜란 중에 공빈恭嬪 김씨의 둘째 아들인 광해군光海君을 세자로 책봉했다. 그러나 선조 33년 의인 박씨가 죽고 그 뒤를 이어 왕비가 된 인목계비仁穆繼妃 김씨가 선조 39년에 아들을 낳았다. 그가 영창대군永昌大君으로, 영창대군을 옹립하려는 일파가 나오며 대립이 생긴 것이다. 이들을 소북小北이라 하고 광해군을 지지하는 일파를 대북大北이라 한다. 그러다가 선조가 재위 41년 만에 급사하고 광해군(재위 1608~1623)이 즉위함으로써 소북은 몰락하고 대북 천하가 되었다.

대립은 또 다른 대립을 낳고

하지만 갈등은 여기서 끝이 아니었다. 광해군이 패륜의 죄목으로 쫓겨나고 인조仁祖(재위 1623~1649)가 즉위함으로써 서인이 집권한 것이다(인조반정, 1623년). 즉 광해군과 대북 일파는 왕위 계승에 대한 불씨를 없애고 왕권을 안정시키기 위해 친형인 임해군과 영창대군을 살해하고 인목대비를 유폐했는데 서인들이 이것을 패륜으로 몰아 반정에 성공했다. 이로써 서인은 이후 약간의 기복은 있었으나 오랫동안 권력을 잡았다. 특히 효종孝宗(재위 1649~1659) 때 송시열宋時烈이 등용되면서 서인의 권세는 더욱 확고해졌다.

그러나 서인은 종종 남인의 도전을 받았고 내부에서도 노론과 소론의 분립이 있었다. 숙종肅宗(재위 1674~1720) 즉위년에는 예송논쟁禮訟論爭을 계기로 남인이 잠시 집권하기도 했다. 예송논쟁의 발단은 병자호란으로 청나라에 인질로 끌려갔다 온 장자 소현세자昭顯世子가 죽고 차자인 봉림대군鳳林大君이 효종으로 왕위에 오른 데서 시작되었다. 현종顯宗(재위 1659~1674) 즉위년 효종이 죽자 주자절대파 송시열은 주자가례의 원칙에 입각해 효종의 계모인 조대비가 기년복朞年服(1년)을 입어야 한다고 주장했다. 그 근거는 효종이 장자가 아닌 차자라는 것이었다. 그러나 윤휴尹鑴, 허목許穆 등은 효종이 차자이기는 하지만 왕통을 이었으므로 3년복三年服을 입어야 한다고 주장했다. 이때는 송시열의 의견이 채택되었으나 숙종 즉위년 효종비 장씨의 죽음을 계기로 제2차 예송논쟁이 벌어진다. 마찬가지 논리로 송시열은 조대비가 대공복大功服(9개월)을 입어야 한다고 주장한 반면 윤휴 등은 기년복을 주장했다. 이때는 윤휴의 의견이 받아들여져 송시열은 유배당하고 남인이 정계에 등용되었다.

그러나 숙종 6년, 남인이 역모의 혐의를 받아 실각하고 다시 서인 정권이 등장했다. 경신대출척庚申大黜陟이라 불리는 이 사건의 발단은 당시 영의정이던 허적許積의 차일遮日 사건과 그 서자 허견許堅이 복선군福善君과 역모를 꾸몄음이 발각된 일이었다. 이때 서인은 남인의 재등장을 철저히 봉쇄하고 일당독재를 수립하기 위해 윤휴와 허적 등 남인 영수들을 살해했다.

이로써 상대 당의 존재를 인정하지 않고 보복전이 전개되는 붕당정치의 말폐적 현상이 나타났다. 숙종 15년(1689) 장희빈張禧嬪의 몸에서 태어난 왕자(뒤의 경종)의 세자 책봉 과정에서 이를 반대하던 서인이 몰락하고 남인이 재집권했으며(기사환국己巳換局), 숙종 20년(1694) 남인에 의해 폐비된 민씨가 복위되면서 다시 서인 정권이 들어선다(갑술환국甲戌換局). 이 과정에서 많은 사람이 죽었는데 특히 갑술환국 때는 서인의 보복으로 남인은 거의 재기 불능 상태가 되었다.

이후에는 서인 내에서 경신대출척 후 남인들에 대한 강경 처벌을 주장한 송시열의 노론老論과 온건론을 편 윤증尹拯의 소론少論이 대립했다. 노론은 이외에도 성리학 면에서 주자 절대주의자들이요 대외 정책 면에서는 철저한 숭명반청崇明反淸파였다. 반면 소론은 유교 경전에 대한 새로운 해석을 용납했고 청에 대해서도 탄력적인 외교 정책을 주장했다. 이러한 양파의 성격으로 대립은 격화되었다. 그러다가 소론이 지지한 경종景宗(재위 1720~1724)이 즉위함으로써 잠시 소론이 승리해 노론이 타격을 받았다(신임사화辛壬士禍). 그러나 경종이 병사하고 노론이 지지하던 영조英祖(재위 1724~1776)가 즉위함으로써 노론이 재집권했다. 이제 노론의 소수 가문에 의해 정권이 독차지되는 벌열정치閥閱政治로 상황이 일단락된 것이다.

정쟁에서 패배한 사람들은 혈연·지연·학연 등에 따라 연고지로 내려가 서원書院을 세워 자신의 근거지로 삼았다. 그 결과 숙종 연간인 1674~1720년에 300여 개에 가까운 서원이 생겼다. 이러한 현상은 특히 갑술환국 이후 5, 6년 사이 남인의 본거지였던 경상도 지방에서 심하게 나타났다.

이러한 붕당 간의 대립은 왕권을 약화하는 결과를 가져와 영조·정조正祖(재위 1776~1800) 때는 당파를 가리지 않고 인재를 등용하려는 탕평책蕩平策이 실시되었다. 노력의 결과 왕권은 안정되었고 붕당 간의 대립도 약화된 것이 사실이다. 그러나 한편으로 정조 때는 그 아버지 사도세자에 대한 평가를 둘러싸고 시파時派와 벽파僻派의 대립이 있기도 했다. 사도세자의 죽음을 억울한 것이라고 본 것이 시파요 그것은 그의 잘못된 행동이 불러일으킨 당연한 결과라고 본 것이 벽파였다. 이후 정조의 뒤를 이어 순조純祖(재위 1800~1834)가 어린 나이로 즉위하자 왕실의 외척이 권력을 좌우하는 파행적인 정치 형태인 세도정치가 시작되었다.

분열인가 다양성의 공존인가 ─ 붕당의 원인과 장단점

그러면 이러한 붕당정치가 전개된 요인은 무엇인가. 먼저 그 배경에는 사림 세력이 지향한 정치 형태가 깔려 있다. 사림 세력은 군주에 대한 의리와 충성을 강조했지만 군주 일인에 의한 전제 정권을 열망한 것은 아니었다. 그들이 꿈꾼 것은 왕도정치로, 군주는 현명한 신하들의 의견을 청취하여 정치를 해야 국가가 잘 다스려진다는 것이었다. 따라서 신하들의 의견이 존중되었는데, 서로 의견이 다를 때는 자연스럽게 붕당이 형성되었다.

둘째, 정치제도상의 구조를 들 수 있다. 15세기까지만 하더라도 조선의 정치 구조는 비변사에 합좌할 수 있는 대신인 3정승과 육조의 장관들, 언관으로서의 삼사(사헌부·사간원·홍문관), 이조전랑 3자의 상호견제 구조였다. 그러나 16세기에 이르러 변화가 일어난다. 이조전랑에게 언론 기관인 삼사의 인사권을 부여한 것이다. 일반 신하는 물론이고 삼사의 인사권을 가지고 재상에 오를 수 있는 가교 역할을 한 이조전랑 직은 그것을 둘러싸고 사림들 사이에 대립과 갈등이 벌어질 소지가 충분했다. 누가 이조전랑에 임명되느냐에 따라 자파의 인사가 요직에 배치될 수 있었기 때문이다. 이렇듯 이조전랑 자리는 동인과 서인이 대립한 핵심 요소였다.

셋째는 붕당정치를 더욱 격화시켰다고도 볼 수 있는 서원의 남설이
었다. 서원은 설립 초기에는 나름으로 향촌 사회의 교육과 공론 형성에
기여했지만 시간이 지나면서 부정적인 측면이 많이 노출되었다. 무엇
보다 붕당 간의 싸움에서 패배한 사림들이 낙향해 자신의 정파를 새롭
게 형성하여 후일 그 문인이나 제자 들이 복수를 하기 위한 터전이 되
기도 했던 것이다.

이렇듯 조선 후기의 붕당정치는 그 말기에 서로 복수를 행하는 폐단
이 연출되기도 했으나 그렇게 부정적인 것만은 아니었다. 지금까지 붕
당에 대한 기록을 보면 한말 · 일제강점기에 조선왕조의 정치와 역사를
부정적인 것으로 평가한 입장에서 '당쟁黨爭'이라는 용어를 썼다. 특히
이 용어는 주로 일인 학자들이 식민사학의 일환으로 그 파쟁성을 부각
해 '붕당 간의 싸움'이라는 뜻으로 '당쟁'이라는 말을 만들어 쓰기 시작
한 데서 유래한다. 그러나 부정적인 인식을 불식시키기 위해서라도 조
선시대에 쓰던 대로 '붕당'이라 하는 것이 좋을 것이다.

붕당은 중국 유교정치 사상의 전개 속에서 그 초기에는 금기의 대상
이었다. 한漢 · 당唐 시대까지도 정치는 군주 일인에 의해 행해지는 것으
로 생각하여 신하들끼리의 붕당은 죄악시되다시피 했다. 그러다가 송宋
대에 들어와 붕당은 정치에서 부정될 수 없다는 전제 아래 새로운 해석
이 전개되었다. 구양수歐陽脩의 〈붕당론朋黨論〉 및 주자의 〈인군위당설引君爲
黨說〉 등이 그것이다. 구양수는 붕당을 '군자의 당'과 '소인의 당'으로 나
누고 공도公道를 실현하는 '군자의 당'이라면 승상이나 인군도 그 당이
되게 이끌어야 한다고 주장했다.

조선에서도 16세기의 사화 속에서 훈신 · 척신 들은 한 · 당 대의 붕
당관에 근거해 사림 세력의 무리지음을 배척했으나 사림계는 구양수의

붕당론에 근거해 권세로서 비리를 자행하는 훈척계를 '소인의 당'이라 규탄했다. 이러한 엇갈린 해석 속에서 사림 세력이 점차 정계에 진출하면서 구양수·주자의 붕당론이 자리를 잡았다. 특히 선조 즉위 이후부터는 이러한 붕당론이 정론의 위치를 차지했다.

따라서 조선 후기의 붕당정치를 단순한 권력 분쟁으로 단정할 수는 없다. 정치적 현실에 대한 인식과 시각의 차이, 또 정책의 차이는 충분히 있을 수 있으며 좀 더 적극적으로 해석하자면 현대 정당정치의 효시라고 볼 수도 있기 때문이다.

사실 조선시대 사림계의 기본 입장은 '수기치인修己治人'의 이념 그것이었다. 그리고 그들의 정치 활동 또한 관념적인 데 그친 것이 아니었다. 향사례鄕射禮·향음주례鄕飮酒禮나 향약 보급 운동 등은 자치적인 향촌개혁 운동이었다. 17세기 전반 인조반정 이후의 정치 속에서도 서인의 주도 아래 남인이 공존하여 서원이 향촌에서 교육과 정치 기능을 효과적으로 담당했으며 사회 경제적인 면에서도 방납의 폐단을 시정한 대동법大同法 시행 등을 행했다. 물론 17세기 후반부터 시작된 노론 일당 전제의 경향으로 붕당정치는 변질되어 폐단을 속출하기도 했고 19세기에 접어들어 세도정치가 시작되면서 사회적 기반이 상실된 정치가 된 것도 사실이다.

요컨대 조선 후기에 전개된 붕당정치는 정치적 견해와 정책을 달리하는 사람들이 모여 서로 토론하고 비판하는 바람직한 면이 있었으나 많은 폐단을 가져왔다. 시간이 지나면서 단순한 학문적 논쟁의 차원을 넘어 서로 간의 보복전으로 전개된 것이 큰 원인이다. 그리고 무엇보다 백성들의 생활에 대한 배려 등이 부족했다는 문제점이 있다.

스승과 제자, 갈등의 축이 되다

앞서 살핀 바와 같이 인조반정 이후 정계는 서인 세력이 주도했다. 그러나 숙종 초기에 서인 내에서 노론과 소론의 분열이 생겨 이후 약 100여 년 동안이나 양측은 여러 면에서 대립과 갈등을 표출했다. 그런데 이러한 노론과 소론의 분열은 송시열(1607~1689)과 윤증(1629~1714)의 관계에서 비롯되었다.

강경파 노론의 중심 ― 송시열

송시열은 선조 40년(1607) 11월 충북 옥천군 이원면 구룡촌에서 은진恩津 송씨 송갑조宋甲祚의 셋째 아들로 태어났다. 어머니 곽씨가 꿈에 맑은 구슬을 삼키고 난 뒤 태기를 느꼈고, 아버지 송갑조는 꿈에 공자가 한 제자를 데리고 들어와 "이 아이를 그대에게 보내니 잘 가르치라" 하는 소리를 듣고 깨보니 송시열이 태어났더라는 이야기가 전한다. 또한 그가 태어나자 까닭 없이 가물었던 마을 앞의 적등강에 물이 흘러넘쳤

다 한다. 그의 자는 영보英甫, 호는 우암尤庵
이었다.

• 송시열의 초상

그는 어려서부터 총명하여 3세에 스스
로 문자를 알았고 7세에 형들의 글 읽는
소리를 듣고 이를 받아썼다 한다. 아버지
는 항상 주자는 공자의 후계자요 율곡은
주자의 계승자임을 강조해 송시열에게
주자를 열심히 배워야 할 것이라 강조했
다. 그리하여 8세가 된 송시열은 이종인
송이창宋爾昌의 문하에서 이창의 아들 송
준길宋浚吉과 함께 학문을 닦기 시작했다. 두 사람이 후일 평생 뜻을 같
이한 계기가 이때 마련된 것이다.

송시열은 열아홉에 이덕사李德泗의 딸과 결혼했고 스물둘에 아버지를
여의었다. 삼년상을 마친 뒤 충남 연산에 은거하던 사계沙溪 김장생金長
生의 문하에 들어가 수학했다. 그러나 수학한 지 1년 만에 스승이 죽자
그 아들 신독재愼獨齋 김집金集에게서 사사했다. 그와 같이 동문수학한 이
들은 동춘同春 송준길, 초려草廬 이유태李惟泰, 미촌美村 윤선거尹宣擧, 시남市南
유계兪棨 등이었다.

인조 11년(1633), 27세의 송시열은 대제학 최명길崔鳴吉이 주관한 생원
시에 장원급제하면서 벼슬길에 올랐다. 그리고 2년 뒤 왕자 봉림대군鳳
林大君의 스승이 되었으니 후일 효종과의 두터운 의리는 이때 시작된 것
이었다. 인조 14년에 병자호란이 일어나자 대군과 비빈들은 강화로 피
난하고 송시열은 인조를 모시고 남한산성으로 들어갔다. 그러나 성이
함락되고 대군들이 볼모로 잡혀가자 그는 벼슬을 버리고 속리산으로

내려와 피난해 있던 어머니를 모셨다. 난이 끝난 뒤에는 영동 황간으로 들어가 독서와 학문에 정진했다. 이 소식을 들은 조정이 그에게 용담현령을 제수했으나 사양하고 나가지 않았다.

1649년, 인조가 죽고 봉림대군이 효종으로 즉위하자 그는 왕의 부름을 받고 다시 조정으로 갔다. 그리고 당시 총애를 받던 무관 이완李浣과 함께 효종의 북벌계획에 적극 참여했다. 그러나 당시 세도를 부리던 김자점金自點이 귀양을 가자 그의 아들 김식이 부제학 신면과 공모해 북벌계획을 청나라에 밀고하는 사건이 일어났다. 이에 청은 군사를 동원하여 국경을 압박하고 특사를 보내 협박과 공갈을 했다. 이로써 북벌은 잠시 중단되고 송시열도 책임을 느껴 벼슬을 버리고 낙향했다.

이즈음 송시열은 극친했던 윤선거와 사이가 조금씩 벌어지고 있었다. 발단은 윤휴의 경전 해석에 대한 이견이었다. 윤휴는 남원 윤씨로 학덕이 높은 가문에서 태어났는데 송시열과는 남한산성이 함락된 뒤 속리산 복천사福泉寺에서 처음 상면했다. 윤휴는 그 뒤 여주의 백호로 옮아가 10여 년간 학문 연구에만 전념했으며 여러 경서에 대한 독자적인 해석을 시도했다.

송시열은 이러한 윤휴를 못마땅하게 여겼다. 황간에 묻혀 살 때 율곡의 학설을 비판한 윤휴의 〈이기설〉이 부당하다는 편지를 윤휴에게 보낸 바 있으며 효종 3년 윤휴가 《중용》에 대해 새로운 장을 나누고 집주集註를 달자 그를 '사문난적斯文亂賊'으로 몰아붙였다. 이러한 대립은 예송논쟁으로 극에 달했고 결국 숙종 6년(1680)에 윤휴는 허적의 서자 허견의 모반 사건에 연루되어 희생되었다.

그러나 윤선거는 윤휴의 새로운 경전 해석을 용납하는 입장이었다. 경전에 대한 주자의 해석만이 절대적인 것은 아니라고 본 것이다. 이러한 윤휴에 대한 의견 차이는 효종 4년(1653) 황산서원黃山書院에서 있은 시회詩會의 토론 과정에서 노출되었다. 그리고 이는 후일 윤증에게로 이어져 노론·소론의 분열 요인으로 작용했다.

한편 낙향해 있던 송시열은 효종의 부름을 사양하다가 효종 9년(1658)에 상경해 그해 9월 이조판서 자리에 올랐다. 이때부터 북벌계획이 재개되었다. 이때 그의 나이는 52세로 평생 배운 바를 다해 국사에 힘을 기울였다. 그러나 이듬해 효종이 죽으면서 북벌은 중단되고 효종의 계모 조대비의 복제 문제로 윤휴·허목 등과 대립했다.

그 뒤 그는 고향인 회덕으로 내려가 학문에 몰두했다. 그는 현종의 부름도 사양하고 다만 글을 올려 정사의 옳고 그름을 논했다. 혹 국가의 중대사가 있을 때만 올라가 입조했다가 내려왔다. 현종 3년(1662)에는 금강산 유람길을 떠났다가 강릉 오죽헌에 들러 율곡의 유적을 돌아보았고 4년 뒤 속리산 서쪽의 화양동에 정사精舍를 짓고 저술과 주자 연구에 힘썼다. 화양동에는 훗날 그의 유명으로 명明의 신종·의종을 제사하기 위한 만동묘萬東廟가 건립되기도 했다.

그러다가 현종 15년(1674), 효종의 왕비 인선왕후가 죽으면서 벌어진 복제 문제로 다시 윤휴 등과 논쟁하여 패배함으로써 송시열은 귀양살이를 하게 되었다. 약 6년간의 귀양살이 중에도 그는 학문을 게을리하지 않아, 이때《주자대전차의朱子大全箚疑》,《이정서분류二程書分類》 등과 같은 저서가 나왔다.

숙종 6년(1680), 허견의 모반 사건으로 송시열은 영중추부사의 관직에 복구되었으나 이미 그의 나이 74세였다. 그는 1년 만에 벼슬을 버리고 회덕으로 내려가 생활하며 다음과 같은 시를 남겼다.

푸른 물은 성난 듯 소리쳐 흐르고   綠水喧如怒

청산은 찡그린 듯 말이 없구나   靑山默似嚬

조용히 자연의 뜻을 살피니   靜觀山水意

내 세파에 연연함을 싫어하노라   嫌我向風塵

　그러나 세속에서 벗어나 조용히 살고 싶다는 시구와 달리 그의 말년
은 결코 조용하지 않았다. 숙종 9년경, 제자 윤증과의 사이가 극도로 악
화되면서 그는 노론과 소론의 분열에 휩싸이게 되었다. 또한 숙종 14년
(1688)에는 장희빈의 소생을 원자로 삼은 데 반대하다가 제주도로 귀양
을 갔고 이듬해 6월 해남을 거쳐 정읍에 다다라 사약을 받고 생을 마쳤
다. 이때 그의 나이 83세였다.

온건파 소론의 중심 — 윤증

윤증은 인조 7년(1629) 파평 윤씨 윤선거의 아들로 태어났다. 송시열보다 22년 아래다. 자는 자인子仁이고 호는 명재明齋로, 어려서부터 아버지 윤선거에게 주자학을 배웠다. 윤선거는 대사헌 윤황尹煌의 막내아들로 김집의 문인이요, 수은睡隱 강항姜沆에게서 사사했다. 그는 인망이 두터워서 여러 관직에 추천되었으나 모두 사양했으며, 젊었을 때는 유계·송준길·송시열·이유태와 동문수학하여 충남 5현五賢이라 불렸다.

윤증은 9세에 병자호란을 당해 강화도로 피신했는데, 이때 어머니가 자결하는 슬픔을 겪었다. 어린 나이에 어머니를 잃은 아픔을 딛고 그는 아버지 윤선거를 비롯해 유계와 송준길, 그리고 송시열에게서 수학하기 시작했다. 동시에 윤휴, 윤선도 등 남인계의 당시 석학들과도 폭넓게 교유했다. 그의 아버지는 평생 그의 스승이었으며, 유계·송준길·송시열 3인의 스승은 그에게 정통적인 주자학을 가르쳐주었다. 특히 송시열 문하에서는 단연 눈에 띄는 실력을 발휘해 주자학의 제일가는 학자가 되었다.

그러나 그는 주자를 절대시하지는 않았다. 이 점은 스승 송시열과 결별한 원인이 되기도 했다. 그는 양명학陽明學에도 큰 관심을 기울였는데, 이는 64세부터 83세까지 약 20년간에 걸쳐 양명학의 대가로 일컬어지는 정제두鄭齊斗와 주고받은 서신으로 확인된다. 이 서신을 보면 윤증은 20년 연하인 정제두와 왕학王學에 대한 심도 있는 토론과 전수를 나누었으며 정제두에게 양명학에 정진할 것을 부탁하고 있다.

17세에 권시權諰의 딸과 혼인한 그는 일찍이 과거의 뜻을 버리고 학문에 전념한 터라 등과한 일도 없었다. 다만 36세 되던 해, 그의 학문이 사림들 가운데 뛰어나다 하여 천거되어 내시교관內侍敎官에 발탁되었으

• 윤증의 초상

나 사양했다. 이때부터 말년까지 그는 공조좌랑 · 세자시강원진선 · 호조참의 · 대사헌 · 이조참판 · 이조판서 등에 제수되고 81세인 숙종 35년(1709)에는 우의정에 발탁되었다. 그러나 이러한 관직은 그의 학문적 · 정치적 위치를 말해줄 뿐 실제 관직에 나간 적은 한 번도 없었다.

그러면서도 그는 정계에서 중요한 일이 발생하면 상소나 정치 당국자, 또는 학자들과의 서신 교류를 통해 의견을 피력했다. 그때마다 그의 견해는 정국 운영뿐 아니라 노소 분당과 그 이후의 당쟁에 심대한 영향을 끼쳤다. 그중에서도 송시열에게 보낸 상서들이 유명한데, 특히 그의 정견이 잘 표출된 것은 〈신유의서辛酉疑書〉로 이 문서가 가져온 파장에 대해서는 뒤에 다시 나올 것이다. 윤증은 재야에서 활동했으나 정계에 중요한 영향을 미치는 인사였으며 여러 고관대작을 제치고 소론의 영수로 추대되었다. 이는 그의 학문적 뛰어남과 더불어 고결한 인품이 있었기에 가능한 일이었다. 그를 한 번도 직접 본 적 없는 숙종은 그에게 정승의 자리를 내주었으며, 윤증이 세상을 떠났다는 소식을 듣고는 다음과 같은 조사弔辭까지 지었다.

유림에서는 그의 도덕을 존숭하는데   儒林尊道德
나 또한 일찍이 그를 흠모했거늘   小子亦嘗欽
평생토록 얼굴도 보지 못하고   平生不面識
세상을 떠났다니 한만 쌓이는구나   沒日恨彌深

회니시비에서 노소당론으로

이제 스승과 제자 사이였던 송시열과 윤증이 어떻게 노론과 소론의 영수로 갈라지게 되었는가를 살펴보자. 이 양자 사이에는 당시의 정치적·사회적·학문적 시각의 차이가 내재되어 있었는데 이를 흔히 '회니시비懷尼是非'라 한다. 이 용어는 송시열이 현재의 대전 시내 동쪽에 있는 회덕현懷德縣에 살았고 윤증이 현재의 논산군 노성면에 해당하는 니성현尼城縣에 살았다는 데서 유래한다.

회니시비의 시원은 앞서도 잠시 설명했듯 효종 4년 황산서원에서 윤증의 아버지 윤선거와 송시열이 윤휴의 학문적 태도를 두고 의견 대립을 보인 데서 찾을 수 있는데, 이는 현종 즉위년에 벌어진 예송논쟁으로 확대되었다. 먼저 윤선거는 학문과 사상에서 비판의 자유를 주장하여 윤휴를 두둔했으며 예송논쟁에서도 윤선거 부자는 송시열에게 동조하지 않고 윤휴를 될 수 있는 대로 옹호했다.

그러자 송시열은 윤선거의 강도江都 수난과 탈출 사건을 들고 나와 윤선거와 윤증을 공격했다. 이는 병자호란 당시 강화도로 피신해 있던 윤선거가 성이 함락당하자 평민으로 가장해 탈출한 사건을 말한다. 송시열의 주장에 따르면 첫째, 윤선거는 강화도에 있을 때 본래는 친구들과 더불어 의병을 모집해 성을 끝까지 사수하기로 했다. 그리하여 친구인 권순장, 김익겸, 이돈오 등은 성이 함락되던 날 약속대로 죽었고 그 때문에 그의 처도 죽었는데 윤선거 홀로 생존했다는 것이다. 둘째는 적의 대장 앞에서 무릎을 꿇고 빌어 구차하게 살아남았다는 것이고, 셋째 봉림대군의 사신 일행에 붙어 이름을 개명하고 노비로 위장해 몸만 빠져나왔으니 그 구차하고 낭패한 모양이 누구보다 부끄러웠다는 것이다.

그러나 윤선거와 윤증의 주장은 달랐다. 당시 남문을 지키던 권순장

• 송시열과 윤선거가 논쟁을 벌인 황산서원

과 김익겸은 정승이었던 김상용金尙容이 분신자살하자 적과의 교전도 없
었는데 따라 죽은 것이고 자신이 집을 떠난 후 처가 죽은 것도 적에게
욕을 당하느니 자결하겠다고 결심하고 스스로 행한 일이라 했다. 또 윤
선거가 미복으로 강도를 탈출한 것은 성중이 이미 적과의 교전을 면했
으므로 남한산성에 포위된 아버지 윤황을 만나러 가기 위한 것이었다
고 주장했다.

　이렇듯 양측의 주장은 약간의 차이가 있었으나 윤선거가 강도에서
당한 수난과 탈출 과정은 사실이었다. 이 때문에 윤선거는 등과登科도
단념하고 재취도 하지 않았으며 재야에서 남은 평생을 학문에 전념하
면서 자숙했다. 그리고 죽을 때까지 강도에서의 일을 철천지한으로 여
겼다.

　회니시비가 절정에 이른 것은 송시열의 윤선거 비문 찬술과 윤증의
배사론背師論 명분이었다. 송시열은 윤선거 생전에는 그와 회니시비를
벌였으나 절교하지는 않았다. 그리하여 윤선거가 현종 10년(1669)에 죽

274

자 제문을 보내 조문했다.

윤증도 박세채朴世采가 작성한 행장과 자신이 만든 연보를 가지고 송시열에게 가서 아버지 윤선거의 묘비명墓碑銘을 지어달라고 부탁했다. 그런데 평소 윤선거 부자를 탐탁지 않게 여긴 송시열은 성실하지 못한 비명을 지어 보냈다. 즉 윤선거의 덕을 기리는 구절에서 "망연하여 할 말을 알 수 없다" 했고 비문 끝에는 "나는 다만 기술만 하고 짓지는 않았다我述不作"라고 쓴 것이다. 이에 윤증은 4, 5년간 장문을 보내거나 직접 찾아가 개찬을 청했다. 그러나 송시열은 요지는 한 군데도 고치지 않고 글자 몇 개만 고쳐주었을 뿐이었다.

송시열이 이러한 태도를 보인 것은 두 가지 이유에서였다. 하나는 윤선거가 죽자 그래도 옛날의 정리를 생각하여 그를 칭송하는 제문을 보냈건만 자신이 평소 가장 미워하던 윤휴의 제문을 윤증이 거절하지 않고 받은 데서 기분이 상한 것이다. 둘째 이유는 윤증이 비명을 요청할 때 가지고 간 〈기유의서己酉疑書〉 때문이었다. 〈기유의서〉는 윤선거가 죽기 4년 전에 쓴 것으로 그 내용은 윤휴·허목 등이 혹 잘못이 있다 하더라도 같은 사류이므로 이들을 너무 배척하지 말고 차차 등용하여 쓰는 것이 옳을 것이라고 송시열에게 충고하는 것이었다. 물론 당시에는 보내지 않았으나 윤증이 비명을 작성할 때 참고하라고 송시열에게 숨김없이 내놓았고, 이것이 송시열의 비위를 더욱 건드리고 말았다.

송시열과 윤증의 사제관계를 더욱 악화시키고 배사론의 시비가 된 것은 바로 〈신유의서辛酉疑書〉였다. 이것은 숙종 13년(1687) 경신환국 다음해에 윤증이 송시열에게 보내려고 쓴 것이다. 내용은 첫째 송시열의 학문은 근본이 주자학이라 하나 그 기질이 편벽되어 주자가 말하는 실학을 배우지 못했다는 것이고, 둘째 그가 내세우는 존명벌청尊明伐淸의 의리는 그 방법을 말로만 내세우고 실익이 없다는 것이었다. 그러나 윤증은 이 의서를 박세채에게 먼저 보였는데 박세채가 이를 보내지 말 것을 권고했고 윤증은 그에 따랐다. 그런데 박세채의 사위이자 송시열의 손자인 송순석이 이 글을 몰래 가져다가 송시열에게 보여주었다. 송시열은 크게 노했으며, 이때부터 양인은 절의絶義한 것 같다. 다시 노소 분당이 분명해진 것이다.

윤증의 배사론은 또한《가례원류家禮源流》라는 책의 찬자 시비와 그 간행 문제에서도 발생했다. 이 책은 윤증의 스승인 유계가 김장생에게서 배운 예학을 발전시켜 지은 것으로 윤선거의 도움도 받았다. 그러나 유계 생전에는 이를 완성치 못하고 초고본만 남긴 채 제자인 윤증에게 교정과 간행을 부탁했다. 그런데 윤증은 이 책이 윤선거와의 공동 저작이며 김장생의《가례집람家禮輯覽》과 큰 차이가 없다 하여 간행하지 않았다. 결국 책은 윤증 사후에 간행되었지만 송시열의 제자인 권상하權尙夏는 윤증이 스승의 유언을 저버리고 윤선거와의 공편이라는 간사한 말을 했다고 공격한 것이다.

이상과 같은 회니시비의 논점과 명분론을 더욱 격화해 노소당론으로 끌고 간 것은 송시열이 제기한 삼전도三田渡 비문(병자호란에서 청나라가 승리한 것을 기념하는 비)의 시비와 효종의 세실世室 건립 문제 및 태조 존호가상尊號加上 문제였다. 첫째, 삼전도 비문은 송시열을 조정에 천거해 출세케 한 이경석李景奭이 지은 것인데 송시열은 숭명의리崇明義理에 입각해 이경석을 비판했다. 이에 윤증을 중심으로 한 소론들은 어차피 군신이 청에 항복한 이상 그 비문은 누구든 지을 수밖에 없었다는 논리로 송시열을 공격했다.

둘째, 태조의 존호가상 문제는 송시열이 태조의 개국 300년을 즈음

• 윤증이 만년에 기거한 고택(충남 논산군 노성면 교촌리)

하여 위화도 회군의 의의를 찬양하면서 의를 밝히고 윤리를 바르게 했다는 뜻의 '소의정륜昭義正倫'이라는 존호를 가상하자고 주장한 데서 비롯되었다. 윤증과 가까운 당인들은 이에 반대하면서 위화도 회군은 태조가 '화가위국化家爲國(집안이 변해 나라가 된다)'하기 위해 단행한 것이지 숭명의리 때문에 단행한 것은 아니라고 주장했다.

셋째, 효종의 세실 건립 문제는 효종이 북벌의 대의를 세웠다 하여 그를 종묘에 불천주不遷主로 모시자는 주장이었다. 원래 불천주는 공덕이 특출한 사람을 4대가 지난 후에 논의하여 정하는 것이었지만 2대가 지나지 않은 숙종 대에 효종을 세우자는 것이었다. 조정에서는 효종을 들고 나온 것이므로 감히 반대하는 이가 없었으나 윤증 일파였던 박세채는 곤란하다고 반대했다. 하지만 대신들은 합의를 보아 이를 실천에 옮겼고 소론은 이를 불만스럽게 여겼다.

이렇듯 송시열을 영수로 한 노론과 윤증을 영수로 한 소론은 여러 면에서 의견을 달리하며 대립했다. 송시열은 학문적으로는 주자 절대주의자였으며 정치적으로는 숭명반청 의리를 고집했다. 반면 윤증은 학문과 사상의 자유를 허용했으며 현실에 입각한 정치를 주장했다. 이러한 견해 차이가 결국 스승과 제자 사이를 갈라놓은 것이다.

그러나 이들의 의견 차이는 현실적인 정책 대립은 아니었고 명분 싸움이었다고 할 수 있다. 결코 일반 백성의 생활과 직결된 문제는 아니었던 것이다. 이러한 이유로 영·정조 시대에 정권에서 소외된 남인 학자들은 백성들 속에서 생활하면서 그들의 생활 개선과 현실적인 모순을 타개하기 위한 학문을 부르짖었으니 이것이 바로 실학이었다.

그리고 스승과 제자가 이렇게까지 악화된 것은 윤증보다도 송시열 쪽의 책임이 크다고 할 수 있다. 송시열은 윤선거의 강화도 사건을 비판했는데 그런 논리로 따진다면 숭명반청을 내세운 송시열이야말로 인조가 삼전도에서 청에 항복하던 날 죽었어야 했다. 자신은 살았으면서 강화도에서 죽지 않은 윤선거를 비난하는 것은 논리상 맞지 않다.

스승을 배반했다는 배사론만 해도 그렇다. 아무리 스승이라지만 자신의 생활 철학이나 학문을 제자에게 강요할 수는 없다. 자신과 다른 견해나 생활 철학을 용납하지 못했다는 것은 지나친 아집과 관용의 결핍을 보여줄 뿐 큰 스승의 태도가 아니다. 제자도 자신의 견해를 피력할 때 조심스러워야 함은 물론이지만 말이다. 또한 자신의 스승은 아니었지만 송시열이 그를 천거해준 이경석을 비난한 것도 확대 해석하면 배사론의 논리로 비판할 수 있다.

윤선거의 묘비명 찬술 부분은 어떤가. 윤증 부자가 진정 마음에 들지 않았다면 묘비명 찬술을 거절했어야 한다. 그러나 찬술을 해놓고 그를 은근히 비난한 것은 옳은 학자의 태도가 아니다. 아울러 그의 숭명반청 의리도 명이 이미 멸망한 입장에서 지나치게 과거에 집착한 논리 아닌가. 지식인이라면 과거도 중요하지만 현재의 모순을 타파하고 미래를 설계할 수 있는 혜안을 가져야 하리라.

요컨대 송시열은 조선의 대학자였으며 자신의 신념과 주장을 일관되게 주장한 절의파였다. 예를 들어 《주자가례》에 입각한 행동 철학을 가지고 있었으며 숭명반청 의리를 처음부터 끝까지 버리지 않았다. 그러나 그는 지나친 아집과 학문적 편견이라는 단점을 보여주었다. 윤증의 경우도 평생 세속에 아랑곳하지 않고 학문에 전념한 학자였지만 스승을 대하는 태도가 좀 더 신중하고 조심스러웠어야 한다는 생각이 든다. 결국 이 양자는 대학자였다는 면에서 높이 평가할 수 있지만 바람직하지 못한 사제지간의 상을 남겨주었다는 측면에서는 비판받아 마땅하다. 더욱이 그들 사이에 오고간 논쟁이 백성들의 고통이나 이해와는 관련이 없는 명분 싸움이었으니 말이다.

| 생각해 보기 |

1. 붕당의 요인은 무엇이었을까?
2. 붕당 정치는 바람직한 것인가, 잘못된 것인가?
3. 제자는 스승의 학설을 따라야 하는가, 비판할 수도 있는 것인가?
4. 국제 관계에 있어 명분과 의리가 중요한가, 실리가 중요한가?

구한말부터

4부

식민지 해방과 분단까지

11장

집안싸움에
고래 등
터지다?

◆

구한말의 쇄국개화 정책과 대원군 vs 명성황후

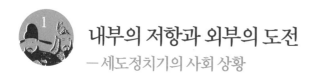

내부의 저항과 외부의 도전
― 세도정치기의 사회 상황

　조선 후기에는 오랫동안 붕당정치가 계속되었지만 영·정조 시대에 접어들면서 정계는 어느 정도 안정을 찾는다. 이는 탕평책의 실시에 따른 고른 인재 등용의 탓도 있었고 실학사상이 정책에 반영된 결과이기도 했다. 실학은 대동법과 균역법 실시 그리고 금속화폐 유통 등의 변화를 불러왔다. 정조 시대의 수원성 건설도 실학사상가들의 지혜가 결집된 국가적 공사였다. 다만 영조 말·정조 초년에 정조를 도와준 홍국영洪國榮이 도승지로 있으면서 정권을 농단한 일이 있었을 뿐이다. 즉 이 시기는 전반적으로 왕권이 안정을 찾은 시기라 하겠다.

　그러나 정조가 1800년 48세를 일기로 갑자기 죽고 순조가 11세의 나이로 왕위에 즉위하자 외척 세력이 발호하여 이른바 세도정치가 시작되었다. 순조 초에는 안동 김씨 김조순金祖淳이 어린 순조의 후견인이 되었다가 왕실의 외척이 됨으로써 정권을 농단했다.

　1834년 순조의 뒤를 이어 헌종憲宗(재위 1834~1849)이 8세로 즉위하면서 정권은 김조순의 아들 김좌근金左根에게 넘어갔다. 그 뒤 정권은 잠시 풍양 조씨 일문에 이양되기도 했는데 헌종의 장인 조만영이 그 중심에 있었다. 그 영향으로 조만영의 동생인 조인영趙寅永이 영의정이 되고 그의 친척들이 요직에 포진했다. 그러나 얼마 뒤 헌종 왕비가 김씨 일문에서 나옴으로써 안동 김씨의 세도는 계속되었다. 1849년 철종哲宗(재위 1849~1863)이 즉위한 뒤에도 김문근金汶根의 딸이 왕비가 되어 안동 김씨 세도는 한층 기세를 더했다. 이제 양반 사이의 갈등과 대립은 간데없이 한 척족이 정치를 좌우하는 상황이 전개된 것이다.

농민 봉기의 뜨거운 불길

이들 외척 세력은 정치적 견제 세력이 없었기에 백성들에 대한 수탈이 한층 강화되었다. 또한 정치 기강의 문란으로 뇌물을 주고 관직을 얻은 자들이 다시 재산을 얻기 위해 농민들을 착취했다. 이로 말미암아 삼정三政 즉 전정田政 · 군정軍政 · 환곡還穀의 문란이 극심해졌다.

전정은 토지의 결수를 기준으로 받는 각종 세였다. 우선 1결에 대하여 인조 12년에 결정된 전세 4두+가 있었고 여기에 훈련도감 소속 삼수병을 위한 삼수미三手米 1두 2승升, 공물 대신 받은 대동미 12두, 균역법 실시에 따른 결작結作 2두가 있었다. 총 20두도 되지 못하니 총 수확량의 10분의 1에 못 미쳐 사실상 농민에게 큰 부담이 아니었다. 그러나 관리들의 부정부패로 각종 자의적인 수탈이 이루어졌다. 백지징세白地徵稅라 하여 황무지에서도 전세를 징수했는가 하면 사적으로 쓴 공금을 보충하기 위해 정액 이상의 세를 거두는 도결都結도 성행했다.

군정은 정남 1인에 대해 군포 한 필을 징수하는 것이었다. 균역법의 실시로 그 부담이 2필에서 1필로 줄었지만 포 1필은 미 6두에 해당되

는 것으로 1결당 부과되는 전세 4두보다 양이 많았다. 또 1호戶에 정남
丁男이 3인이면 그 부담이 18두가 되어 부담이 매우 컸다. 게다가 각종
부정 징수가 행해진 것은 물론이다. 이미 죽은 사람 몫까지 징수하거나
어린아이를 정남으로 간주하여 징수하기도 했고, 도망한 정남의 몫을
친척이나 이웃에 부과하는 족징族徵 · 인징隣徵 등 종래의 폐단이 이 시기
에 극에 달했다.

환곡은 원래 춘궁기에 가난한 농민에게 미곡을 빌려주었다가 추수기
에 1석당 1두 5승(1/10)의 이자를 붙여 거두어들이는 제도였다. 그런데
이 이자가 정부의 재정인 동시에 관리들의 사리사욕을 채우는 주요 수
단으로 기능했다. 따라서 백성들에게 강제로 미곡을 빌려주는가 하면
출납 관계에 대한 허위 보고서를 작성하기도 했다. 또한 창고에는 없고
장부상에만 있는 허류虛留 행위가 빈번했고 반은 겨를 섞어 대여량을 늘
린 반백半白 등의 부정이 심화되었다.

이러한 삼정의 문란은 결국 농민의 저항을 불러일으켰다. 이들은 처
음에는 고향을 버리고 떠돌거나 산속으로 들어가 화전민이 되는 소극
적인 방법을 택했지만 후에는 도적이 되어 약탈을 일삼는 좀 더 적극적
인 형태를 취했다. 명화적明火賊이라 하여 횃불을 들고 다니며 화공을 일
삼는 무리들이 있었고 배를 타고 강이나 바다를 횡행하는 수적水賊들도
있었다. 출신지로 결합된 서울의 서강단西江團, 평양의 폐사군단廢四郡團,
재인才人들로 구성된 채단彩團 등의 도적들도 있었다.

그러나 농민들은 이에 그치지 않고 조직적인 저항을 했으니 그것이
곧 민란이다. 세도 정권이 성립된 직후인 순조 원년(1800) 경상도 인동仁同
에서 60여 명의 농민이 관아를 습격했고, 1808년에는 함경도의 단천부
사가 농민들에게 쫓겨나기도 했다.

농민들의 항거는 점차 규모가 커져 순조 11년(1811), 마침내 '홍경래洪
景來의 난'으로 발전했다. 이 난은 규모나 성격 면에서 민란의 단계를 벗
어나 농민전쟁으로 확대된 것이었다. 홍경래는 평안도의 몰락 양반으
로 지사地師 우군칙, 지방의 부호 이희저, 유생 김창시 등과 공모하여 가
산嘉山의 다복동多福洞을 근거로 난을 일으켰다. 여기에는 일반 농민들뿐
아니라 광산 노동자와 뱃사공 등도 가담했다. 그리고 평안도 지방의 향
임鄕任이나 무임武任 가운데 새로이 부농으로 성장한 계층 및 송상松商을
비롯한 사상私商들도 포함되어 있었다. 이들은 불과 10여 일 만에 청천
강 이북을 거의 점령했다. 그러나 정부군의 공격으로 남진은 저지되고
정주성으로 들어가 항거하다가 성이 함락되고 홍경래가 전사함으로써
봉기는 4개월 만에 막을 내렸다.

　홍경래의 난은 실패로 끝났으나 그것은 당시의 사회 현실이 잘 반영
된 사건이다. 그 구성원은 당시의 사회 변동에 피해를 입은 계층이었
다. 양반층의 분해 현상으로 생긴 몰락양반(잔반殘班)이나 상인·광산 경
영자·임노동자·농민 등 모두가 그랬다. 세도정치의 부패와 특권 어
용상인에 대한 반발, 지주제에 대한 부정 등으로 이들의 사회의식이 고
양되어 투쟁 대열에 서게 한 것이다. 이후에도 민란은 계속되었는데 철
종 13년(1862)의 진주민란은 그 가운데서도 두드러진다. 진주민란은 경
상우병사였던 백낙신의 악행에 대항해 일어난 사건이다. 그는 온갖 불
법을 자행해 쌀 만 5천여 석에 해당하는 4만 냥 내지 5만 냥의 돈을 사
취했다. 그리고 지방 관리들이 축낸 미곡을 도결로 백성들에게 강제 징
수했다. 이에 격분한 농민들은 이 지방의 잔반 유계춘의 지휘 아래 봉
기해 진주성을 점령하고 부패한 지방 관리를 태워 죽였다. 정부에서는
백낙신을 파직하는 동시에 반란군을 진압해야 했다.

천주교 박해와 서양 세력의 물결

이처럼 세도정치기에는 조선 사회 내부의 모순이 폭발하면서 민중에 의한 저항이 격렬했다. 그러나 한편으로는 외부의 도전 또한 만만치 않은 시기였다. 서양 종교인 천주교가 국내에 들어와 농민들을 포섭하기 시작했고 서구 열강의 통상 요구도 계속되고 있었다.

이 시기에 접어들면서 조선의 통치 이념인 유교는 그 역할을 제대로 수행할 수 없었다. 그 시점에 천주교가 서서히 조선에 전파되었다. 천주교는 16세기 말엽 중국에 전파되어, 17세기에 중국을 왕래하던 사신들에 의해 조선에 유입되었다. 그러나 당시에는 이를 서학西學이라 하여 종교로 생각하지 않았다. 이수광이《지봉유설芝峰類說》에서 마테오리치 Matteo Ricci의《천주실의天主實義》를 소개한 뒤 남인 학자들에 의해 연구되기는 했지만 이에 대한 태도는 대체로 비판적이었다.

학문의 대상이던 천주교가 종교적 신앙으로 떠오른 것은 영조 말엽인 18세기 후반부터다. 일부 실학자들이 당시의 사회 현실을 부정하고 개혁하려는 동기 속에 천주교를 신앙으로 숭배한 것이다. 천주교는 가부장적 가족주의와 신분·계급을 초월하여 모든 인간은 신 앞에 평등하다

• 이수광의 《지봉유설》

는 사상이었으니 그에 적합했다. 특히 정조 7년(1783)에 이승훈李承薰이 베이징에서 서양 신부에게 영세를 받고 돌아온 뒤 천주교는 급격히 퍼져 일부 남인 학자와 중인, 농민과 부녀자 사이에 널리 신봉되었다.

천주교 유포에 정부는 처음에는 방관하다가 급속히 전파되자 이를 사교邪敎로 간주, 금하는 조치를 취했다. 그러나 정조 대

에 천주교를 극심하게 탄압하는 일은 없었다. 결국 정조 18년(1794) 중국인 신부 주문모周文謨가 입국해 활동하면서 천주교 신도 수는 수년 뒤 만 명까지 증가했다. 정조의 뒤를 이은 순조는 즉위하자마자 천주교를 박해하기 시작했다. 이때 이승훈·정약종·주문모 등 300여 명의 신도가 처형되고 많은 사람이 유배당했다. 이 천주교 박해는 노론 벽파가 시파를 공격하기 위한 정치 공세의 일환이었고 천주교를 앞세운 서양 세력의 침투에 대한 일종의 경계에서 비롯되었다.

시파였던 김조순이 세도를 하면서 천주교 탄압은 수그러들었으나, 헌종 5년(1839) 풍양 조씨 벽파에 의해 탄압이 가해져 세 명의 서양인 신부와 많은 신도가 죽음을 당했다. 이후 한국 최초의 신부 김대건金大建이 귀국하여 활동하다 순교했지만 철종이 즉위하면서 안동 김씨의 세도가 다시 시작되어 탄압도 약해졌다. 이에 많은 선교사가 입국해 활동하기 시작했고 신도 수도 급증해 2만여 명에 이르렀다. 그러나 이러한 천주교의 유포에 대항하여 최제우가 동학東學을 창시했고 정부에서도 이에 대한 경계를 게을리 하지는 않고 있었다.

한편 조선에서 세도정치가 실시되던 19세기에 서양은 산업혁명을 통해 급속한 변화를 겪고 있었다. 산업혁명으로 자본주의화가 급속히 진행되면서 그들은 상품 시장과 원료 공급지를 개척하기 위해 동양으로 눈을 돌렸다. 이들은 군함을 앞세우고 아시아의 여러 나라를 경쟁적으로 침략했다. 영국이 아편전쟁에서 승리해 1842년 중국을 개방시켰고 미국도 일본을 위협해 1854년에 통상조약을 체결하는 데 성공했다. 북방의 러시아는 남진정책으로 이미 연해주 지방을 장악하고 있었다.

이 같은 서양 세력의 물결은 우리나라에도 다가오고 있었다. 서양 선박은 이미 18세기부터 우리나라 연안에 나타나 탐험과 측량을 해서 돌아갔다. 그러나 19세기 들어 한층 적극적이 된 그들은 우리에게 통상을 요구한다. 순조 32년(1832) 영국 상선 애머스트Amherst호가 충청도 해안에 나타나 통상을 요구했으며 헌종 11년(1845)에는 영국 군함 한 척이 남해안에 이르러 측량을 하고 통상을 요구했다.

이듬해에는 프랑스 군함이 충청도 연안에 출현했고 철종 5년(1854)에는 러시아 군함 두 척이 함경도 연안에 와서 각지를 조사 측량하고 갔다. 이들 이양선의 출몰은 일반 백성은 물론 조정에도 적지 않은 영향을 주었다. 중국에서 벌어진 아편전쟁과 영국·프랑스 군대의 베이징 점령 소식은 서양 세력이 조선에도 침입할 것이라는 불안을 갖게 했기 때문이다.

그러나 일부 지식인과 관리 들은 이를 적극적으로 수용해야 한다는 견해를 표명하기도 했다. 이미 북학론자인 박제가는 청뿐 아니라 일본이나 서양과도 통상을 해야 한다고 주장한 바 있다. 이규경도 애머스트호가 통상을 요구했을 때 이를 수락할 것을 주장했다. 그리고 최한기도 《해국도지海國圖志》, 《영환지략瀛環志略》 등을 읽고 서양에 대한 지식을 얻어 《지구전요地球典要》를 저술했을 뿐 아니라 문호 개방의 필요성을 역설했다. 이러한 통상론의 요지는 무역으로 나라를 부강케 하고 서양 기술을 도입해 과학문명의 발전을 도모하자는 데 있었다. 이 통상개화론은 박규수·오경석·유홍기 등에 의해 더욱 힘을 얻어가고 있었다.

이렇듯 당시의 조선은 내부의 저항과 외부의 도전을 어떻게 해결할 것인가라는 당면과제 앞에 놓여 있었다. 이 와중에 고종이 왕위에 오르고 대원군이 집정하면서 조선은 큰 시련을 향해 한 발짝 다가선다.

2 한일합방의 비극을 낳은 앙숙 관계

야망을 숨긴 채 보낸 청년기 — 흥선대원군

대원군 하면 으레 고종의 아버지인 흥선대원군興宣大院君 이하응李昰應 (1820~1898)을 가리킨다고 알고 있지만 사실은 그렇지 않았다. 조선조의 왕위 계승에서 왕이 직계 자손이나 친형제가 없이 세상을 떠나면 부득이하게 종친 가운데 한 명을 뽑아 왕으로 삼아야 했는데 이때 그의 생부를 대원군이라 했다. 그 시초는 14대 왕 선조로, 왕위에 오른 선조는 이미 죽은 아버지를 덕흥대원군에 추존했다. 이어 25대 철종의 아버지도 대원군으로 추존되었다. 고종의 아버지 흥선대원군은 사실상 조선의 세 번째 대원군이다.

흥선대원군은 순조 20년(1820)에 종친이던 전주 이씨 이구李球의 아들로 태어났다. 그의 가계는 사도세자(후일의 장조莊祖)에서 파생되었다. 사도세자는 혜빈 홍씨에게서 정조를 얻었고 또 한 궁녀에게서 아들 셋을 보았다. 그 가운데 둘째 아들이 은신군恩信君이고 은신군이 아들이 없어 인

• 흥선대원군

조의 셋째 아들인 인평대군의 자손 중에 양자를 들여왔는데 그가 바로 이하응의 생부 남연군南延君 이구였다.

이하응은 어렸을 때부터 총명하여 부모의 총애를 한 몸에 받았다. 열두 살에 어머니의 병환과 조혼 풍습으로 여흥 민씨 집안의 딸과 결혼을 했다. 그 후 얼마 지나지 않아 모친상을 당하고 열일곱에는 부친상까지 당해 고통의 나날을 보냈다. 더구나 당시의 세도정치하에서는 종실이라 하더라도 똑똑한 체했다가는 변을 당하는 일이 많았다. 그의 할아버지 은신군은 물론이고 그 형제인 은언군·은전군도 정조의 이복동생임에도 모두 억울한 죽음을 당했다.

따라서 그는 무능한 왕족임을 표방하고 거리의 건달이나 부랑자 같은 생활을 했다. 꾀죄죄한 행색을 하고 다녔으며 여기저기 구걸을 하기도 했다. 당시의 세도가 김좌근의 집도 자주 찾아가서는 곧잘 큰아들 재면의 취직을 부탁했으며 때로는 살림에 보태 쓸 돈을 꾸기도 했다. 한번은 그 집에서 김좌근과 한자리에 있던 심의면에게 "궁 도령宮道令은 궁이나 지킬 것이지 신발을 질질 끌며 재상 집에는 왜 찾아다니오?"라는 조롱을 받기도 했다. 그런데도 아랑곳 않고 시정에 나가 선술집에서 행패를 부렸으며 기생방에서 기녀들을 희롱하기도 했다.

그러나 그와 같은 생활은 왕족으로서 화를 면하기 위한 것일 뿐 마음속으로는 나름의 야망을 키우고 있었다. 18세 때 충청도를 여행하다 덕산 수덕사에 들렀을 때였다. 웅장한 절을 구경하던 그는 "탑을 세운 자리가 천하 명당이어서 그 자리에 무덤을 쓰면 집안에서 반드시 왕이 나올 것이다"라는 이야기를 들었다. 이에 그는 서울로 돌아와 전 재산을 처분해 만 냥 정도를 만들고 이 돈으로 그 주변의 임야를 사 수덕사를 그리 옮기게 한 뒤 아버지 남연군의 묘를 본래의 수덕사 자리로 비밀리에 이장했다.

그는 이런 속내를 철저하게 감출 줄 알았다. 눈치 빠른 척족 계열 인사들도 그의 모습을 멸시하고 천대하며 조롱할 뿐이었다. 물론 일부 안동 김씨 인사, 예를 들면 김병학·김병국 같은 이는 그에게 도움을 주기도 했다. 김병문의 집안과는 서로 사돈을 약속하기도 했다. 그러나 그들도 흥선군의 속뜻을 알고 그런 것은 아니었다. 그를 알아주고 진정으로 도와준 사람들은 평민이나 중인 계층이었다. 정지윤(일명 정수동) 같은 평민은 대원군의 심정을 알고 뒤에 대원군의 내치에 적지 않은 역할을 한 천희연千喜然·하정일河靖··장순규張淳奎·안필주安弼周와 같은 중인을 소개해주기도 했다.

이러한 생활 속에서 이하응의 청년 시절은 가고 어느덧 40을 넘어서는 나이가 되었다. 이때 왕실에는 상당히 복잡한 상황이 전개되고 있었다. 세도정치로 왕실의 권위가 땅에 떨어졌을 뿐만 아니라 강화 도령 철종은 과도한 주색으로 갓 30을 넘은 나이에 병상에 들고 말았다. 그런데 철종에게는 왕자가 한 명도 없었다. 이때 창덕궁 내에는 철종의 아내인 철인왕후 김씨가 있었고 전왕인 헌종의 비였던 명헌왕후 홍씨가 왕대비로 앉아 있었다. 그리고 그 위에서 헌종의 어머니 신정왕후 조씨가 대왕대비로 왕실의 어른 노릇을 하고 있었다.

실권 장악 이후, 민심은 읽어냈으나

1863년 철종이 죽자 비상대권을 장악한 조대비는 전일 순원왕후가 옥새를 거두어 은언군의 손자인 강화 도령을 맞아 철종으로 세운 예에 따라 흥선군의 둘째 아들 명복命福을 왕위에 임명했다. 물론 거기에는 이미 흥선군의 치밀한 공작이 개입되어 있었다. 철종 말년 조대비가 후계자 문제로 고심할 때 흥선군은 조성하를 통해 대왕대비전에 밀서를 올렸다. 거기에는 "왕이 후사가 없이 승하하게 될 것이니 그때에는 대왕대비께서 순원왕후의 전례에 따라 옥새를 거두시고 종친 가운데 마음에 드시는 자를 골라 후사를 삼으십시오"라는 내용이 씌어 있었다. 이에 조대비는 흥선군을 몰래 불러 서로의 마음을 확인했다. 그리고 얼마 뒤 철종이 갑자기 죽자 미처 후사를 생각하지 못한 척족들은 조대비의 명에 따라 흥선군의 아들로 후사를 삼을 수밖에 없었으니 이가 곧 고종(재위 1863~1907)이다. 이에 따라 열두 살에 왕위에 오른 고종의 아버지 흥선군은 대원군이 되어 실질적인 권력을 장악했다.

· 고종

정권을 잡은 흥선대원군은 외척의 전횡을 억압하고 왕권을 강화하기 위해 여러 가지 개혁을 단행했다. 그것은 내부로부터 있어온 민중의 저항에 대한 수습책이기도 했다. 먼저 그는 당시까지 세력을 떨치던 안동 김씨를 밀어내고 당파와 신분을 구별하지 않고 인재를 등용했다. 이러한 인사 정책은 대원군 자신의 정치적 기반을 마련하기 위한 것과도 관련이 있었다.

그는 또한 호포제戶布制를 실시해, 종래 상민에게만 부과되던 호포를 양반에게까지 확대 부담시켰다. 폐단이 많던 환곡 제도는 좁은 지역을 단위로 하는 사창제社倉制로 고침으로써 농민들이 실제적인 구휼 혜택을 받게 했다. 탐관오리들을 숙청하는 작업도 병행했다.

그런 뒤 그는 서원 철폐를 단행했다. 당시 서원은 막대한 농장과 노비를 소유하고 면세와 면역의 특권을 누려 국가 경제를 좀먹었을 뿐만 아니라 국가의 통제권을 뛰어넘어 지방민들을 지배하고 있었다. 예컨대 송시열을 모신 화양동서원이 발간하는 서간은 정부의 명령보다 더 큰 위력을 발휘했다. 게다가 서원은 지방 유생들의 붕당의 중심지가 되어 당쟁의 후방 기지 역할을 하고 있었다. 이러한 붕당의 근원인 서원을 대폭 정리하여 전국에 47개 소만을 남기고 모두 철폐했다. 송시열의 유명으로 명의 신종과 의종을 모신 만동묘도 철폐했음은 물론이다.

이러한 개혁 정책은 일반 백성에게는 환영받았지만 양반들과 유생들의 반발을 초래하기도 했다. 그리고 왕권의 존엄성을 보여주고 그 권한을 강화하기 위해 시행한 경복궁 재건 사업은 많은 무리를 가져와 대원군 정권의 주요 파탄 원인이 되었다. 그 공사 비용을 마련하기 위한 원납전·결두전·성문세 등 새로운 세금 부과와 무리한 인력 동원으로 농민들이 고통을 겪었으며 당백전 발행으로 유통 경제의 혼란을 초래했기 때문이다.

특히 국제 문제에 대해 문외한이던 대원군은 외부의 도전에 효과적으로 대처하지 못했다. 천주교도 탄압은 심해졌고 외국의 통상 요구는 묵살되었다. 천주교에 대해 대원군은 초반에는 비교적 관대했다. 러시아가 남하하려 하자 천주교도인 남종삼의 건의에 따라 프랑스 군대를 끌어들여 러시아를 견제하려 하기까지 했다. 그러나 그 교섭이 결렬되고 청에서의 천주교 탄압 소식을 들은 뒤부터 그는 천주교 대탄압을 시작했다. 그 결과 프랑스 선교사 9명과 남종인 등 수천 명의 신자가 처형당했는데 이것이 고종 3년의 병인사옥丙寅邪獄이다. 이 소식을 들은 프랑스 극동함대 사령관 로즈 제독은 군함을 이끌고 강화도에 이르러 군기·서적 등을 약탈했고, 한성근·양헌수 등의 조선군이 이들을 격퇴했다(병인양요).

5년 뒤인 고종 8년(1871)에는 신미양요辛未洋擾가 일어났다. 1866년 대동강에서 통상을 요구하며 행패를 부리던 미국 상선 제너럴셔먼호를 평양의 관민들이 불태워버린 사건이 있었는데, 미국이 이에 대한 책임을 물어 통상을 강요하려 한 것이다. 미국은 군함 다섯 척을 거느리고 강화해협을 통과하려 했으나 조선군의 저항과 쇄국의 벽 앞에 철수해야 했다.

이 같은 두 번에 걸친 양요에서의 승리와 고종 5년 독일 상인 오페르트Ernst Jacob Oppert의 남연군 묘 도굴 사건을 계기로 대원군은 강력한 쇄국

• 신미양요에 참가한 미국 군함의 모습

정책을 쓰기 시작했다. 그는 척화교서를 반포하고 종로와 전국 각지에
척화비를 세웠는데 거기에는 "양이가 침범함에 싸우지 않으면 곧 화의
인데 화의를 주장함은 매국이다洋夷侵犯 非戰則和 主和賣國"라고 씌어 있었다.
이러한 천주교도에 대한 탄압과 외국 군함의 침공은 민심이 동요하는
요인으로 작용했다.

이러한 대원군 정권은 집권 10년 만에 무너졌다. 그것은 앞서 열거
한 여러 요인에다 최익현의 탄핵 상소와 민비의 음모 · 계략 때문이었
다. 유림의 영수로 대원군의 무리한 토목사업과 서원 철폐 등을 공격했
던 이항로의 수제자 최익현은 스승의 뒤를 이어 대원군의 실정을 들어
그를 탄핵했다. 이에 대원군은 자신의 당여를 동원해 이를 반박하고 최
익현을 처벌할 것을 주장했으나 고종이 오히려 최익현을 옹호함으로써
대원군은 하야하게 되었다.

첩의 딸, 조선의 정치를 손아귀에 넣다

이 같은 고종의 태도에는 민비의 힘이 많이 작용했다. 민비閔妃는 철종 2년(1851) 여흥 민씨 민치록의 외동딸로 태어났다. 그의 성장 과정은 자세한 기록이 없어 잘 알 수 없다. 다만《대한계년사大韓季年史》에 전하는 바는 다음과 같다. 그의 가정은 아주 어려운 편이어서 1830년까지 여주의 선영先塋 아래 초가삼간을 마련하여 살았다. 그도 여기서 태어났는데 정확히 말하면 여주군 근동면 섬락리였다. 그러나 성장한 곳은 현재의 안국동에 있는 감고당感古堂(숙종의 장인인 여양부원군 민유중의 집)으로 운현궁에 자주 출입했다. 이 집은 민씨 종중에서 번갈아 들던 돌림집 같은 곳이었기에 민유중의 종가 민치록도 이 집에 살게 된 것 같다.

그런데 민비는 민치록의 정실부인 소생이 아니라 후처인 이씨 소생으로 간주된다. 민씨 계보에 의하면 정실부인 오씨는 1833년에 죽었고 민비의 탄생은 1851년이다. 게다가 여덟 살에는 아버지 민치록이 세상을 떠났으니 모녀의 적막한 생활을 가히 짐작할 수 있다. 그들에게는 민치구의 아들 민승호가 양자로 들어와 가계를 잇고 있었다. 민비가 왕비로 간택된 고종 3년(1866) 이전에 이미 어머니도 돌아가셨다 한다.

이렇듯 불우한 민비의 성장 과정은 그가 어떻게 해서 눈치가 빠르고 그때그때 상황에 맞는 정확한 판단과 대처 능력을 갖게 되었는가를 설명해준다. 그러면서도 겉으로는 부유하고 지체 높은 가정에서 태어난 이들이 흔히 가지기 쉬운 오만이나 편견 없이 평민적인 소박함이 미덕으로 드러났을 것이다. 또한 가문이 번성한 세도가 집안의 딸도 아니었으니 이러한 점이 대원군의 비위에 맞아 왕비로 간택된 것이다.

고종 3년, 전왕 철종의 삼년상을 마치자 왕실에서는 왕비 책립 문제가 지대한 관심사로 떠올랐다. 이때 대원군은 외척의 세도 아래 기죽어

지낸 지난날을 떠올리며 고종의 왕비만큼은 외척의 발호에 대한 염려가 없는 인물을 찾기 시작했다. 물론 자신에게 순종하면서 정치에는 관여하지 않을 여자가 들어오기를 바랐다. 그러던 차에 그의 아내 민씨의 친정 집안에 고아나 다름없는 참한 규수가 있다는 소리를 들었다. 더욱이 인물이 총명하고 스스로 공부하여 여느 양반집 규수에 뒤지지 않는다 했다. 이리하여 민비는 16세의 나이에 15세인 고종의 배필로 들어왔다. 이것이 훗날 화를 불러일으킬 줄이야 어찌 알았겠는가.

궁중 생활 초년에는 엄격한 교육을 받게 되어 있었으므로 이때 민비는 규율과 자제 속에서 지냈을 것이다. 그는 남편을 극진히 모셨으며 시부모에게도 정성을 다했다. 그러나 궁중의 여러 여인들 속에서 견뎌내기란 쉬운 일이 아니었다. 특히 여자로서의 질투심은 아무리 절제 있는 생활을 해온 민비로서도 어쩔 수 없는 일이었다. 고종은 여러 궁녀들에게 외도를 했을 뿐 아니라 궁인 이씨에게서 왕자를 얻기도 했다. 대원군까지 이 아들을 완화궁完和宮이라 부르며 몹시 아꼈다.

아들을 낳지 못한 슬픔과 답답함에 하루하루를 보내던 민비는 고종 8년(1871), 드디어 첫아들을 얻었다. 그러나 며칠 만에 아이가 죽고 말았는데, 전하는 말로는 생후 사흘이 되도록 아이가 대변을 보지 못하자 대원군이 산삼을 구해다 주었는데 이것을 먹고 죽었다 한다. 이 일을 계기로 민비는 대원군과 사이가 틀어졌으며, 자신의 미래에 대한 위기의식을 느끼면서 적극적으로 정치에 개입하기 시작했다.

그가 이러한 태도를 보인 것은 자신에 대한 왕의 주의를 환기하기 위한 친정親政의 책동, 자기보호를 위한 세도 위주의 세력 규합, 대원군과의 갈등으로 인한 거세공작, 고종의 위약함을 비롯한 왕족 전체에 대한 회의 등이 요인으로 추측된다. 또한 시국과 국제 정세를 보는 시각이 대원군과 달랐던 것도 한 원인이다. 특히 민비는 대원군의 지나친 쇄국 정책에 반대했다. 당시의 국제 정세 속에서 개방은 피할 수 없는 일로 보였다.

그리하여 그는 기민한 수완을 발휘해 자기 세력을 규합했다. 그 세력으로는 첫째 자신의 근친이었는데 가장 가까운 양오빠 민승호를 비롯하여 규호·겸호·태호 등을 정부 요직에 배치했다. 둘째는 대원군 집권 후 정계에 별로 진출하지 못한 조대비 일족들로, 민비는 조대비의 친정 조카인 조영하趙寧夏 등을 민승호에게 결탁게 하고 대원군 집권 후 거세당한 안동 김씨 문중과도 긴밀한 관계를 유지케 했다. 셋째는 대원군 집안의 불만 세력으로 민비는 대원군의 큰아들 재면을 통해 기밀을 캐내고 은근히 불만을 품고 있던 대원군의 친형 이최응을 포섭했다. 넷째는 대원군의 개혁에 반감이 짙던 유림 세력으로 특히 거유巨儒인 면암 최익현과도 밀접한 관계를 맺어두었다. 이러한 세력을 바탕으로 고종 10년 민비는 최익현에게 대원군 탄핵상소를 올리게 하고 그를 하야시켰다.

민비가 집권한 후 최초로 조각한 정부는 영의정에 이유원을 필두로 우의정에 박규수, 좌의정에 이최응 등 모두 대원군과 미묘한 갈등 관계에 있는 사람들로 구성되었다. 이럴 즈음 경복궁 내 자경전 주변에서 화재가 일어나 자경전과 순희당·자미당 등 400여 칸이 소실되었다. 민비의 침전에 장치된 폭약이 폭발했다고도 했다. 더욱이 고종 11년 (1874) 11월에 민승호 일가족 폭사 사건이 일어났고 이듬해에는 대원군의 친형 이최응의 집에 방화 사건이 일어났다. 모두 이 사건들을 대원군이 한 짓이라 했고 민비 또한 그렇게 여겼다. 물론 사실 여부를 확인하기는 어렵다. 그러나 이들 사건으로 대원군과 민비의 관계는 골이 더 깊어져 원수 같은 사이가 되었다.

한편 새로운 내각의 출범과 통상개화론자들의 등장으로 조선은 국제무대에 등장했다. 고종 12년(1875) 일본의 운양호 선박에 대한 발포 사건을 계기로 일본은 군함을 동원해 협상을 강요했다. 조정에서는 반대론이 강했으나 역관 오경석이 우의정 박규수를 움직여 결국 고종 13년(1876) 일본과 병자수호조약을 맺었다.

이후 개화 정책은 급속히 추진되었다. 수신사와 신사유람단이 일본에 파견되어 문물과 기술을 배우고 돌아왔고, 청나라에도 영선사가 파견되어 신식 무기 제조법과 군사 관계 기초과학을 배우고 왔다. 특히 조선이 세계의 사정을 자세히 알게 된 계기는 고종 17년(1880) 김홍집이 일본에 수신사로 가서 청나라 사람 황준헌이 쓴《조선책략朝鮮策略》이라는 책을 구해가지고 돌아와 유포한 것이다. 이 책의 내용은 나라가 부강하려면 서양의 제도와 기술을 배워야 하며 러시아의 남진을 막으려면 '친중국親中國 · 결일본結日本 · 연미방聯美邦' 해야 한다는 것이었다.

제도적인 개혁도 이루어져 고종 18년에 종래의 5군영 제도를 무위영武衛營과 장어영壯禦營의 양 영으로 개편하고 신식 군대인 별기군을 창설했다. 행정 기구도 청의 제도에 따라 개혁했는데 최고기구로 통리기무아문統理機務衙門을 두고 그 밑에 12사司를 두어 각각의 행정사무를 관장케 했다.

계속되는 암투와 을미사변의 비극

이러한 개화와 개혁을 반대하는 세력도 만만치 않았다. 특히 유림 세력이 반대파의 주류로 최익현은 병자수호조약 체결 당시 이를 반대하는〈오불가소五不可疏〉를 올렸으며 김홍집의《조선책략》유포에 반대하는 이만손을 필두로 한 〈영남만인소〉가 있기도 했다. 여기에다 민비 정권의 지나친 물자 남용·낭비에 의한 국고 탕진으로 민심의 혼란도 가중되었다. 민비는 대원군과의 불화와 정치 참여로 신경이 쇠약하여 불면증이 있었으며 이를 달래기 위해 밤마다 연락宴樂을 일삼았다. 그리고 심신의 불안으로 무당이나 점복에 재물을 낭비하기도 했다.

게다가 군대 내에서는 신식 군대인 별기군과 구식 군대의 차별 대우로 불만이 고조되었다. 결국 오랫동안 급료가 밀리다가 오랜만에 준 급료 속에 겨나 돌이 섞여 있는 것을 발견한 일을 도화선으로 고종 19년(1882)에 임오군란이 터졌다. 성난 구식 군대는 포도청과 일본 공사관을 습격하고 선혜청 당상이던 민겸호와 이최응을 살해했다. 이들은 민비도 살해하려 했으나 그는 탈출하여 도망했다. 사태가 무섭게 진전되자 고종은 대원군에게 사태 수습을 위임했고 이로써 대원군은 하야 8년 만에 정계에 복귀했다. 대원군은 우선 왕비에 대한 국상을 발표했다. 이는 군졸들의 난동을 멈추게 하려는 의도와 동시에, 민비가 살아 있다 하더라도 이미 죽은 것으로 알려졌으니 정치에 대한 생각을 단념케 하려는 계산에서 나온 것이었다.

그러나 충주로 도망했던 민비는 극비리에 고종과 연락을 취하는 한편 청의 이홍장에게 대원군의 납치를 부탁했다. 이에 이홍장은 종주국의 위엄을 보이기 위해 대원군을 납치하여 청에 데려감으로써 대원군은 4년에 걸친 유폐 생활을 시작하게 된다. 청에서의 외롭고 쓸쓸한 생활을 대원군은 다음의 시로 표현하기도 했다.

담장 밖의 계엄이 담장 안에도 이어지니　　　墻外戒嚴墻內連

서글피 홀로 앉아 있으나 마음속은 차분하다　　然獨坐意悠然

새 달이 점점 차니 나그네 슬픔 깊어만 가고 　　新月漸生客愁深

언제 다시 왕궁으로 돌아갈거나 　　何時行李抵王城

　이런 가운데 조선에 대한 청의 내정간섭은 심화되었다. 이에 불만을 품은 일부 급진파 개혁 인사 김옥균·박영효·홍영식 등은 일본의 지원을 받아 1884년에 정변을 일으켰으나(갑신정변) 3일 만에 실패했다. 이후 고종 22년(1885) 대원군이 청에서 돌아오자 민비는 임오군란 때의 난동자 김춘영을 노상에서 능지처참함으로써 대원군에 대한 간접적인 위협을 가했다. 뿐만 아니라 운현궁에 감시병을 두어 외부와의 접촉을 일체 금지했다.

　이렇게 대원군 세력과 민비 세력의 암투가 계속되는 동안 조선은 서구열강의 침탈 대상이 되었다. 특히 일본의 경제적 침탈이 심했는데 일본 상인들은 면제품·솥·냄비·농구 등의 공산품을 입도선매함으로써 많은 미곡을 일본으로 가져갔다. 농민들의 생활이 더욱 궁핍해진 것은 말할 것도 없었다. 이에 정부는 방곡령을 반포해 곡물의 수출을 막으려 했으나 큰 효과는 거두지 못했다. 게다가 국가재정의 고갈이 더욱 심화됨으로써 이를 보충하기 위한 각종 세금만 강화되었다.

　고통에 시달리던 농민들은 전라도 고부군수 조병갑의 학정을 계기로 저항했으니 이것이 동학농민혁명(1894)이다. 이 사건을 도화선으로 청일전쟁이 일어났으며 전쟁에서 승리한 일본은 대원군을 재집정케 하고 김홍집 내각을 출범시켜 개혁을 단행했다(갑오경장). 이로써 대원군은 정계에 복귀했으나 예전과 같은 힘을 발휘할 수는 없었다.

　한편 정계에서 물러난 민비는 뛰어난 수완을 발휘해 이번에는 러시아 공사 베베르와 연락해 배일친러 정책을 추진했다. 이에 위협을 느낀

• 이 사진은 명성황후로 알려졌으나 궁녀라는 의견
도 있다. 사진의 진위 논의는 아직 진행 중이다.

일본은 고종 32년(1895)에 미우라三浦
梧樓 공사의 지휘 아래 낭인들을 동
원해 민비를 살해했다. 이 을미사변
으로 민비는 44세의 나이에 처참한
죽음을 맞으며 파란만장한 일생을
마감했다.

물론 이 사건에는 대원군의 동의
와 지시도 내재되어 있었다. 대원
군은 사건 현장으로 나가면서 손자
준용에게 "너는 남아 있다가 만일
오늘 거사가 실패하거든 일본으로
망명하여 후일을 기약하거라"라는
말까지 남겼다 한다. 이로써 대원군

은 전일 민비가 청의 세력을 빌려 자신을 납치한 데 대한 보복을 한 셈
이다.

을미사변으로 대일감정이 악화되자 친러파인 이범진은 베베르와 공
모, 1896년 고종을 러시아 공사관으로 옮겼다(아관파천). 이후 잠시 러시
아의 간섭이 심했으나 이를 비난하는 독립협회 등의 운동이 일어나자
다음 해인 1897년(고종 34) 고종은 경운궁으로 돌아와 대한제국大韓帝國을
선포했다. 그리고 대원군에게 칙명을 내려 궁중을 안정케 하고 시국을
바로잡게 했다.

그러나 이번 집권은 오래가지 않았다. 일본의 만행이 드러나자 외국
여기저기서 일본 정부에 항의하기 시작했고 그들은 할 수 없이 공사와
낭인배들을 소환했다. 결국 대원군도 이에 책임을 지고 물러나야 했다.

손자 준용은 일본으로 망명했고, 민비는 명성황후明成皇后로 추봉되었다. 공덕리 별장으로 내려와 있던 대원군은 광무 2년(1898), 79세를 일기로 한 많은 세상을 하직했다. 민비와의 오랜 갈등은 아들인 고종에까지 영향을 미쳐 고종은 아버지 대원군의 장례식에도 참석하지 않았다.

대원군과 명성황후 민비는 일차적으로 시아버지와 며느리 관계다. 그 점에서 볼 때는 민비의 잘못이 컸다고 할 수 있다. 아무리 시아버지가 밉다 하더라도 외세에 의탁해 이국에서 유폐 생활을 하게 했다는 것은 용납하기 힘들다. 물론 대원군도 시아버지답지 못했음은 물론이다. 전일의 잘못을 용서하지 못하고 76세의 노구로 일본 낭인들을 불러 며느리의 목숨을 빼앗는 복수를 했다는 것도 가족 윤리상 있을 수 없는 일이다.

그러나 이 둘의 관계에서 무엇보다 아쉬운 부분은 고종의 역할이다. 나라가 혼란할수록 왕은 한층 강하고 현명해야 한다. 더구나 왕의 자리란 모름지기 각종 교묘한 술책으로 왕을 자기편으로 만들어 정권을 휘두르려는 이들이 주위에 끊이지 않기 마련 아니던가. 그러나 그 모두를 현명히 조율하면서도 굳건히 대사를 이끌기에는 그는 너무 유약한 왕이었다. 아버지와 아내 사이에서 평생 그들의 꼭두각시 노릇만 한 고종은 둘 사이에서 일어난 비극들과 조선의 마지막 운명에 대해 일정한 책임을 면하기 힘들다.

한편 정치적으로만 보자면 내치에서는 민비보다 대원군의 정치가 한 수 위였다. 호포법 실시나 서원의 폐단을 제거한 것 등은 서민들을 위한 바람직한 정치였다. 이는 그가 파락호破落戶 생활을 하면서 서민들의 애환이나 고통을 몸소 체험했기에 가능한 일이었을 것이다. 그러나 그의 지나친 쇄국정책은 후의 민비 정권에게 별 준비 없이 반강제적으로 국제무대에 서게 함으로써 혼란과 좌절을 맛보게 했다. 대원군과 달리 개방 정책을 쓴 민비의 정책은 지나치게 외세 의존적이었고 서민들을 위한 개혁이 별로 없어 결국 동학혁명과 같은 봉기를 야기했다. 그러나 이들의 구체적인 정책이 어떠했는가는 사실 그리 중요하지 않다. 대원군과 민비의 갈등으로 조선은 내부적인 모순을 개혁하고 외부 세계에 효과적으로 대응하는 데 실패했다. 결국 부국강병에 실패하고 일본에 합방되는 불행한 결과를 가져왔으니, 이는 개인적 야욕과 복수심에 눈이 멀어 한 나라의 운명이 자신들의 손아귀에 있음을 망각한 씻을 수 없는 실정이다. 물론 그 책임은 양자 모두에게 있을 것이다.

| 생각해 보기 |

1. 천주교는 왜 그렇게 빨리 조선에 전파되었을까?
2. 1876년 개항은 빠른 것인가, 늦은 것인가?
3. 일본은 왜 명성황후를 살해했을까?
4. 부모에 대한 효가 중요한가, 부부간의 의리가 더 중요한가?

12장

무엇이
그들의 운명을
갈라놓았는가

◆

일제의 침략과 이완용 vs 민영환

일제의 침략 과정과 한민족의 저항

강대국 틈에서 흔들리는 한반도

대한제국이 성립된 1890년대 후반은 러시아와 일본이 대립한 시기로 나름의 세력 균형이 이루어지기도 했다. 1894년 청일전쟁에서 승리한 일본이 청에게 대만과 요동반도를 할양받자 러시아는 일본의 세력 팽창을 염려해 독일·프랑스와 함께 요동반도의 반환을 요구했다. 이에 요동반도를 청에 돌려준 일본은 러시아의 남진을 저지하기 위해 3차에 걸쳐 러시아와 협상을 진행했다. 이 협상에 의해 일본은 조선에 대한 러시아의 영향력을 어느 정도 인정하는 대신 한반도에서 자국의 경제적 우위권을 확보할 수 있었다.

이 무렵 조선 국내에서는 독립협회 등이, 국제적으로는 특히 영국이 러시아의 조선 침투를 반대했다. 러시아의 극동 정책은 한반도를 완충지대로 요동 지역을 점령하려는 쪽으로 전개되었다. 이 정책에 따라 러시아는 요동반도의 뤼순旅順과 다롄大連을 조차하고(1897) 조선에서는 마산포를 조차하여 극동함대의 기지로 삼으려다 일본의 방해로 실패했다. 이즈음 청에서 외세의 침략에 대항하는 의화단운동이 일어나자 열강은 이를 구실로 베이징을 점령했는데 이때 출병한 러시아는 사태가 끝난 뒤에도 청국에 남아 만주 침략의 의도를 드러냈다. 청과 밀약을 맺어 실질적으로 만주를 점령하고 보호령으로 만들 조짐을 보인 것이다. 이 밀약은 영국·미국·일본 등 여러 나라의 항의로 폐기되었지만 러시아의 만주 점령 정책은 계속되었고 독일과 프랑스가 이를 양해하는 쪽으로 상황이 전개되었다.

이에 불안을 느낀 일본은 1902년 영일동맹을 맺어 청에서의 영국의 이권을 인정해주는 대신 러시아의 남방 진출을 견제하는 한편 조선에서 일본의 우위권을 인정받았다. 그러자 러시아는 프랑스와 동맹을 맺고 남진 정책을 계속하여 1903년에는 압록강 하류의 용암포龍岩浦를 점령하고 군사시설을 설치한 뒤 정식으로 조차를 요구해왔다.

이에 대해 일본은 러시아의 군대 철수를 요구하는 한편 한국에서의 일본 이권을 용인할 것도 제의했다. 그러나 러시아는 철군을 거부하고 일본이 한국을 군략상의 목적으로 이용하지 않는다는 전제하에 일본의 정치적·경제적 우월권을 인정하겠다는 의견을 제시했다. 그리고 39도선 이북의 한반도를 러시아와 일본의 중립지대로 할 것도 요구했다. 이러한 양국의 요구는 몇 차례의 협상에도 불구하고 타결점을 찾지 못해 결국 양국의 무력 대결로 치달았다. 이것이 1904년의 러일전쟁이었다.

러시아와 일본 사이에 전운이 감돌자 대한제국 정부는 1904년 1월, 국외중립을 선포한다. 그러나 일본군은 서울을 침입해 각종 건물과 군사 요지를 점령했다. 그리고 무력으로 위협해 한국 정부와 한일의정서韓日議定書를 체결했다. 이 의정서는 관례에 따라 일본이 한국의 독립과 영토 보전을 보장한다는 것이 주 내용이었다. 그러나 거기에는 일본의 한국에 대한 간섭을 합법적으로 보장하는 내용도 들어 있었다. 예컨대 한국은 시정의 개선을 위해 일본의 충고를 받아들여야 한다거나 제3국의 침입이나 내란으로 대한제국 황제의 안녕과 영토 보전에 위험이 있을 때는 일본이 필요한 조치를 취할 수 있다는 것, 그리고 이를 위해 군사상 필요한 지점을 사용할 수 있다는 조항이 들어 있었다.

이로써 일본은 한국에 대한 정치적·군사적 간섭을 보장받았으며 한국이 러시아와 맺은 조약은 폐기되었다. 이후 일본은 한국에서 경부철도·경의철도 부설권을 획득했고 연안 어업권과 항행권 등의 이권도 얻었다. 또 황무지 개간권마저 획득하여 영토를 강탈하려 했으나 한국 여론의 반대에 부딪혀 실패했다.

일본은 한일의정서에 있는 "한국은 시설 개선에 관한 충고를 받아들인다"는 조항을 구체화하기 위해 1904년 5월에 '대한시설강령'을 결정했고 나아가 이를 실천하기 위해 제1차 한일협약(한일협정서)을 체결했다. 이것은 한국 정부가 일본의 추천을 받아 재정고문과 외교고문을 두고 주요 안건에 대해 이들과 협의한다는 것이 주 내용이었다. 이에 따라 메가다日賀田種太郞가 재정고문으로, 미국인 스티븐스D. W. Stevens가 외교고문으로 초빙되었다. 스티븐스는 후일 미국에 돌아가 일본의 통감정치를 찬양하다 전명운·장인환에게 암살된 인물이다.

그런데 이때 조약에도 규정되지 않은 궁내부·군부·내부·학부에도 일본인 고문들이 설치되어 이른바 고문정치가 시작되었다. 이로써 한국은 정치의 각 방면에서 일본의 통제와 간섭을 받게 되었다. 특히 외교권에 대한 간섭이 심해 독일·프랑스·청·일본 등에 파견된 한국 공사가 소환되었다.

끝내 막지 못한 비극, 한일합방

러일전쟁은 예상을 뒤엎고 일본이 연전연승했다. 이에 미국은 양국의 중재에 나섰으나 한편으로는 일본이 한국을 점령하는 것이 낫다고 판단했다. 이리하여 1905년 7월, 미국과 일본 사이에 가쓰라·태프트밀약(일본 총리 가쓰라桂太郞와 미국 대통령 특사 태프트Willian Howard Taft 사이의 비밀 협정)이 성립되었다. 이 조약은 일본이 미국의 필리핀 점령을 용인하는 대신 미국은 일본의 한국 지배를 인정한다는 것이 주 내용이었다. 또한 일본은 영국과 제2차 영일동맹을 맺어 한국에 대한 일본의 정치·군사·경제 이익을 보장받았다. 특히 러일전쟁 승리와 미국의 중재로 맺어진 포츠머스 강화조약으로 일본은 한국에서의 정치·군사·경제적 우위권을 러시아로부터 보장받고 러시아 소유의 요동반도 조차권을 할양받았다. 이로써 일본은 한국에 대한 마지막 경쟁자를 물리치고 한국의 보호국화를 더욱 강화할 수 있는 국제적 위치를 확보했다.

한국 보호국화 정책은 착착 진행되었다. 일본은 우선 송병준·이용구 등을 사주해 친일 단체인 일진회一進會를 만들고 한국에 대한 일본의 보호 필요성을 주장케 함으로써 보호조약을 한국인이 원한 것으로 위장하려 했다. 그런 다음 일본 정치계의 원로 이토 히로부미伊藤博文를 파견해, 주한공사 하야시林權助와 함께 군대를 이끌고 왕궁에 들어가 황제와 대신들을 위협하여 강제로 제2차 한일협약(을사보호조약)을 체결케 했다. 일본은 당시 수상 격인 참정參政 한규설韓圭卨이 조약 체결을 반대하자 헌병에게 끌어내게 하고 외부대신인을 가져다가 조약에 날인했다. 이때 일본에 직간접적으로 협조한 이들이 있었는데 내부대신 이지용李址鎔, 군부대신 이근택李根澤, 법부대신 이하영李夏榮, 학부대신 이완용李完用, 농상공부대신 권중현權重顯으로, 이들을 을사오적乙巳五賊이라 한다.

을사조약의 핵심적인 내용은 대한제국의 외교권을 일본이 완전히 박탈하고 황제에게 내알할 수 있는 통감을 둔다는 것이었다. 이에 따라 일본은 1906년 2월 이토를 초대 통감으로 임명하고 서울에 통감부를 설치했다. 1905년 독도를 강제로 약탈한 바 있던 일본이 1909년에 간도 지방을 청에 넘겨준 것은 이때의 외교권 박탈의 결과였다. 통감부는 본래 한국의 외교 사무를 관장한다는 명분으로 설치되었지만 실제로는 경무부·농상공부·총무부 등을 두어 내정 전반을 관장해, 후일의 총독부와 다름없었다.

이러한 가운데 고종은 이 조약이 한국의 의사와 관계없이 강제로 체결된 것임을 세계에 알리기 위해 이준·이위종·이상설 3인을 네덜란드 헤이그에서 열린 만국평화회의에 파견했다. 그러나 영국과 일본의 방해로 회의에 참석하지도 못했고 오히려 이것이 문제가 되어 고종은 1907년 7월 강제 퇴위되었다.

고종을 퇴위시키고 병약한 순종을 즉위시킨 일본은 같은 달에 한일신협약(정미칠조약)을 체결했다. 이 조약은 한국 정부가 시정의 개선에 관해 통감의 지도를 받을 것과 한국 고등 관리 임면은 통감의 동의를 얻을 것, 법령의 제정 및 중요한 행정상의 처분은 통감의 승인을 얻을 것, 통감이 추천하는 일본인을 관리로 임명할 것 등을 내용으로 했다. 이에 따라 각 부의 차관에 일본인이 임명됨으로써 차관정치가 시작되었다.

이 조약 직후 일본은 재정 부족을 이유로 한국 군대를 해산해버렸다. 이로써 한일합방의 마지막 장애인 군사력마저 제거한 것이다. 또 1909년 7월에는 기유각서(己酉覺書)를 교환함으로써 한국의 사법권까지 박탈했다. 나아가 1년 뒤 일본은 일진회를 종용해 '합방촉진 성명'을 내게 하는 한편 '병합 후의 한국에 대한 시정 방침 결정의 건'을 내각회의에서 통과시켰다. 그리고 약 2개월 뒤 한국 정부의 내각총리대신 이완용과 당시의 통감 데라우치寺內正毅 사이에 8개 조항의 '한국병합에 관한 조약'을 체결해 한국을 일본의 완전한 식민지로 만들었다(1910년 8월 22일 조인, 29일 공포).

이러한 일제의 침략에 한국 국민이 방관만 한 것은 아니다. 러일전쟁 중 일본이 한국의 황무지 개척권을 요구하자 국민들은 보안회保安會를 조직, 반대 운동을 전개하여 이를 철회시켰다. 이어 을사조약이 체결되었을 때도 언론은 일제히 이의 부당성을 지적했다. 장지연은《황성신문》에 〈시일야방성대곡是日也放聲大哭〉이라는 논설을 게재했으며《제국신문》·《대한매일신보》 등도 을사조약의 무효를 주장하고 각 지방의 조약 파기 운동을 상세히 보도했다. 조야 인사들은 '을사오적' 처단을 주장하는가 하면 민영환閔泳煥 같은 이는 자결까지 했다. 군대 해산에 항거하여 당시 대대장이던 박성환이 자살하기도 했다.

또한 각지에서 열사들의 항일 의거가 속출했다. 1908년 장인환과 전명운은 친일파 미국인 스티븐스를 샌프란시스코에서 살해했으며, 이듬해 연해주 일대에서 의병운동을 전개하던 안중근은 침략의 원흉인 이토를 만주 하얼빈에서 저격했다. 같은 해 이재명은 매국노 이완용을 습격하여 중상을 입히기도 했다.

그러나 일제의 침략에 대한 가장 적극적인 저항은 의병운동이었다. 항일 의병

• 이토 히로부미를 사살한 안중근 의사

은 1895년 민비 시해와 단발령에 자극받아 일어난 을미의병에서 비롯되었다. 그리고 한일합방조약이 체결될 때까지 일제에 무력적으로 저항했다. 이는 그 시기와 성격에 따라 3기로 나눌 수 있다.

1기는 1895년 을미의병에서 을사보호조약 체결 전인 1905년까지로 이 시기의 의병은 동학농민혁명군에 참여했던 농민들이 많이 가담했고 그 지휘자는 대부분 지방의 유생들이었다. 대표적으로는 제천에서 일어난 유인석柳麟錫 부대와 춘천의 이소응李昭應 부대, 선산에서 일어난 허위許蔿 부대 등이 있다. 존왕양이尊王攘夷를 기치로 내건 이들 의병 부대는 곳곳에서 정부군과 일본군에 맞서 싸우다가 아관파천으로 친일정권이 무너진 뒤 국왕의 회유 조칙에 따라 대부분 해산했다. 그러나 그 하부 조직 가운데 동학농민군의 잔여 세력으로 생각되는 무리들은 활빈당活貧黨을 조직해 활동하기도 했다.

2기는 을사조약 이후부터 1907년 군대 해산 이전까지 일어난 의병을 말한다. 이 시기에도 의병의 지도자는 주로 유생이었으나 평민 의병장도 출현한 것이 특징이다. 을사조약이 체결되어 독립국가의 면모가 없어지고 국권 상실의 위기가 도래하자 의병운동은 더욱 격렬히 전개되었다. 강원도 원주에서 원용팔元容八 부대가 제일 먼저 군사를 일으키자 충청도 홍성에서 민종식閔宗植 · 이세영李世永 · 안병찬安秉瓚 등이 부대를 조직해 홍주성을 공격했다. 당시 유림의 거두였던 최익현崔益鉉은 제자 임병찬林炳瓚 등과 함께 전북 태인에서 일어나 정읍 · 곡성을 거치면서 세력을 불려 순창으로 진출했으나 동족인 정부군과는 차마 싸울 수 없다 하여 스스로 군대를 해산하고 체포당했다. 그는 일본군에 의해 쓰시마 섬에 유배되었다가 순국했다. 이외에도 경북 영천의 정용기鄭鏞基 부대, 영해의 신돌석申乭石 부대 등이 있었다. 특히 신돌석은 평민 출신으로 약 3천여 명에 달하는 의병을 거느리고 평해 · 울진 · 영해 등지에서 큰 활약을 했다.

3기는 1907년 군대 해산 후부터 한일합방 때까지로 의병운동이 최고조에 달한 시기다. 이때는 강제 해산된 군인들이 근대식 무기를 가지고 의병에 가담해, 그 규모나 성격 면에서 이전과는 상당히 달랐다. 군대 해산을 반대하면서 제일 먼저 항일 전선에 나선 것은 원주 진위대와 강화 분견대의 장병들이었다. 이어 수원 진위대와 홍주 분견대 · 진주 진위대 장병들이 주변 의병에 합류함으로써 의병운동은 큰 활기를 띠었다.

각지에서 의병 부대와 일본군의 전투가 계속되는 가운데 의병들 사이에 연합전선이 형성되어 1907년 12월에는 서울진공작전이 전개되기에 이르렀다. 이에 따라 전국적인 창의군倡義軍이 조직되고 13도 총대장에 이인영, 군사장에 허위 등이 임명되었다. 이들은 선발대를 인솔하여 서울 30리 밖까지 진출했으나 일본군의 완강한 저항으로 일단 후퇴했다. 이때 이인영이 부친의 사망 소식을 듣고 불효는 불충이라 하여 지휘권을 허위에게 맡기고 낙향했다. 총대장이 없는 상태에서 서울 진공작전을 감행했으나 결과는 실패였고 잔여 의병은 전국으로 흩어졌다. 이후 일본군이 '남한 대토벌 작전'을 감행해 의병은 약 5만 명의 사상자를 냈고 나머지는 간도나 연해주 지방으로 탈출해 독립군이 되었다.

이러한 한민족의 끊임없는 저항에도 불구하고 한국은 일본에 합방되었다. 그것은 국제 정세의 변화에 능동적으로 대처하지 못한 우리의 책임이 크다. 그러나 이들 외국 세력에 기생하면서 자신의 안일과 행복에 눈이 멀어 조국의 앞날을 외면한 인사들의 책임도 무시할 수 없다.

순국자와 매국노—극명하게 갈린 운명

조선의 국운이 쇠하고 일본의 침략이 강화되는 시점에서 조선 내부
에는 이를 저지하고 저항하는 부류와 오히려 이를 부채질해 일신의 영
달을 꾀한 무리가 공존하고 있었다. 전자의 대표자로 민영환(1861~1905)
을 들 수 있으며 후자의 대표자는 이완용(1858~1926)이다.

민영환, 친러 정책을 이끌다

민영환은 철종 12년(1861) 여흥 민씨 민겸호의 아들로 태어났다. 조부
민치구는 흥선대원군 이하응의 장인이었으니 그는 고종황제와 내외종
사이였다. 또한 작은아버지 민승호가 민비의 친가에 입적했기 때문에
민비의 조카뻘이기도 했다. 훗날 그는 당시 정계에 큰 영향력을 끼치던
큰아버지 민태호의 양자로 들어갔다.

이처럼 그는 왕실의 척족이었을 뿐 아니라 당시 집권자의 집안에서
자랐기 때문에 관직에 진출하는 데 유리한 입장이었다. 그리하여 17세

때 어린이 교육을 위해 설치한 동몽교관童蒙教官에 임명되었고 이듬해의 과거시험에 병과로 급제했다. 그 뒤 예문관의 정자正字 · 설서說書 · 검열檢閱 · 사인舍人 등의 직책을 거쳐 21세에는 벌써 당상관堂上官에 승진해 동부승지가 되었고 이듬해 1882년에는 성균관 대사성에 올랐다.

그러나 이해에 임오군란이 터져 그는 생부 민겸호의 상을 맞았다. 급료 지불에 불만을 품은 구식 군인들이 대궐에 침입해 당시 선혜청 당상이던 민겸호를 살해한 것이다. 이에 그는 벼슬을 내놓고 집에 들어앉아 삼년상을 치렀다. 척족 집안에 태어나 호의호식한 것도 잠시, 그것이 화가 되었던 것이다.

1884년 그는 이조참의에 임명되었으나 자신의 입장을 생각해 세 차례나 사직소를 올렸다. 그러나 고종이 이를 받아들이지 않았고 갑신정변이 일어난 직후의 혼란한 정세 속에서 믿을 만한 사람이 곁에 있기를 원했으므로 민영환은 도승지都承旨에 취임했다. 이때 그의 나이 24세였으니 고종이 얼마나 그를 총애했는가를 잘 알 수 있다. 이듬해인 25세 때에는 전환국총판典圜局總辦에 올랐고 연이어 홍문관부제학 · 이조참의 · 공조참의 · 개성유수 · 한성부우윤 · 기기국총판 · 친군전영사 등의 관직을 거쳤다.

그리고 1887년 27세의 젊은 나이에 예조판서가 됨으로써 민영환은 민씨 세도정치의 주도자로 등장하기 시작했다. 고종 25년(1888)에는 병조판서에 임명되어 국가의 병권을 장악했다. 이후 규장각제학 · 장어이사 · 내각제학 등을 거쳐 1891년에는 종1품 숭정대부에 올랐다. 이때 그의 나이 31세였으니 얼마나 승진이 빨랐는가를 알 수 있다. 그러나 그해에 그는 배필 김씨의 상을 당하는 불운을 겪기도 했다. 이후에도 요직을 두루 거치다가 1895년 주미공사에 임명되었으나 을미사변으로 부임하지 못했다.

그는 1885년부터 민씨 척족 세력에 의해 추구된 인아거청引俄拒淸(러시아를 끌어들여 청 나라를 물리침) 정책에 깊은 관심을 갖게 되었고 1888년 이후부터는 러시아의 베베르Karl Ivanovich Weber 공사와 막역한 교분을 가졌다. 그리고 갑오개혁이 시작되면서는 사실상 친러 정책의 주도자가 되었다. 그러나 을미사변 이후에는 모든 관직을 버리고 자신의 집에 칩거하면서 야인 생활을 했다. 그는 특히 민비의 죽음을 무척 슬퍼하고 통분해했다. 물론 기울어져가는 국운을 모른 체할 수 없어 종종 궁중에 들어가 왕을 알현하고 자신의 견해를 피력하기도 했다.

그는 1896년 고종의 명령으로 다시 관직 생활을 시작하여 궁내부 특진관으로 재직했으나 이때 아관파천을 맞았다. 그 직후 특명전권공사에 피임되어 러시아 니콜라이Aleksandrovich Nikolai 2세 황제 즉위 대관식에 경축 사절로 참가했는데, 물론 이것은 베베르 공사의 특별한 배려로 이루어졌다. 그러나 당시 국왕이 러시아 공사관에 있으면서 파견한 사절이었기 때문에 어떤 정치적 목적이 있었는지도 모른다. 어떤 일인 학자는 이 사행의 목적이 러시아와 한국 간의 밀약을 위한 것이었다고 했으나 확인할 길은 없다. 하지만 민영환이 돌아온 이후 러일전쟁 발발 시까지 러시아 세력이 조선에 진출하여 러시아의 군사 교관이 들어오고 한로韓露은행이 설치되었으며 알렉세예프Evgenii Ivanovich Alekseev 등 각종 고문관이 초빙된 것은 사실이다.

또한 러시아에서 민영환이 벌인 외교 활동은 러시아 한국학 연구의 시발점이 되었다고 할 수 있다. 당시 일행 중 한 사람이던 김병옥이 학생들에게 한국어를 가르치는 교수 활동을 했는데 그것이 상트페테르부르크 대학에서 한국학 강의가 시작된 시발점이다.

민영환은 이때의 사행使行을 계기로 일
본·캐나다·미국·영국·네덜란드·독
일·폴란드 등의 국가를 직접 여행하고
돌아왔다. 러시아에는 3개월이나 체류했
다. 그는 이 여행을 통하여 근대적인 서
구 문물을 관찰하고 새로운 문화와 풍조
를 충분히 섭취하고 귀국했을 것이다. 이
러한 사실을 고종에게 주청하여 광무개
혁의 수행에 영향을 주었으리라는 추측
도 가능하다. 이로써 그는 조선인으로는

• 민영환

최초로 양복을 입고 세계여행을 다녀온 인물이 된 것이다.

1897년 그는 군부대신으로 영국·독일·러시아·프랑스·이탈리
아·오스트리아 6개국의 특명전권공사에 임명되어 다시 해외여행 길
에 올랐다. 특히 영국의 빅토리아Victoria 여왕 즉위 60주년 기념식에 참
석하라는 명령을 받았다. 그는 상하이·나가사키·마카오를 지나 싱가
포르·인도를 거치고 지중해를 건너 러시아로 들어갔다. 거기서 니콜
라이 황제를 만나 국서와 왕의 친서를 전달했다. 그 후 런던으로 건너
가 기념식에 참석하고 약 1개월 머무르다 귀국했는데, 여독이 심했던
지 본래의 임무를 무시하고 타국을 순방치 않은 채 귀국한 것 같다. 그
가 전권대사의 임무를 수행하지 못하여 면관되었다는 기록이 보이기
때문이다. 그러나 이때의 여정만 해도 6개월이나 되었다.

그는 각지를 순방하면서 직접 보고 듣는 동안 정치 제도를 개혁하고
민권을 신장해 국가의 근본을 공고히 할 것을 주청했을 것이다. 이러한
견해가 모두 반영된 것은 아니지만 1900년 원수부元首府 설치는 민영환

의 건의에 의한 것이었다. 이것은 각국의 대원수大元首 예에 따라 황제가 육군·해군 등 전군에 대한 명령권과 지휘 감독권을 모두 갖기 위해 설치한 것이었다.

그의 이러한 진보 사상은 독립협회의 주장과도 통해 이에 대한 협력 혐의로 면관되기도 했다. 1898년 독립협회가 6개 조항의 대황제 요구 조건을 제시하자 고종은 독립협회 간부 정교鄭喬 등을 불러 해산을 종용했다. 이 자리에서 정교 등이 "지금 정부 요인 가운데 인민들이 조금이라도 믿는 사람은 오직 민영환과 한규설뿐입니다"라고 했다 하니 당시 상황을 가히 짐작할 수 있다.

그 후 그는 복직되어 내부대신·학부대신·원수부총장 등을 지내다가 1904년 러일전쟁이 발발하자 친일파 각료들의 득세로 시종무관장의 한직으로 좌천되었다. 1905년에는 전처의 산소 이장 문제로 경기도 용인에 내려가 있다가 을사보호조약의 체결 소식을 듣고 서울로 올라왔다. 그리고 어전에 나가 을사오적을 처단하고 조약을 폐기할 것을 주청했으나 받아들여지지 않자 심부름꾼 이완식의 집으로 가서 자결했다.

부국강병의 뜻을 채 펼치기도 전에

민영환이 친러 경향이 있었던 것은 분명하나 그는 국운이 쇠퇴해가는 조국의 지식인으로서 부국강병을 위한 개혁 사상을 가진 인물이었다. 그것은 그가 써서 건의한 〈천일책千一策〉이라는 글을 통해 알 수 있다. 이 글이 언제 씌었는지에 대해서는 확실한 기록이 없다. 그가 서구를 순방·시찰한 1896~1897년경이라는 견해도 있고 1904년 러일전쟁으로 대한제국이 갈팡질팡하던 시기에 작성되었을 것이라는 견해도 있다. 이 글의 제목은 중국 속담의 "어리석은 자도 천 번 생각하면 반드시 한 가지의 얻음은 있다愚者千慮 必有一得"라는 말에서 취한 것이라 한다.

• 경기도 용인에 있는 민영환의 묘

글의 내용은 시세사조時勢四條와 비어십책備禦十策으로 되어 있다. 시세사조는 시대의 추세에 대응해야 할 네 가지 조목인데, 러시아의 남진을 경계하고 일본의 침략을 방지해야 하며 청에 의지해서는 안 된다는 의견이 개진되어 있다. 그리고 수령들이 청렴결백해야 하며 학교의 진흥, 산업의 진흥 등을 꾀해야 한다고 논하고 있다.

비어십책은 무비武備를 잘 갖추어서 외적을 방어할 수 있는 열 가지 방책을 말한다. 개략적인 내용을 살펴보면 ❶ 문벌에 관계없이 인재를 등용하고 매관매직을 금지하며 백관의 봉급을 후하게 주고 시부詩賦에 의한 과거제를 폐지할 것, ❷ 탐관오리를 숙청하고 기강을 확립할 것, ❸ 육·해군을 창설하고 군대를 잘 훈련할 것, ❹ 산업을 장려하고 이를 위해 사창·의창·상평창 등의 제도를 설치할 것, ❺ 각종 신식무기를 구입하고 제조할 것, ❻ 포대를 수축하고 산성을 수리하여 요해지를 지킬 것, ❼ 재판을 공정히 하고 일부일처제를 시행하며 의료기관을 확충할 것, ❽ 세법을 정리하고 지폐를 발행할 것, ❾ 학교를 세워 인재를 양성할 것, ❿ 문호를 개방하되 일본과 러시아의 침략주의를 경계할 것과 같다.

그는 이렇듯 개화를 주장하면서도 우리의 독자적인 부국강병과 개혁

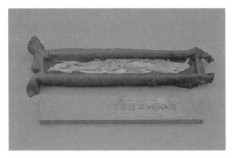

이 필요함을 역설했다. 그러나 그러한 사상을 채 펴기 전에 45세를 일기로 생을 마감해야 했다. 그리고 다음과 같은 피맺힌 유서를 남겼다.

국치國恥와 민욕民辱이 이에 이르렀으니 우리 민족은 장차 생존 경쟁 가운데서 진멸殄滅하리라. 대저 살기를 바라는 사람은 반드시 죽고 죽기를 기약하는 사람은 도리어 삶을 얻나니 제공諸公은 어찌 이것을 알지 못하는고? 영환은 한 번 죽음으로 황은皇恩에 보답하고 이천만 동포 형제에게 사죄하려 하노라. 그러나 영환은 죽어도 죽지 않고 저승에서라도 기어이 도우리니 다행히 동포 형제들은 천만 배 더욱 분려奮勵하여 지기志氣를 굳게 하고 학문에 힘쓰며 한마음으로 힘을 다하여 우리의 자유 독립을 회복하면 죽은 몸도 마땅히 저세상에서 기뻐 웃으리라. 아! 조금도 실망하지 말지어다. 우리 대한제국 이천만 동포에게 이별을 고하노라.

그가 죽자 그 뒤를 이어 의정대신 조병세·전 참판 홍만식·학부주사 이상철 등이 자결했고 심지어 그의 가솔 가운데 하나도 경우궁 뒷산에 올라가 목을 매 죽었다 한다. 이러한 그의 죽음은 의병운동의 기폭제가 되기도 했다.

친러에서 친일로, 변화무쌍한 처세의 길을 걷다 — 이완용

이완용은 철종 9년(1858) 경기도 광주군 낙생면 백현리에서 우봉牛峰 이씨 호석鎬奭의 아들로 태어났다. 전해지기로, 그의 어머니 신씨가 산통으로 신음하다 잠시 졸았는데 꿈에 말을 탄 병정들이 집 주위를 둘러싸고 있었다 한다. 그런데 그들은 하나같이 말머리를 바깥쪽으로 돌리고 있었다. 꿈을 깬 직후 아이를 낳았는데 해산하자마자 날씨가 흐려지면서 비바람이 불고 뇌성벽력이 그치지 않았다 한다. 그의 파란만장한 생애를 미리 예고한 것인지 모르겠다.

그는 11세 때 이호준李鎬俊의 양자로 들어갔고 고종 19년(1882)에 증광별시 문과에 급제했다. 곧이어 그는 특진을 거듭했는데 이호준의 처가 민씨였던 덕분도 있었을 것이다. 그 후 1886년 육영공원에 입학하여 신학문을 배웠고 1887년에는 특파전권대사 박정양朴定陽을 따라 참찬관으로서 미국에 갔다. 그러나 이듬해 병으로 소환되었다가 다시 미국으로 갔다. 그해 12월 그는 대리공사로 승진하여 약 2년간 주재하다 돌아왔으며, 이 때문에 구미파로 알려졌다.

이후 그는 내무참의 · 성균관대사성 · 동지춘추관사 · 육영공원관리 등의 관직을 거쳤다. 이때 조선의 민비 정권은 청일전쟁과 갑오개혁을 거치면서 배일친러 정책을 쓰기 시작했다. 마침내 1895년, 민비 일파는 내무대신 박영효가 모반 음모에 가담했다는 특진관 심상훈의 고변에 의해 친일 내각인 김홍집 내각을 퇴진시키고 박정양 내각을 성립했다. 이에 구미파로 알려진 이완용은 학부대신으로 임명되어 각광을 받기 시작했다.

그러나 얼마 뒤, 이완용은 민비 시해 사건으로 면직당한다. 게다가 국민들 사이에는 단발령과 민비 시해 사건으로 반일 감정이 깊이 자리

• 이완용

하게 되었다. 그러자 잠시 미국 공사관으로 피신해 있던 이완용은 이범진·임최수·이재순·안경수 등과 왕실의 근신 및 일부 외국인까지 포섭하여 친일 내각을 타도할 계획을 세웠다. 또한 민비 시해 사건으로 공포에 떨고 있던 고종의 거처를 대궐 밖으로 옮기게 했다. 그러나 이 춘생문春生門 사건은 안경수·이진호 등의 배반으로 실패했다. 그리고 일본은 이 사건을 '국왕 탈취 사건'이라 선전하면서 이를 빌미로 민비 사건에 관련된 일본인 모두를 석방했다.

춘생문 사건이 실패로 돌아가자 이완용·이범진 등은 철저한 친러파로 기울기 시작했다. 1986년, 잠시 러시아로 피신했던 이범진은 귀국하면서 이완용·이윤용 형제 등과 같이 베베르 공사와 밀의하여 고종을 러시아 공사관으로 모셔갔다. 이것을 역사에서는 아관파천俄館播遷이라 한다. 이렇게 해서라도 일본의 간악한 정치 간섭에서 벗어나려 한 것이다.

아관파천에 성공한 이완용은 외부대신으로 취임하는 동시에 학부대신 및 농상공부대신 서리까지 겸임하여 박정양을 중심으로 한 친러 내각을 편성했다. 그의 형인 이윤용도 군부대신으로 경무사警務使까지 겸하게 되었다. 정권을 잡은 이들은 정치적 보복을 위하여 우선 친일파의 영수인 김홍집·유길준·정병하·조희연·장박의 5대신 포살령을 내렸다. 이에 흥분한 군중은 김홍집과 정병하를 살해했으며 김홍집 내각의 탁지부대신이던 어윤중은 탈출하여 귀향하다 난민에게 역시 살해당했다. 유길준 · 조희연 · 장박 등은 일인의 도움으로 일본으로 망명했다.

이에 격분한 일본은 조선 정부를 신랄하게 비판했고, 이완용은 나름의 변명을 일본공사에게 보내기도 했다. 그러나 아관파천 이후 러시아를 비롯한 미 · 영 · 불 등이 각종 이권을 침탈하자 그는 독립협회에 가담하여 국가 주권 수호 운동을 벌이는 한편 고종의 환궁을 촉구했다. 고종은 1897년 환궁했으나 이완용은 이범진과 틈이 벌어지게 되었다.

고종이 러시아 공사관에서 돌아오자 친러파로 낙인이 찍힌 이완용은 중용될 수 없었다. 그리하여 평안도 관찰사 · 전북 관찰사 등의 지방관을 전전하다 광무 5년(1901) 처음으로 궁내부 특진관으로 서울에 올라왔다. 이후 시세를 관망하면서 근신하다가 1905년 러일전쟁이 끝나면서 다시 학부대신으로 취임했다. 이 시기가 이완용에게는 가장 어려웠던 시기라 할 수 있으며 독립협회에서도 이미 제명된 후였다. 이때부터 이완용은 이지용 · 박제순 등과 함께 친일파로 변모하기 시작한다.

이 무렵 러일전쟁에서 승리한 일본은 1905년 이토 히로부미를 조선의 특명전권대사로 삼아 강제로 보호조약을 체결하려고 기도했다. 고종의 강력한 반대에도 이토는 대신들을 일본 대사관으로 불러 보호조약 승인을 강요하는데, 한규설을 비롯한 여러 대신은 반대의 뜻을 굽히지 않았다. 이때 학부대신 이완용이 불쑥 나서서 말했다.

"지난날의 모든 조약이 일방적으로 강요에 못 이겨 체결되었으며 그래서 우리나라는 늘 그 조약의 글자 수정을 못 하여 후회하였습니다. 그러니 이번에 새로운 조약은 서로 변경할 수 있게 하면 전혀 불가능한 것은 아닙니다."

이 말에 이토는 회심의 미소를 지었다. 이완용을 잘 이용하면 조약 체결이 가능하리라 믿은 것이다. 그리고 이 한마디는 후일 이완용을 매국노로 만든 계기가 되었다.

보호조약 체결이 뜻대로 되지 않자 이토는 군대를 풀어놓고 어전회의를 했다. 이때 이완용은 또다시 비슷한 발언을 한다.

> "오직 불가라고만 말해서는 안 된다. 조약문 가운데 더할 것은 더하고 뺄 것은 빼서 제정해야 하니 3조에 있는 통감 밑에 '외교' 두 글자를 명언하지 않아 훗날 폐가 있을 듯하다. 외교권은 우리나라의 실력이 충실할 적에 반환될 것이니 연한을 정할 필요가 없다."

이토가 조약을 강제로 체결하려 하자 이완용은 황실의 안녕과 존엄을 보장하는 조항을 넣어 통과시키자고 했다. 이에 이토는 원래의 4개 조항에다 이 1개 조항을 첨가함으로써 조약 체결을 성사시켰다. 이로써 '을사오적'이 탄생했는데 이완용과 내부대신 이지용만 끝까지 불가를 말하지 않았고 다른 대신들은 적어도 한두 번은 옳지 않다고 주장했다.

그 후 이완용은 을사조약 체결을 적극 추진한 공으로 의정대신 서리·외부대신 서리까지 맡아 이제 필요가 없어진 외교관계 사무를 도맡아 처리했다. 1906년 3월 이토가 초대 통감으로 부임하자 그는 내각의 총리대신이 됨으로써 완전한 이토의 수족이 되었다. 그리하여 1907년 헤이그 밀사 사건이 일어나자 그는 고종을 위협하여 퇴위시키는 데 앞장섰다. 또한 그는 군대 해산 후 전국 각지에서 의병이 일어나자 "지금 군인들이 각 지방에 흩어져서 어리석은 백성을 선도하여 소요를 일으키고 있다. 이것을 일본 군대로써 진압하려고 하면 인심은 한층 격앙해질 것이다. 그러므로 조선인을 헌병 보조원으로 모집하여 진압에 대처해야 한다. 이는 오랑캐로써 오랑캐를 다스리는 방법이다"라고 하여 조선인끼리의 싸움을 조장했다.

그런 가운데 1909년 10월 이토가 안중근에게 살해되었다. 그리고 두어 달 뒤 이완용은 이재명 의사의 칼을 맞았다. 서울 명동의 천주교회에서 벨기에 황제 레오폴드Léopold 2세의 추도식에 참석하고 돌아오다 습격을 받은 것이다. 그즈음 이완용은 친일파로 완전히 낙인찍힌 상태였다. 당시 친일 단체였던 일진회는 '한일 연방국'이니 '합방론'을 들고 나오는 형편이었는데 이완용은 이를 표면적으로는 반대했다. 그것은 자신이 꼭 친일파는 아니라는 것을 국민에게 보여주고자 함이었으나 실제는 일진회의 송병준을 견제코자 한 행동이었다. 자신이 먼저 합방안을 내놓아야 일본의 호감을 얻어 출세할 수 있겠는데 일진회가 선수를 치자 이를 반대한 것이다.

이재명의 습격으로 생긴 후유증을 치료하러 온양에 가 있던 그는 데라우치寺內正毅가 통감으로 부임했다는 소식을 듣고 급히 상경했다. 이때 그의 집안사람들은 부상을 기화로 삼아 퇴직을 권고했다. 그러나 그는 이렇게 말하며 주위의 만류를 뿌리쳤다.

> "내가 국민들의 원부怨夫가 된 지는 이미 오래인데 여기서 내가 물러나면 반드시 화가 미칠 것이다. 그렇다면 차라리 끝까지 일본에 의지하여 나 스스로를 보전해야 한다."

데라우치 통감을 찾아간 그는 합방안을 듣자마자 찬성을 표시하고 어전회의를 소집하여 안을 통과시켰다.

조약 체결 후 그는 백작이라는 작호와 더불어 잔무 처리 수당 60여 원, 퇴직금 1,458원을 받았다. 그 뒤 조선총독부 중추원 고문에 추대되었다가 나중에 후작으로 승진했고 중추원 부의장으로 영화의 길을 걸었다. 그러다가 1926년 2월 68세의 나이로 세상을 떠났다.

그의 인생은 이처럼 구미파에서 친러파로, 러일전쟁 후에는 다시 친일파로 변화무쌍한 길을 걸었다. 그의 삶에 대한 자세와 생각은 생전에 그의 생질인 김명수에게 들려주었다는 다음의 말을 통해 알 수 있다.

무릇 천도天道에는 춘·하·추·동이 있으니 이를 변역便易이라 한다. 또 인사人事에는 동·서·남·북이 있어서 이것도 역시 변역이라고 한다. 천도·인사가 때에 따라 변역이 없다고 하면 이것은 실리實理를 잃어서 끝내는 성취할 바가 없을 것이다. 지금 또 시세가 돌변하면 너는 모름지기 이 기회를 타서 인사의 적의適宜함을 잃지 말아야 한다.

자결과 처세술 사이

이상에서 살펴본 바와 같이 민영환과 이완용은 다 같이 생전에는 부귀영화를 누렸다. 전자는 민비의 척족으로서, 후자는 변화무쌍한 처세술로 요직에 있었다. 그리고 그들 사이에 어떠한 교류 관계가 있었는가는 잘 알 수 없지만 그들은 대체로 비슷한 시기에 관직 생활을 했다. 예컨대 1890년 민영환이 병조판서에 있을 때 이완용은 승정원 우부승지와 성균관 대사성 직에 있었고, 1896년 민영환이 궁내부특진관으로 있을 때 이완용의 협조로 아관파천이 단행되기도 했던 것이다. 뿐만 아니라 두 사람은 대일 관계 면에서도 비난받을 수 있는 약점을 지녔다는 공통점이 있다. 민영환은 친일파의 거두이면서 친일 단체인 일진회를 이끌던 송병준을 후원했으며 이완용은 을사조약과 합방 조약의 적극적인 추진자였다.

그러나 그들의 죽음은 달랐다. 민영환은 을사보호조약 체결로 민족의 운명이 풍전등화에 이르자 자결했고 이완용은 끝까지 영화를 누리다 죽었다. 전자는 이완용보다 세 살 아래였지만 45세의 젊은 나이로 민족을 위하여 목숨을 던진 데 반해, 이완용은 가족의 만류도 뿌리치고 민족을 팔아 영원한 부귀를 누리려 한 것이다. 그리고 이 둘에 대한 후대의 평가는 여기서 극명하게 갈린다. 혹시 민영환은 현재 매국노로 낙인찍힌 이완용과 비슷한 생을 살았음에도 '자결'이라는 마지막 모습 하나만으로 지나치게 긍정적인 평가를 받고 있는 것은 아닐까? 극적인 마지막이 모든 평가를 좌우하는 우리의 역사 보기에 문제점은 없는지 되돌아볼 때다. 일설에 의하면 전북 익산군 낭산면 낭산리에 있던 이완용의 무덤이 하도 수난을 당하자 후손이 묘를 파서 시체를 화장했고 그의 친족 되는 어느 사학자는 이완용의 묘에서 나온 명정을 돈을 주고 사서 불태워버렸다고 한다. 민족과 역사를 배반한 자가 죽어서도 수난을 당한다 해서 동정하자는 것이 아니다. 다만 '과거사 청산'을 외치는 우리의 시각과 그 기준이 얼마나 객관적인지에 경각심을 느껴야 할 것이다.

| 생각해 보기 |

1. 한일합방의 원인은 무엇이었을까?
2. 청과 러시아는 왜 일본에 패했을까?
3. 왕실 인척의 정치 참여는 허용되어야 하는가, 금지되어야 하는가?
4. 인간의 사상과 신념은 때에 따라 변하는 것인가, 불변해야 하는가?

13장

빼앗긴 땅,
정신만은
지키리라

◆

일제강점기의 식민사학과 신채호 vs 백남운

1 식민정책과 식민사학

무단통치에서 문화정치로 — 민족 분열을 종용하다

1910년, 한일합방과 함께 일본은 식민통치를 위한 다양한 정책을 펼치기 시작했다. 1945년까지 36년간 이어진 식민통치는 그 성격과 시기에 따라 대략 세 시기로 나눌 수 있다.

1기는 합방에서 3·1운동까지로 이를 흔히 '무단통치' 시기라 한다. 합방에 반대하는 의병운동과 애국계몽 운동을 헌병경찰을 동원해 강압적으로 탄압하면서 정치·경제·사회·문화 각 방면에 걸쳐 식민통치의 기반을 마련해가던 시기였다.

일제는 무단정치의 관료 행정 기구로서 조선총독부를 설치하고 그 책임자로 총독을 두어 식민통치를 시작했다. 총독은 현역 육·해군 대장 가운데 임명되었으며 조선의 통치에 전권을 행사했고 조선 주둔 일본군을 통솔했다. 헌병경찰은 총독 휘하에서 식민통치를 실질적으로 담당하는 이들이었다. 그들은 갑오개혁 때 폐지된 태형 제도까지 부활

시켜 식민통치에 장애가 되는 인물을 탄압했다. 농촌 지방에까지 헌병분견소·순사주재소·순사파출소 등을 두어 항일운동을 진압했다.

그들은 언론·출판·집회와 같은 기본권도 말살하여 《황성신문》, 《대한매일신보》 등 민족 신문을 전부 폐간했고 민족정신을 고취하는 서적을 폐간·발매금지·압수 처분했다. 그것은 이전부터 전개된 애국계몽 운동을 탄압하기 위한 조처였다.

또한 1909년부터 자행된 의병에 대한 '남한대토벌작전'을 빌미로 일본군은 의병뿐 아니라 죄 없는 백성들도 많이 죽였다. 이 작전의 본래 목적은 의병 활동의 근절이었으나 토벌을 빙자해 조금이라도 의심이 있는 자는 처벌함으로써 전국을 공포 분위기로 몰아넣었다. 이를 통해 식민지 지배에 대한 저항심을 아예 갖지 못하게 하려는 의도였다.

경제적인 측면에서는 합방 이후 1918년까지 토지조사사업을 벌여 식민지 수탈 체제에 적합한 경제 구조로 개편했다. 본래 명분은 토지소유권 확정, 등기 제도 확립, 소유권에 기초한 지세 제도의 정비 등이었다. 그러나 이 과정에서 많은 토지가 일본인 손으로 넘어갔다. 불법적으로 침탈한 일본인의 토지 소유를 법적으로 인정했으며 왕실 소유지, 문중의 토지, 신고에서 누락된 토지 등이 국유지로 편입되었다. 이들 국유지는 동양척식회사나 일본인 회사 및 지주에게 헐값으로 불하되었다.

2기는 3·1운동 이후부터 만주사변(1931) 발발 전까지로 소위 '문화정치' 시기다. 무단통치에 대한 반발로 전국적인 만세시위 운동인 3·1운동이 일어나자 일제는 정책을 수정하여 '문화정치'라는 명분하에 민족 분열을 획책하는 정책으로 방법을 바꾸었다.

우선 일제는 헌병경찰 제도를 보통경찰 제도로 바꾸었다. 그러나 이는 겉으로 드러난 변화일 뿐 실제로는 군과 경찰 병력을 이전보다 증

강했으며, 조선인 헌병 보조원을 대폭 양성하여 조선인이 조선인을 밀고 · 체포 · 구금하게 하는 분열 정책을 썼다.

또한 일제는 그간 금지한 단체의 설립이나 신문 창간을 일부 허용했다. 그리하여 교풍회 · 대동동지회 · 국민협회 · 대정친목회 · 유도진흥회 등의 단체가 생겼고 《동아일보》, 《조선일보》 등의 한글신문도 창간되었다. 그러나 일본은 이들 단체를 이용해 친일 여론을 조성했고 신문에 대한 검열을 엄격히 하여 삭제 · 압수 · 정간 등의 사건이 빈번했다. 이런 정책은 일부 민족주의자들이 타협 노선을 걷거나 나아가 친일 노선으로 선회하게 만들었다. 이광수의 〈민족개조론〉(1922)은 당시의 이러한 경향을 잘 보여준다.

한편 1918년 일본 도쿄에서 쌀폭동이 일어나 만성적인 식량부족에 허덕이자 일본은 조선에서 '산미증식계획'을 수립했다. 당초의 계획에 의하면 1920년부터 15년간 899만 5천 석을 증식해 그 가운데 800만 석을 일본으로 방출한다는 것이었다. 그러나 이 계획의 실적이 좋지 못해 1926년 제2차 계획이 수립되었고, 그 역시 크게 성공하지는 못했다. 결국 이 계획으로 소작 농민들은 더욱 수탈을 당했으며 많은 양의 쌀이 일본으로 반출됨으로써 농민 생활의 비참상은 극에 달했다.

민족 말살 정책과 역사 왜곡의 시작

일제 식민통치의 3기는 만주사변 이후부터 해방 전까지로 이 시기 일본은 만주사변 · 중일전쟁(1937) · 태평양전쟁(1941)을 일으키면서 조선을 침략 전쟁의 전초기지로 육성하고 군수기지화하려는 정책을 폈다. 그들은 이른바 '북선北鮮 정책'을 내걸고 북부조선 일대에 화학 · 금속 공업의 발전을 꾀했다. 이에 따라 일본인 독점 자본가와 일부 친일 한국 자본가가 많은 돈을 벌었으나 그에 반비례해 많은 민족적인 중소기업가들이 몰락했다. 일본은 또한 군수공업에 필요한 잠사·면화·대마 등을 대량 약탈해 갔고 무기와 항공기 제작을 위해 잡다한 금속붙이를 공출했다.

동시에 1938년부터 특별지원병 제도를, 1944년에는 학도병제와 징병제를 실시해 많은 조선인 청년과 학생 들을 전쟁으로 내몰았다. 1940년에만 8만 4,443명이 강제 동원되었으며 1943년에는 무려 30만 3,760명의 조선 청년이 전쟁터로 나갔다. 뿐만 아니라 1938년 국민총동원령이 내리고 그 이듬해에 국민징용령이 발동해 많은 조선인이 강제 연행되었다. 일본군을 위한 정신대挺身隊 명목으로 조선인 처녀들을 잡아가기도 했다.

그들은 민족 말살 정책으로 내선일체를 내세워 신사神祠 참배와 창씨개명을 강요했다. 또한 총독부는 1937년에 모든 행정기관에서 일본어만 사용하게 하고 1940년대에 들어와서는 조선어로 쓰인 모든 신문·잡지를 폐간했다. 그리고 1943년부터 이른바 국어(일본어) 보급 운동을 강행했다.

이와 같은 식민 정책과 더불어 그들은 한일합방과 그들의 침략 정책을 정당화하기 위해 사학자들을 동원, 역사를 왜곡했다. 나아가 한국 민족을 패배주의적 운명론에 빠지게 함으로써 항일운동의 싹을 자르려 하기도 했다. 이를 일컬어 식민사학植民史學 또는 식민주의 사학이라 한다.

그 내용은 타율성론·반도적 성격론·정체성론의 세 부분으로 나눌수 있다. 타율성론은 한국의 수천 년 역사가 북쪽의 중국·몽골·만주와 남쪽의 일본 등 이웃한 외세의 침략과 압제 속에서 비주체적으로 전개되었다는 이론이다. 그들은 우선 단군조선의 존재를 부정했다.《삼국

유사》나《제왕운기》에 나오는 단군신화는 믿을 수 없는 황당한 내용일 뿐만 아니라 몽골의 압제 아래 신음하던 충렬왕 대에 일연이 민족의식을 고취하기 위해 조작한 설화에 불과하다고 했다. 다만 기자동래설은 인정했는데, 기자가 중국 주周나라 제후였고 위만조선의 위만도 중국 연燕나라의 장수였다는 이유에서다. 따라서 한반도 북쪽은 역사의 초기 단계부터 기자 · 위만 · 한사군 등 중국 세력이 지배했다는 것이다.

식민사학에 따르면 한반도 남쪽도 일찍부터 일본의 지배를 받았는데 이를 '남선경영설南鮮經營說' 또는 '임나일본부설任那日本府說'이라 한다. 이 설의 근원은 일선동조론日鮮同祖論에 있다. 일선동조론은 일본의《고사기古事記》에 나오는 신화를 근거로 한다. 이에 의하면 태곳적에 이자나기라는 남신과 이자나미라는 여신이 있었는데 거기서 난 첫째 아들이 일신日神 즉 아마데라스 오오가미天照大神로 일본 최고의 지배자였고 넷째 아들이 스사노오 노미코토素盞嗚尊로 그가 조선으로 건너와 지배자가 되었다는 것이다.

이를 더욱 발전시킨 일본은 객관성에 논란이 많은《니혼쇼키》의 진구황후神功皇后의 신라 정벌기사를 근거로, 적어도 3세기 초반부터 수세기 동안 한반도 남쪽은 임나일본부의 지배하에 있었다는 이론을 펼쳤다. 실제로 1936년 총독부에서 간행한《조선사의 길잡이》라는 책에는 "임나는 우리나라(일본)의 직할 영역이고 신라 · 백제 모두 우리나라에 신속臣屬의 관계를 맺고 있었다"라고 기술되어 있다. 그 근거로는 '광개토왕비문'도 들었다. 이처럼 일제는 한반도는 북쪽이나 남쪽이나 할 것 없이 이민족의 지배를 받으면서 출발했다고 주장했다.

타율성론의 또 다른 갈래는 '만선사관滿鮮史觀'이다. 만선사관은 20세기 초 일제의 만주 · 한국 경영에 발맞춰 만철滿鐵 동경지사 내에 만철

지리역사조사실이 설치되면서 여기에 소속된 이나바稲葉岩吉를 중심으로 전개된 학설이다. 그 내용은 만주사를 중국사와 분리해 한국사와 더불어 한 체계 속에 넣어 파악해야 한다는 설이다. 그것은 삼국시대에 고구려가 만주에서 활약했으니 일면 타당한 측면이 없지 않다. 그러나 거기에는 침략적 목적이 깔려 있었다. 즉 이는 중국이 만주에 대한 영토상의 주권을 행사할 수 없다는 역사적 논거를 제시한 것으로, 일본의 만주 침략과 한국인의 만주 이주를 정당화하려는 것이었다. 이나바는 조선에서 발생한 큰 역사적 사건은 모두 대륙 정국의 반영이라 하여 한국사의 자율적 발전성을 무시했다.

식민사관의 둘째 유형은 반도적 성격론이다. 이는 한국사의 성격을 부수성·주변성·다린성多隣性으로 규정하고 이 같은 한국사의 최대 형성 요인을 반도라는 지리적 조건으로 본 이론이다. 여기에 속하는 이론으로 먼저 '사대주의론'이 있다. 미지나 쇼에이三品彰英 같은 일인 학자들은 반도의 나라인 한국은 끊임없이 이민족의 침략을 받은데다가 역사의 주인공이 되지 못하여 선천적으로 사대주의적 성향을 갖고 있다고 주장했다. 조선시대의 중국에 대한 사대는 물론이고 한국 근대사에 나타난 친청파·친일파·친러파도 이러한 연유에서 생긴 것이라 했다.

또한 미지나는 한민족은 반도적 성격에서 연유한 선천적인 당파성을 갖고 있어 정치적 독립이 불가능하다는 이론을 전개했다. 그 근거로 조선시대의 당쟁을 들기도 했다. 1916년 가와이 히로타미河合弘民는 경제생활의 곤궁과 그것에 따른 사회 조직의 문란이 당쟁 만연의 주요 원인이라는 경제결정론을 내놓았고, 합방 후 논객으로 동분서주하던 호소이 하지메細井肇는 조선인의 혈액 속에 검푸른 피가 섞여 있어 정쟁이 여러 대에 걸쳐 전개되었다는 주장을 펴기도 했다. 한국 근대사의 혼탁한 상황도 그러한 민족성에 기원한다는 것이다. 이러한 주장에 전혀 논리성이 없는 것은 아니다. 지리적 여건이 인간의 생활에 영향을 미치는 것은 사실이기 때문이다. 그러나 이들은 이것을 선천적 민족성론으로 전개해 조선 민족이 스스로 패배적 운명론에 젖어 식민통치를 받아들이게 하려는 데 그 목적이 있었다.

세 번째 식민사관의 유형은 정체성론이다. 이것은 한국이 왕조 교체 등 사회적 변혁 속에서도 사회경제 구조에 아무런 발전을 가져오지 못했으며 특히 근대사회로의 이행에 필요한 봉건사회를 거치지 못해 전근대적인 단계에 머물러 있을 수밖에 없다는 이론이다. '헤이안조론不安朝論'이 그중 하나로, 그 선구자는 후쿠다 도쿠조福田德三였다. 후쿠다는 독일에 유학하여 공부한 일본 초창기의 경제학자로 게이오慶應義塾대학과 도쿄상과대학에 재직했다. 그는 1902년 한국을 여행하고 돌아와 쓴 논문에서 당시 한국의 사회경제적 상황은 일본의 헤이안시대 즉 가마쿠라막부鎌倉幕府 시대 이전인 10세기경의 후지와라藤原 시대에 해당된다고 주장했다. 결국 한국의 경제적 발전 상태는 서구나 일본보다 천 년 정도 낙후되었다는 얘기다.

3 · 1운동 직후 한국을 여행했고 당시 일선 동조론자로 이름이 높았던 기다 사다키치喜田貞吉도 그의 여행기〈경신선만여행일지庚申鮮滿旅行日誌〉에서 같은 주장을 펴고 있다. 그는 당시 한국인의 생활 · 풍습이 헤이안조(794~1185)의 일본인과 비슷하다고 기록했다. 이는 후쿠다의 주장과 비슷한데, 후쿠다가 사회의 발전 단계 면을 중시했다면 그는 생활양식 자체를 기준으로 삼았다는 데 차이가 있다.

한편 '봉건제 결여론'도 정체성론에 속한다. 이 이론은 한국은 봉건제가 없었기 때문에 근대 자본주의 사회로 이행할 수 없었다는 것이다.

그 대표적인 학자는 고쿠쇼 이와오黑正巖다. 그는 경성제국대학 교수로 오랫동안 재직했는데 1923년《경제사논고經濟史論考》라는 책에서 한국에 봉건제가 없었음을 주장했다. 조선시대 양반들이 많은 토지를 가지고 있었으나 그것은 봉토가 아니었고, 노예를 소유했으나 주종적 예속관계는 아니어서 봉건제의 2대 요소인 토지적 관계와 인간적 관계가 발생한 일이 없었다는 것이다. 그는 이 봉건제 결여가 한국 사회·경제의 정체를 가져온 기본 요인이라 결론 내린다.

이런 정체성론 역시 학문적 입장에서 나온 것이기는 하지만 정치적 목적에서 자유로울 수 없었다. 한국이 정체되어 전근대적인 상황에 놓여 있으니 한국을 근대화시키려면 이웃나라인 일본이 희생을 감수해야 한다는 논리가 되었으니 말이다. 나아가 이런 이론들은 일제의 한국 침략과 지배를 정당화하는 데까지 비약·발전된다.

일제 식민사학에 맞선 지식인들

이상에서 보았듯 일제는 정치·경제적인 침략 정책과 더불어 한국사를 타율적이고 정체된 것으로 간주함으로써 한국인 스스로 패배주의적 운명론에 빠지게 했다. 이를 통해 자신들의 식민지배와 한국 침략을 정당화하려 한 것이다. 그러나 이러한 식민사학에 대해 당시 양심 있는 한국의 지식인들은 그 허구성을 타파·극복하려 했다. 그 한 일파가 민족의 혼과 정신을 일깨우려 한 민족주의 사학이요, 다른 일파가 유물사관에 입각하여 한국사의 발전성을 강조하려 한 사회경제 사학이었다. 전자의 대표자로는 신채호申采浩(1880~1936)를 들 수 있고 후자의 대표자로는 백남운白南雲(1895~1974)이 있다.

독립운동과 국사 연구에 바친 평생
신채호는 고종 17년(1880) 고령 신씨 가문에서 태어났다. 그의 출생지는 현 대전시 중구 어남동으로 거기에서 일곱 살 때까지 살다가 청주로 옮아가 산 것으로 추정된다. 청주에서 그는 조부에게 교육을 받았다. 어려서부터 성격이 불같았으나 품성이 뛰어나고 머리가 총명하여 13세에 벌써 사서삼경을 통달해 천재로 불렸다 한다.

그는 친척 신기선(申箕善)의 서재에 드나들면서 필요한 서적을 탐독했는데 그의 도움으로 1898년경 서울에 올라가 성균관에 들어갔다. 20세에 성균관 박사가 되었고, 그 무렵 이남규(李南珪)의 문하에서도 수학했다. 이남규는 의병에 관련되었다 하여 1907년 일본군에게 타살될 정도로 학문과 절개가 굳은 이였다. 이러한 학문적 배경도 그의 성격과 행동에 많은 영향을 주었을 것이다. 이때 신채호는 독립협회에도 간여했으나 그 구체적인 활동상은 잘 알 수 없다. 그러다가 1901년 낙향하여 문동학원에서 후학을 가르치는 등 애국계몽 활동에 힘썼다.

1905년경 장지연을 따라 상경하면서 그는 《황성신문》의 논설위원으로 활약했다. 그러나 을사보호조약 체결에 반대하는 장지연의 논설이 발표된 것을 계기로 《황성신문》이 발간 정지되고 신채호도 직장을 잃고, 1906년 《대한매일신보》에 들어가 주필로 활약했다. 영국인 배설(裴說) (Bethell)이 사장이고 양기탁이 총무로 있던 이 신문은 영일동맹이 체결되면서 취재·보도 및 일체의 언론자유를 누릴 수 있었다. 그리하여 그는 여기서 〈독사신론(讀史新論)〉이라는 논설을 발표했다. 이 글이 독자들에게 많은 호응을 얻자 그는 계속하여 〈대동(大東)4천년사〉·〈을지문덕전〉·〈동국거걸최도통전(東國巨傑崔都統傳)〉·〈이순신전〉 등의 논설을 발표했다.

신채호는 언론인으로 활약하는 한편 1907년 미국에서 귀국한 안창호를 위시하여 양기탁·이동녕·이동휘·이승훈·김구 등과 함께 신민회에 가담하여 활동했다. 1907년 국채보상운동이 일어났을 때도 이에 적극 참여하여 협조했고 이승훈의 권유에 따라 오산학교에 들어가

• 단재 신채호

국사와 서양사를 가르쳤다. 1909년에는 동지들과 함께 청년학우회 결성을 계획하고 그 취지서를 쓰기도 했다. 그러나 일제의 탄압이 심해지자 1910년 8월 중국의 칭다오靑島로 망명했다. 이때부터 그의 망명 생활이 시작되었다.

그런데 칭다오에 모인 애국지사들 사이에 독립운동의 노선과 방법을 둘러싸고 논쟁이 벌어졌다. 안창호는 해외동포의 산업을 진흥하고 교육을 보급하면 독립의 기회가 올 것이라는 점진적 독립 노선을 주장했으나 이동휘 등은 무력에 의한 독립운동을 주장했다. 신채호는 안창호의 독립 노선을 지지하여 그와 함께 블라디보스토크로 떠났다. 거기서 그는《해조신문海潮新聞》을 발행해 독립사상의 고취와 계몽운동에 앞장섰다. 그러나 일제의 탄압으로 이 신문이 폐간되자 상하이로 건너가서 독립운동과 국사 연구에 정열을 쏟았다. 그는 여기서 한중 항일 공동전선을 펼 것을 중국에 제의, '신아동제사新亞同濟社'를 조직하여 활동했다. 또한 박은식·문일평·조소앙·홍명희·정인보 등과 같이 박달학원博達學園의 지도교수로 있으면서 청년 학생들에게 독립정신을 고취했으며 신규식·여운형 등과 신한청년회를 만들기도 했다.

1919년 본국에서 3·1운동이 일어난 이후 이 지역에 대한민국 임시정부가 창설되자 그는 의정원 위원장에 취임했다. 그러나 임시정부 내에서 민족주의자와 공산주의자의 대립, 지방과 지방의 파벌 싸움으로 분쟁이 끊이지 않자 신채호는 베이징으로 떠난다. 여기서 그는 1921년에 김창숙·김정묵 등과 함께 순한문지《천고天鼓》를 발간하는 한편《중화일보》의 논설을 맡아 일제의 침략에 대항하는 조선 민족의 모습을 알리는 데 주력했다. 그리고 못다 한 역사 연구도 계속했다. 특히 중국 현지를 답사하면서 고구려사 연구에 몰두했다.

이즈음 그는 헐뜯고 다투기만 하는 정치운동에 점차 혐오를 느끼기 시작했다. 청도(칭다오)회의의 무산, 임시정부 내의 파벌 싸움 등을 겪으면서 그는 그 원인이 주도권 쟁탈전에 있음을 깨닫고 권력 없는 사회만이 파쟁을 없애는 길이라 생각해 '무정부주의 운동'에 가담했다. 1928년 무정부주의자들이 베이징에서 '동방연맹대회'를 개최했는데 그는 여기에 참가하여 〈대회선언문〉을 작성했다. 한편 이 무렵 상하이 시절 가까이 지낸 안재홍이《조선일보》이사로 취임하면서 신채호에게 글을 부탁했다. 그의 주요 저서인《조선상고문화사》와《조선상고사》의 원고는 바로 이때《조선일보》에 발표되었다.

1929년, 무정부주의 운동 혐의로 일제에 체포된 신채호는 다롄 지방 법원에서 10년형을 언도받고 뤼순 감옥에 수감되었다. 원래 몸이 쇠약한데다가 모진 고문과 끊임없는 저술 활동으로 기력이 다한 그는 결국 1936년 2월 57세의 나이로 옥사했다.

신채호의 역사관 — 민족정신의 재무장을 주장하기까지

신채호의 사상이나 역사관은 그의 생애와 시대 배경에 따라 조금씩 변화했다. 이는 대략 3기로 구분할 수 있는데 1기는 1905년《황성신문》논설위원으로 재직할 때부터 1910년 국외 망명 전까지다. 이 시기에 그는 주로 언론에서 활약하면서 애국심을 고취했는데 민족사학의 발상이 이때 형성되었다. 그리고 초기에는 량치차오梁啓超의 자강自强사상의 영향을 받아 영웅사관을 내세웠으며 후기에는 '신국민설'을 내세워 국민을 역사의 주체로 내세웠다. 또한 한말 개화기 교과서와 유교 사서에 대한 비판도 제시한다. 신채호에게 자강사상이 배태된 것은 1906년 량치차오의 《이태리 건국 3걸전》을 번역하면서다. 여기서 이탈리아 건국의 3걸은 마치니Giuseppe Mazzini · 카보우르Camille Benso Cavour · 가리발디Giuseppe Garibaldi를 말하는데 이 모형을 한국사에서 찾은 결과 신채호는 을지문덕 · 최영 · 이순신을 민족사의 영웅으로 내세우고 그들의 전기를 신문에 연재했다. 이처럼 그의 사학은 처음에는 민족주의적 영웅사관에서 출발한다. 이미 단군 시대부터 발해까지를 다룬 〈독사신론〉이라는 논설에서도 단군을 영웅적으로 다룬 바 있었다.

후기로 가면서 그는 영웅사관에서 탈피하고 '신국민'의 출현을 강조한다. 당시 민족 사회가 정치적 · 경제적으로 주체적인 변혁을 이루지 못하고 식민지화의 위기에 빠진 원인은 영웅이 출현하지 않았기 때문이 아니라 신국민이 형성되지 않았기 때문이라 했다. 그에게 '신국민'은 중세 사회의 백성이나 전제군주 아래의 신민이 아닌 국민주권체제 아래의 국민을 가리키는 것이라 할 수 있다.

또한 그는 당시의 교과서가 우리 민족사를 이민족 부용의 역사로 만들었고, 우리 국토 · 산업을 타민족의 수라장 혹은 경매물처럼 만들었다고 비난했다. 그리고 최치원이나 김부식 같은 학자들이 우리 역사를 소각했거나 사대주의에 입각하여 잘못 기술했다고 비판했다. 그는 삼한 정통론이나 신라 중심 역사관을 거부하고 우리 민족의 역사를 부여족의 역사로 보면서 단군에서 부여→고구려→발해로 이어지는 역사 체계를 강조했다.

신채호의 역사관 2기는 1910년부터 1923년까지로 이 시기 신채호는 망명 생활을 하면서 독립운동과 더불어 한국 고대사 연구를 활발히 진행했다. 이때 그는 고구려·발해의 유적을 적어도 2회 이상 답사했으며 대종교의 영향을 받기도 했다.

이 시기에 그는 《단기고사檀奇古史》 서문과 〈꿈하늘〉·《조선상고문화사》 등을 집필했다. 《단기고사》는 발해의 대야발大野勃이 저술한 것으로 단군·기자조선의 역대 제왕에 관한 기록이라 전해진다. 1912년 대종교 종단에서 이 책을 중간할 때 신채호가 그 서문을 썼다. 그는 일찍이 만주에서 대종교 3대 종사인 윤세복尹世復과 그의 형을 접촉한 적 있으며 망명지에서 만난 이상설·이동녕·신규식 등도 모두 대종교 신도들이었다.

〈꿈하늘〉은 1916년 집필된 '사담史談체의 자전적 소설'로 신채호의 역사 인식 변천을 알 수 있는 좋은 자료다. 《조선상고문화사》는 1931년 〈조선일보〉에 연재되었지만 씌어진 것은 이때로 추정된다. 그 내용은 제목대로 상고시대의 문화를 언급한 것인데 만주·한반도는 물론 부여족 식민지로서의 중국까지 우리 역사에 포함시킨다. 그리고 한사군의 반도 외 존재설, 전후삼한론 등을 주장하고 있다. 이 책은 내용으로 보아 량치차오의 저서인 《중국역사연구법》1922의 영향을 받은 것으로 추정된다. 그러나 이 시기에는 역사 주체에 대한 인식이 뚜렷하지 않은데, 안정되지 못한 해외생활 때문으로 보인다.

3기는 1923년 〈조선혁명선언〉을 쓴 이후부터 말년까지로, 이 시기 그의 사상과 역사관은 민중적 민족주의, 나아가 무정부주의에 입각한 민중의 폭력혁명론으로까지 발전했다. 이에 따라 낭가郎家 사상이라는 자주 사상이 강조되고 주자학적 가치관과 역사관은 철저히 비판되었다. 아래에 인용된 그 주장의 일단에서 확인되듯 당시 그가 주장한 민중은 무정부주의적 성격이 짙었다.

우리 민중도 참다못하여 견디다 못하여 저 야수들을 퇴치하고 박멸하려고 재래의 정치·법률·도덕·윤리, 기타 일체 문구文具를 부인하자는, 군대·경찰·황실·정부·은행·회사, 기타 모든 세력을 파괴하자는 분노적 절규인 '혁명'이라는 소리가 대지에 사는 일반인들의 고막을 울리었다.

1923년 그는 김원봉에게서 의열단의 독립운동 이념과 그 방법을 천명하는 〈조선혁명선언〉의 집필을 의뢰받고 이를 작성했다. 여기서 그는 민중의 폭력에 의한 직접 혁명을 주장하면서 조선의 자치 운동, 독립 수단으로서의 외교주의, 실력양성론, 식민지하에서의 타협적 문화운동을 철저하게 규탄했다. 이 선언은 항일 지하폭력행사 단체인 의열단의 성격을 잘 표현하고 있지만 그것은 의열단의 성격일 뿐 아니라 신채호 자신의 사상이기도 했다.

이 시기 그의 사상과 역사관은 1930년에 《조선일보》 이사 안재홍의 청탁으로 그의 가족과 친구들이 대신 보내준 원고를 묶어 출간한 《조선사연구초》와 이듬해 《조선일보》에 연재된 《조선상고사》를 통해 알 수 있다. 이들 저서에 따르면 먼저 그는 역사가 시時·지地·인人 3요소로 구성된다고 보았다. 세계 각 민족의 역사는 역사 발전의 주체인 인종 즉 민족이 주위의 지리적 환경과 시대적 사정에 제약을 받으면서 발전하는 것이다. 때문에 역사 발전의 차이는 민족 자체의 우열이 아닌 지리적 환경과 시대 배경의 차이에서 발생하는 것이라 보아야 한다.

그러면 역사란 무엇인가. 그는 그것을 '아我와 비아非我의 투쟁'이라 했다. 즉 역사란 "인류 사회의 아와 비아의 투쟁이 시간에서 발전하여 공간으로 확대되는 심적 활동 상태의 기록이다"《조선상고사》 총론). '아'는 무엇이고 '비아'는 무엇인가. 그것은 입장에 따라 여러 가지일 수 있으

• 신채호가 태어나 어린 시절을 보낸 생가(대전시 중구 어남동)

나 신채호의 역사 서술에서 '아'는 항상 한국 민족이었고 '비아'는 이민족이었으니 한국사란 다름 아닌 한국 민족과 이민족의 투쟁사다. 그의 저술 가운데 이민족과의 투쟁에서 큰 역할을 한 을지문덕·최영·이순신 등의 전기가 상당 부분을 차지하는 것도 이 때문일 것이다.

　이어 그는 당시 현실에서 일제라는 이민족과 싸워 이기고 독립할 수 있는 길에 대해 이야기한다. 그는 우리의 전통적인 민족 사상인 낭가사상으로 재무장해야 한다고 주장했다. 신채호는 민족의 성쇠는 매양 그 사상의 추향趨向 여부에 달린 것이라 보고 민족 사상이 쇠한 계기로 '묘청의 난'을 들었다. "조선 역사상 일천 년 내 제일대 사건"으로 명명된 이 사건은 낭불양가郎佛兩家 대 유가儒家의 싸움, 국풍파 대 한학파의 싸움이며 독립당 대 사대당, 그리고 진취사상 대 보수사상의 싸움이라 정의되고 있다. 낭불양가라 했으나 단재에게 더 중요한 것은 낭가사상으로, 그는 이 민족 고유의 사상이야말로 민족정신의 구현이요 독립사상의 원천으로 보았다.

이렇게 고난에 처한 조국과 민족을 위해 자신의 민족사학을 발전시켜온 신채호는 고달픈 망명 생활 속에서도 늘 곧은 정신을 지키려 했다. '옷 한 벌을 다 적시면서도 꼿꼿이 서서 고개를 숙이지 않고 세수했다'는 일화는 그의 성품을 짐작게 한다. 그의 올곧고 강직한 성품 때문인지 모르지만 그의 가족들은 많은 고생을 했다. 그는 16세 때 할아버지의 권유로 결혼한 적이 있다. 그러나 아내와는 함께 지낸 시간이 거의 없다. 그리고 마흔한 살 때인 1921년 중국 망명 생활 동안 동료들의 권유로 다시 결혼하여 두 아들을 얻었다. 그러나 이 아내와 아들들도 단재의 위험한 망명 생활과 체포·투옥으로 고난에 찬 생활을 했을 것임은 짐작하기 어렵지 않다.

결국 그는 소규모 가족을 위한 길 대신 민족을 위한 투쟁의 길을 갔다고 할 수 있다. 그것은 자신의 은인임에도 불구하고 신기선이 이토 히로부미가 준 돈으로 대동학회를 확장하려고 했을 때 송병준·조중응趙重應에 다음가는 일본의 3대 충노忠奴 가운데 하나라고 신랄하게 비판한 점에서도 알 수 있다.

보편적 역사 법칙으로 한국사를 체계화하다 — 백남운

백남운은 1894년 2월 전라북도 고창군 아산면 반암리에서 백낙규의 차남으로 태어났다. 그의 가문은 대대로 주자학을 공부해온 봉건양반 가문으로, 그는 엄격한 주자학적 분위기 속에서 부친에게 한학을 배우며 성장했다. 그리고 1911년 4월, 18세 되던 해에 기대승의 후손 기남섭과 결혼했다.

1912년 고향을 떠난 그는 수원농림학교를 졸업하고 1915년에 교원이 되지만 1918년 일본으로 건너가 이듬해 3월 도쿄고등상업학교(곧 도

^{교상과대학으로 승격)} 예과에 입학했다. 이때부터 백남운은 사회주의 사상과 노동문제 등에 관심을 갖기 시작했다. 그것은 다이쇼데모크라시^{(러일전쟁} ^{때부터 다이쇼 천황 때까지 일본에서 민주주의적인 개혁을 요구하며 일어난 운동)} 시기의 사회주 의 운동에 적지 않은 기여를 한 야마모토 자네히코_{山本實彦}의 집에 기거 한 영향도 있다. 그러나 그는 실천적인 조직 운동과는 거리를 유지하면 서 학업과 이론 공부에 노력을 기울였다.

1922년, 본과에 진학한 그는 한국사의 정체성을 주장한 후쿠다에게 경제학을 배우기도 했다. 이때 그는 이미 조선 경제사 연구에 착수했으 며 그 사상적 토대로 마르크스주의 입장에 대한 원칙적인 정리를 해나 갔다. 그러다가 32세가 되는 1925년 3월에 대학을 졸업하고 연희전문 상과 교수로 부임했다. 같은 해에 과학적 조선 연구의 필요성에서 창립 된 '조선사정조사연구회'에도 참여했다.

이후 그는 사회 활동 참여를 절제하고 강의와 연구 활동에 전념해, 1933년《조선사회경제사》를 출간했다. 연구는 더욱 진전되어 1937년 에는《조선봉건사회경제사》_(상)를 출간한다. 그러던 중 1938년 3월 이순 탁·노동규 등의 동료 교수와 함께 서대문경찰서에 검거되었는데 죄명 은 '학내적화운동'에 의한 치안유지법 위반 혐의였다. 즉 이 교수들이 공산주의 사회와 프롤레타리아 독재를 역설하여 학생들을 선동했다는 것이다. 이로 인해 그는 해직되었고 이후 어느 재벌이 개설한 신용금고 회사의 상무로 근무하다 해방을 맞았다. 해방 직후 그는 '인민 본위의 사회해방'을 추구한다는 취지로 조선학술원을 창립했고 경성대학 재건 에도 참여했다. 1946년에는 조선독립동맹, 신민당 경성 특별위원회 위 원장으로서 좌우 연립정부 수립을 목표로 민족통일전선 운동에 주력하 다가 그해 12월에 정계에서 잠시 은퇴했다.

1947년에 이르러 그는 〈조선민족의 진로재론〉을 발표하면서 근로인민당에 참여하여 여운형과 함께 정치 활동을 재기하나, 그해 말 월북하여 남북 연석회담과 북한 정권 수립에 참여한다. 이후 북한에서 최고인민회의 의장까지 지낸 그는 1979년 6월, 85세를 일기로 세상을 떠났다.

그의 역사관은 크게 둘로 나누어 생각할 수 있다. 우선 그에게 역사는 과거의 역사적 · 사회적 발전의 변동 과정을 구체적이고도 실천적으로 규명하고 그 실천적 동향을 이론화하는 것이었다. 즉 역사는 실천적으로 연구되어야 한다고 생각했다. 그러나 그가 보기에 당시 한국 역사의 내용은 특정 왕조를 중심으로 한 왕조 변혁사 또는 군주의 행동거지, 신하들의 진퇴 등에 관한 군신의 언행록이나 정치 · 법령의 개폐, 군주의 득실, 군신의 포폄 등에 관한 전제정부의 일기장 · 전쟁사 등으로 가득 찬 것이었다. 그는 이러한 역사 연구는 정치사 중심의 역사적 사건을 단순히 병렬하고 있어 역사의 기축이어야 할 민중 생활 내지는 사회 구성의 발전 과정을 제외한 것이라 비판했다.

또한 당시의 역사학자들이 문헌 고증을 위해 고적 답사나 유물 수집에만 심혈을 기울인다며 그것은 골동품을 수집하는 편력 학도의 행위라고 비난했다. 그는 마땅히 고전의 역사를 비판적으로 다루는 동시에 현대사학의 최고 수준 위에서 없어졌거나 묵살된 모든 자료, 모든 잔편을 수집 · 분석하여 통일적인 민족 생활의 발전 사학을 수립해야 한다고 강조했다. 이와 같은 것은 단순히 과거에 대한 자기비판만이 아니고 미래에 대한 우리의 전망이며 여기에 사학의 실천성이 있는 것이라 했다.

둘째, 그는 세계사 속에 보편적이고 일원론적인 역사 발전 법칙이 존재한다고 믿었다. 따라서 우리 역사도 세계사의 발전 법칙 속에서 이해할 때 식민사학이 설정한 정체성 · 후진성을 극복할 수 있다고 주장했다. 결국 민족주의 사학 측의 관념적인 조선의 특수사정론이나 식민사학 측의 특수사정론은 본질적으로 인류 사회 발전에 대한 역사 법칙의 공통성을 거부한다는 점에서 둘 모두 배격해야 할 것이었다.

그에 따라 백남운은 한국사도 원시 씨족공산사회에서 출발하여 삼국시대의 노예제 사회를 거쳐 통일신라 이후의 아시아적 봉건제 사회로 전개되었으며 이어 일제강점기의 이식자본주의 시대로 발전했음을 주장했다. 특히 그는 식민사학자들의 '봉건제 결여론'을 비판하면서 한국에도 봉건제가 존재했음을 역설했다. 그에 의하면 노예제 사회인 삼국을 지나 통일신라로 들어서면 대토지 소유제의 전개와 특권 획득에 의한 특권층의 장원화, 즉 봉건적 사령私領이 형성되기 시작한다. 동시에 노예와 일반 농민의 농노화도 진행되어 고려에 이르러 토지국유제를 물질적 기반으로 한 중앙집권적 · 관료적 봉건사회가 성립되었다는 것이다.

이상에서 살펴보았듯 백남운은 일제강점기라는 암울한 시기에 활동한 뛰어난 학자였지만 실천적 독립 운동가는 아니었다. 연희전문에서 해직된 1941년에는 대동아공영권의 토대가 되는 '경제신체제(통제경제)'의 정당성을 논하는 강연을 해 오점을 남기기도 했다. 또한 백남운은 신채호의 단군신화중시론 등을 특수사관이라 비판하면서도 같은 민족주의 사학자였던 정인보에 대해서는 별로 언급하지 않았다. 그것은 정인보가 연희전문에 재직하고 있었기 때문으로 추측된다. 역사관은 달랐지만 동료 교수였기에 극심한 비판을 유보한 것이다. 대신 정인보에 대해서는 같은 사회경제 사학자였던 이청원李淸源이 신랄한 비판을 했다.

그러나 그는 탁월한 이론가로서 한국사를 발전적으로 파악하여 체계화했다는 점에서 높이 평가되어 마땅하다. 게다가 3 · 1운동 이후의 소위 문화정치 시기에도 변절하지 않고 신념과 지조를 지켰으며, 식민사학을 비판·극복하려 한 행위는 그 자체로 독립운동의 일면을 띤 것이었다.

신채호와 백남운은 약 14년의 나이 차이가 있었지만 둘 다 일제 식민지 시대라는 환경 속에서 살았다. 그리고 일제의 식민사학에 맞서 그것을 비판·극복하려 했다. 그러나 양자의 행동양식과 역사관은 달랐다. 전자는 주로 해외에서 망명 생활을 하며 민족의 정신을 재무장해 독립을 달성하려 했다. 또한 그 자신이 직접 독립운동 전선에서 활동했다. 한편 후자는 국내에서 대학 교수로 있으면서 인류 사회의 보편 법칙을 한국사에 적용해 한국사의 발전성을 강조하려 했다. 그는 이론적으로는 역사학의 실천성을 강조했지만 독립을 위한 투쟁을 실제 행동에 옮기지 못했다.

물론 올바른 생각은 행동에 옮겼을 때 더욱 값지며 힘든 시기일수록 지식인에게는 실천적 사명이 따르기 마련이다. 그러나 실천이 뒷받침되지 못했다 해서 그의 학문적 업적까지 폄하되어서는 안 될 것이다. 실천가 신채호와 학자 백남운, 그들은 '식민사학 타파'를 위해 각자의 방식으로 노력한 동반자들이었다.

| 생각해 보기 |

1. 일제 강점기의 경제적 토대는 한국 자본주의 발전에 기여했는가, 수탈을 위한 수단에 불과했는가?
2. 위안부에 대한 배상은 필요한가, 불필요한 것인가?
3. 인간의 생활에 있어 중요한 것은 정신인가, 물질인가?
4. 인간의 성격은 결정짓는 것은 지리적 공간인가, 시간적 제약인가?
5. 역사의 원동력은 위인인가, 민중인가?

14장

신념가와 야심가,
조국의
운명은?

◆

남북 분단과 김구 vs 이승만

일제강점기의 독립운동과
분단 정부 수립 과정

3·1운동에서 한국광복군까지

한일합방 이후 일제의 압제에 우리 민족은 끊임없이 항거했다. 1910년대 국내에서는 민족 부르주아지들을 중심으로 애국계몽 운동이 벌어졌고 비밀결사들이 조직되어 활약했다. 국외에서는 일부 의병들과 신민회 회원들을 중심으로 무장 항일 단체가 생겨났다. 예컨대 이범윤이 중심이 된 권업회(1912), 이상설·이동휘가 중심이 된 대한광복군정부(1914), 홍범도가 이끈 대한독립군 등이 그것이다.

3·1운동 이후 1920년대에는 국내 민족 부르주아지들이 실력양성론이라는 개량주의로 나아갔다. 1922년의 민립대학 설립 운동, 1923년부터 전개된 국산품 애용 운동 등이 그것이다. 이에 따라 민족해방 운동의 주도 세력은 농민·노동자·소부르주아지 등으로 옮아갔다. 그것은 1917년 러시아의 10월혁명이 성공함으로써 전파되기 시작한 사회주의의 영향 때문이기도 했다. 그리하여 국내에서도 몇 개의 사회주의 단체

가 생겨나고 1924년 조선노동총동맹과 조선청년총동맹이 결성되었다. 그러다가 1925년에는 비밀리에 조선공산당이 창당되어, 이 단체를 중심으로 농민운동·노동자운동이 일어나 항일운동을 전개했다. 또 조선공산당의 지도 아래 6·10만세운동이 일어났고 민족주의자와 힘을 합치는 민족 협동전선을 추구하여 1927년 신간회가 창립되기도 했다.

이 시기 국외에서는 국내 진공 작전을 위한 독립군 운동이 활발하게 전개되었다. 홍범도가 이끄는 대한독립군이 봉오동에서 일본군을 크게 무찔렀으며(1920. 6), 홍범도·김좌진·최진동 등이 이끄는 독립군 연합 부대가 청산리에서 대승을 거두기도 했다(1920. 10). 그러나 일본의 보복 작전이 감행되고(경신대학살) 내부적인 분열과 싸움(자유시참변. 1921. 6)으로 그 세력은 약화되었다. 이후 만주에서 잔여 독립군 부대들이 한때 참의부(1923)·정의부(1924)·신민부(1925) 등으로 재편되었지만 큰 활약상은 없었다. 한편 1919년 7월 상하이에 대한민국 임시정부가 조직되었으나 그 역시 독립전쟁파와 외교독립파의 분열, 1923년 창조파와 개조파의 대립 등으로 큰 효과를 거두지 못했다.

1930년대 이후에 들어서면서 독립운동은 더욱 강렬해진 일제의 탄압과 수탈에 대항하여 민족통일전선 결성을 모색하고 무장투쟁을 벌이는 단계로 발전했다. 국내에서는 송진우·김성수·최린 등에 의한 민족 개량주의 운동이 계속되었으나 주된 항일운동은 노동자·농민 들에 의한 노동쟁의·소작쟁의 형태로 전개되었다. 그러나 일제의 탄압으로 점차 소멸될 수밖에 없었다.

국외에서는 국내와 달리 좌·우익이 연합하여 독립운동을 전개하려는 움직임이 일어났다. 그리하여 1932년 김규식 등의 노력으로 한국독립당의 이유필, 한국혁명당의 윤기섭, 조선혁명당의 최동오, 한국동

지회 김규식, 의열단 대표 김원봉 등이 상하이에 모여 한국대일전선통일동맹(韓國對日戰線統一同盟)을 결성했다. 나아가 1935년에는 한국독립당·신한독립당·의열단·대한독립당(하와이)·북미국민회(로스앤젤레스)·동지회(하와이)·뉴욕교민회 등을 대표하는 조소앙·김원봉·김규식·신익희·이청천·차이석 등이 모여 민족혁명당을 결성했다. 이 민족혁명당은 조선민족해방자동맹·조선혁명자연맹 등의 좌익계 단체를 통합하여 조선민족전선연맹을 결성함으로써 중국의 좌익계 진영을 일단 통합하는 데 성공했다. 한편 김구(金九) 중심의 우익 세력도 한국국민당을 결성하여(1935) 민족혁명당에서 이탈한 조소앙 중심의 한국독립당과 이청천 중심의 조선혁명당, 하와이의 국민회 등을 통합함으로써 1937년 한국광복운동단체연합회를 결성했다. 드디어 1939년에는 김구 중심의 한국광복운동단체연합회와 김원봉 중심의 조선민족전선연맹이 합쳐 전국연합진선협회(全國聯合陣線協會)를 성립시켰다. 이들은 "여하한 주의, 여하한 당파도 그 산하에 포용하여 조직하지 않으면 안 된다"라고 주장했다. 그러나 이 전국연합진선협회가 그대로 민족통일전선체로서 정착되지는 못했다.

무장투쟁도 점차 강화되기 시작하여 1938년 조선민족전선연맹 김원봉의 주도하에 조선의용대(후의 조선의용군)가 우한(武漢)에서 창설되고 임시정부 산하에 1940년 한국광복군이 창설되었다. 또 화북 지역에서는 무정을 비롯한 공산주의자들의 주도로 1941년 화북조선청년연합회가 결성되었다. 1942년 이 단체는 김두봉의 화북조선독립동맹으로 통합되었다. 조선의용군과 독립동맹은 주로 중국공산당 군대와 함께 군사 작전을 수행했다. 한국광복군은 연합국 작전에 동원되어 일부가 버마(미얀마) 탈환 작전에 참가했다. 그 일부는 미국전략정보처(O.S.S.)의 지원 아래 훈련을 받고 국내로 침투할 계획이었으나 일본의 조기 항복으로 목적을 달성하지 못했다. 또 소련에서 훈련을 받은 동북항일련군의 조선인 유격대원들은 1945년 7월 조선공작단을 조직하여 소련군과 함께 국내로 진격해 들어왔다.

갑작스러운 패망 ― '자주 독립'의 과제 앞에서

일본이 패망해갈 무렵 국내에서는 여운형을 중심으로 건국동맹이 결성되어 전국적 범위의 노농군을 편성한다는 계획 아래 1945년 공산주의자협회와 함께 군사위원회를 조직하고 전국 8개 지구에 책임자를 파견했다. 또 독립동맹과 임시정부와의 합동작전을 위해 연락원을 파견하기도 했다. 이처럼 국내외의 각 단체들은 나름의 해방 전쟁을 준비했지만 일본의 조기 항복으로 독자적인 전투를 치러보지도 못한 채 해방을 맞았던 것이다.

해방 후 우리 민족의 선결 과제는 식민통치의 유산을 청산하고 민주적인 자주 독립 국가를 세우는 일이었다. 그러나 미·소의 한반도 분할 정책과 한반도의 지정학적 위치, 그리고 민족 해방에 대한 객관적 이해의 부족, 민족 내부의 사상적인 대립 등으로 결국은 남과 북이 갈라져 분단국가가 되는 운명을 맞이했다.

2차 세계대전 연합국은 카이로선언(1943. 12) · 얄타회담(1945. 2) · 포츠담선언(1945. 7) 등을 통하여 한국의 독립을 확인했지만 그것이 완전한 자주 독립을 뜻하는 것은 아니었다. 또 1945년 8월 9일 소련이 갑자기 연합국의 일원이 되고 이들이 한반도에 진주함으로써 문제는 더욱 심각하게 전개되었다.

해방 다음 날인 1945년 8월 16일 여운형 등은 일본의 행정권 이양

교섭을 거부하고 건국준비위원회를 발족했다. 이들은 정치범을 석방하고 치안대를 조직하여 해방 정부의 수립에 대비했다. 미군의 진주가 시작되기 직전인 9월 6일, 이 건국준비위원회는 '조선인민공화국'으로 개편되었다. 그러나 9월 8일 미군이 서울에 진주하고 9월 9일 미군 사령관 하지John R. Hodge와 아베阿部信行 총독 사이에 항복 조인이 이루어지면서 행정권은 조선총독부에서 미군으로 이양되었다. 또 연합국은 이미 얄타회담에서 한반도를 상당 기간 신탁통치하기로 밀약한 바 있고 미국은 이미 9월 2일 일본에게 항복받을 경계선으로 38도선을 소련에 제시하여 수락받음으로써 민족 분단의 씨가 마련되었다.

이즈음 국내에서는 각종 정치단체가 생겨나기 시작했다. 사회주의자들은 1945년 9월 11일 조선공산당을 결성했고 여운형을 중심으로 한 진보적 민족주의자들과 일부 사회주의자들은 11월 12일 인민당을 결성했다. 또 안재홍을 비롯한 민족주의자들은 9월 24일 국민당을 결성했고 이보다 앞선 9월 16일에는 송진우 · 김성수 중심의 한국민주당이, 그리고 11월에는 이승만李承晩 중심의 독립촉성회가 결성되었다.

그러나 1945년 12월 미국 · 영국 · 소련의 외상들은 모스크바에 모여 미소공동위원회를 설립하고 이를 중심으로 한국의 민주적 정당 · 사회단체들과 협의하여 임시민주정부를 수립한 후 미 · 영 · 중 · 소 4개국에 의한 5년간의 신탁통치를 결정했다. 이 소식을 접한 국내의 각 단체들은 이를 적극 반대했다. 나아가 이승만과 한민당은 소련이 먼저 신탁통치안을 제시했다고 잘못 알고 이를 반공 · 반소 운동으로 몰아갔다. 조선공산당과 인민당은 처음에는 이를 반대했으나 구체적 내용을 안 뒤에는 지지하는 쪽으로 돌아섰다. 당시의 국제 정세를 볼 때 미 · 소의 협력 없이는 완전한 자주국가의 수립이 어렵다고 판단한 때문이었다.

그 결과 국내에서는 우익 진영의 반탁 세력과 좌익 진영의 찬탁 세력의 대립이 심하게 노출되기에 이른다.

이러한 분위기 속에서 미국과 소련은 모스크바 3상회의의 결정에 따라 1946년 3월 제1차 미·소 공동위원회를 열었다. 여기서 소련은 3상회의의 결정에 찬성하는 정당·사회 단체만 임시정부 수립에 대한 협의의 대상으로 삼을 것을 주장했다. 그러나 미국이 이를 반대함으로써 결국 결렬되고 말았다. 1947년 5월에는 제2차 미·소 공동위원회가 열렸으나 소련 측이 공동위원회 참가를 등록한 남한 측 425개 단체를 118개로 줄일 것을 제의했다. 즉 반탁 운동 단체와 회원 만 명 이하의 군소 단체는 제외할 것을 주장했던 것이다. 그러나 미국은 '의사 표시의 자유'를 들어 이를 반대했다. 이로써 제2차 미·소 공동위원회도 결렬되고 미국은 이 문제를 유엔에 이관했다.

여기서 미국은 유엔임시한국위원단UNKURK을 설치하고 그 감시하에 1948년 3월 말까지 남북 간의 자유선거를 실시하여 국회 및 정부를 수립한 뒤 미·소 양군이 철수한다는 결의안을 유엔에 제출했다. 이 제안은 가결되었고, 유엔임시한국위원단의 감시 아래 남북한 총선거를 통하여 독립된 통일 정부를 수립키로 결정했다. 그러나 소련 측이 유엔임시한국위원단의 38선 이북 지역에 대한 입국을 거부해 또다시 통일 정부 수립은 난관에 부딪쳤다.

그러자 제1차 미·소공동위원회가 결렬된 직후인 1946년 6월 3일 정읍에서 남한 단독정부 수립을 제기했던 이승만은 이를 더욱 밀고 나갔다. 반면 김구를 중심으로 한 한국독립당 계열은 단독정부 수립을 반대하고 미·소 양군의 철수와 남북 요인의 협상에 의한 총선거를 주장했다.

이러한 가운데 유엔은 그 소총회에서 '가능한 지역에서만의 총선거'를 가결했고(1948. 2) 이에 따라 남한에서는 5월 10일 총선거가 실시되었다. 많은 정치 세력이 불참한 가운데 소집된 제헌 국회에서는 대통령 중심제 헌법이 통과되었고(1948. 7. 17) 이승만이 초대 대통령으로 취임함으로써 분단국가로서 대한민국 정부가 수립되기에 이른다(1948. 8.15).

한편 북한에서는 1946년 2월 김일성 등 항일 무장투쟁 세력이 주도한 북조선 임시인민위원회가 조직되었다. 이들은 그해 3월 무상몰수·무상분배의 원칙에 입각하여 토지개혁을 실시했고 8월에는 박헌영의 남조선노동당과 별도로 북조선노동당을 결성했다. 이어 1947년 2월에는 북조선인민위원회를 발족시키고 인민군 창설과 헌법을 채택했다(1948. 4. 29). 이에 따라 1948년 8월 25일 최고인민회의 대의원 선거를 실시하여 조선민주주의인민공화국을 수립했다(1948. 9. 9).

그러나 분단정부의 수립을 반대하는 세력도 만만치 않았다. 1948년 2월 김규식을 중심으로 한 민족자주연맹은 민족 분단을 저지하기 위해 남북 요인 회담 개최를 요구하는 서신을 김일성·김두봉에게 보냈다. 김구도 〈3천만 동포에게 읍고(泣告)함〉이라는 성명을 통해 통일된 민족 자주국가 수립을 촉구했다. 이때 북한은 남한 단독정부 수립을 반대하는 남북한의 모든 사회단체 대표들이 평양에서 모여 연석회의와 요인 회담을 갖자고 제의했다. 이에 김구와 김규식은 1948년 4월 입북하여 연석회의와 요인 회담에 참가했다. 그러나 이들은 남한만의 단독 선거를 저지할 만한 세력을 갖고 있지 못했다.

단독정부 수립에 반대하는 민중의 항쟁도 거세었다. 이들은 남조선노동당의 지도 아래 전국적인 총파업과 가두시위를 벌여 단독선거를 반대했다. 제주도에서는 남한 단독선거 반대, 미군 철수·극우 테러 반대 등을 내걸고 투쟁했다(제주도 4·3항쟁). 이를 진압하도록 출동 명령을 받은 여수의 14연대는 이를 거부하면서 폭동을 일으켰으니 이것이 그해 10월의 '여순반란사건'이었다.

분단 정부가 수립된 후에도 이 운동은 계속되었다. 김구는 1948년 말 미·소 양군의 철수와 평화 통일을 위한 남북 협상을 제기했고 1949년 3월에는 김약수 국회부의장을 비롯한 63명의 국회의원이 외국군 철수안을 유엔한국위원회에 제출했다가 공산주의자로 몰려 체포되기도 했다(국회프락치사건). 그러나 1949년 6월 김구가 암살됨으로써 단독정부 수립 반대 운동은 거의 종말을 고하게 되었다.

한민족의 정신적 지도자와
분단국의 독재 대통령

이상에서 살펴본 바와 같이 한국 민족은 끊임없는 항쟁과 연합국의 승리로 1945년 8월 마침내 해방을 맞이했다. 그러나 같은 언어, 같은 생활습관을 갖고 있음에도 그 해방은 분단국가 수립이라는 방향으로 전개되었다. 여기에는 여러 가지 요인이 있으나 국내 정치 지도자들의 정치적 야심과 사상적 대립이 큰 요인이었음을 부인할 수 없다. 이 과정에서 분단정부의 수립을 끝까지 반대하다 비명에 간 인물이 있었는가 하면 분단을 획책하여 일신의 영달을 다하고 간 인물도 있었다. 전자의 대표자가 김구(1876~1949)요 후자의 대표자는 이승만(1875~1965)이다.

독립운동과 통일 정부 수립에 일생을 바치다 — 김구

김구(김창수)는 고종 13년(1876) 8월 황해도 해주군 기동에서 김순영金淳永과 곽낙원郭樂園 사이의 7대 독자로 태어났다. 당시 그의 집안은 매우 어려웠는데, 선조 중에 인조반정 공신이었다가 후에 조선이 명의 연호를 쓰고 있다고 청나라에 밀고한 혐의로 처형당한 김자점金自點이라는 인물이 있었기 때문이다. 이 사건으로 그의 집안은 멸문의 화를 당하고 그 일부가 해주로 내려와 은거했다.

• 백범 김구

김구는 정식 교육을 받지 못하고 서당에서 글공부를 했다. 1890년, 15세의 나이로 과거에 응시했으나 실패했고 1892년에는 우리나라 최후의 과거로 임시 시행된 경과慶科를 보기 위해 해주로 갔으나 당시의 부패한 현실에 실망하고 낙향했다. 17세에는 《손무자係武子》,《육도六韜》,《삼략三略》 등의 병서를 독학했다. 18세에 동학당에 가담하여 접주接主가 되었고 이름을 창암昌巖에서 창수昌洙로 고쳤다.

그는 탐관오리를 숙청하기 위해 해주성을 공격했으나 실패하고 구월산으로 피신했다. 이때 그는 안중근의 부친 안태훈安泰勳을 만났다. 관군을 도와 동학군을 토벌하던 안태훈은 김구의 인물됨을 보고 그를 다치게 하지 않았다. 그 후 김구는 정부의 탄압과 동학당의 내분으로 결국 19세 때 안태훈에게 의탁하게 되었다. 이 같은 인연으로 후일 중국 망명 시절 김구는 안중근의 동생 정근·공근을 잘 보살폈으며 1941년 안정근의 딸 안미생을 장남 인과 결혼시키기도 했다.

안태훈의 집에 기거하던 김구는 1895년 당시의 거유巨儒 고능선高能善을 만나 학문과 기개를 배웠다. 이때 고능선은 청일전쟁에서 패배한 청나라와 손을 잡고 일본을 쳐부수어야 한다고 역설했는데, 이에 감동한 김구는 남만주로 가 김이언金利彦의 의병 부대에 참가하여 활약했다. 그리고 21세 되던 1896년에 삼남 지방에서 의병이 맹렬히 일어나고 있다는 소식을 듣고 황해도 안악으로 내려오던 중 길에서 변장을 한 일본군 밀정을 만나 그를 살해했다. 그는 바로 명성황후 민비를 살해한 쓰치다土田 대위였다. 김구는 자신이 그를 죽였다는 내용을 벽에 붙이고 성명과 주소까지 기입했다. 그로부터 3개월 뒤 그는 일경에 체포되어 해주 감옥에서 갖은 고문을 당했다. 그리고 사형이 선고되었으나 이 소식을 들은 고종이 특명을 내려 형 집행이 3년 연기되었다. 그 뒤 제물포(인천)에서 복역하던 그는 1898년 3월 감옥 바닥의 돌을 들어내고 땅을 파서 탈옥했다.

그 후 전국을 전전하며 피신 생활을 하던 김구는 그해 가을 공주 계룡산을 거쳐 마곡사로 들어가 용담화상龍潭和尙에게서 계를 받고 승려 생활을 하며 법명을 원종圓宗이라 했다. 1년 뒤 다시 속세로 나온 그는 여기저기로 애국지사를 찾아다니다가 25세이던 1900년에 고향으로 돌아

• 김구가 쓰치다 대위를 살해한 뒤 피신 시절 머무른 마곡사

가 이름을 구(龜)라 고쳤다. 이듬해에 부친상을 당하고 약혼한 유여옥이 죽자 1903년 기독교에 입교했다. 이후 그는 봉양학교라는 신식 학교를 설립하기도 했고 공립학교의 교원이 되어 교육을 통한 구국 운동을 전개하기도 했다.

1909년에 그는 안중근의 이토 히로부미 살해 사건에 연루되어 체포되었다가 불기소처분으로 방면되었다. 합방이 된 이듬해 안악군 양산중학교 교장으로 있을 때는 안악 토호들을 협박하여 독립운동 자금을 빼앗아 서간도에 무관학교를 세우려 했다는 소위 안명근 사건에 연루되어 다시 체포되었다. 그 후 서울로 압송되어 17년형을 선고받고 서대문 감옥으로 넘어갔다. 여기서 그는 이름을 구(九)로 하고 호를 백범(白凡)이라 했다. 미천하고 무식한 사람들도 한마음으로 독립을 위해 싸워야 한다는 뜻에서 백정(白丁)의 백 자와 범부(凡夫)의 범 자를 딴 것이다.

1914년 7월, 감형과 가출옥으로 석방된 그는 농촌 계몽에 앞장섰다. 그러다가 1919년 3·1운동이 일어나자 상하이로 탈출하여 임시정부의 경무국장을 맡았으며 1923년에는 내무총장, 1927년에는 국무령이 되었다. 그러나 이때부터 임시정부는 일제의 극심한 탄압과 공산주의의 침투, 자금난으로 극심한 시련을 겪었다.

1930년 김구는 한국독립당을 강화하면서 '한인애국단'을 중심으로 의열 투쟁을 전개했다. 이때 대표적인 것이 1932년 애국단원이던 윤봉길과 이봉창 의사의 의거였다. 이봉창 의사는 일본 도쿄에서 천황을 저격하고 윤봉길 의사는 상하이 홍커우 공원에서 일본군 대장 시라카와(白川) 등에게 폭탄을 던져 민족혼을 일깨웠다. 이외에도 그해 5월 김구는 유상근·최흥근 두 의사를 다롄(大連)에 파견해 일본 관동군 사령관 혼조 오(本庄) 등 요인을 살해하려 했다. 그러나 이 계획은 일본의 사전 탐지로

• 임시정부 3차 청사가 있던 우스예상. 김구는 이곳에서 《백범일지》하권의 대부부분을 집필하였다. ⓒ모종혁

실패했다. 이에 일본은 김구에게 현상금 60만 엔을 걸고 체포에 혈안이 되었다.

김구는 일본의 추적을 피해 피신 생활을 하다가 1933년 중국 남경에서 장제스蔣介石를 만나 한중 합작 항일운동을 하기로 상호 지원을 약속했다. 1937년 7월 중일전쟁이 발발하자 임시정부는 청사를 난징에서 창사長沙로 옮긴 뒤, 이듬해 민족주의 정당인 한국국민당 · 한국독립당 · 한국혁명당을 통합하려 노력했으나 동지들 간의 알력으로 실패했다. 뿐만 아니라 공산주의자들의 책동으로 위협을 여러 차례 겪었다. 그해 5월 7일, 한때 김구 밑에서 일했고 자금도 지원받은 적 있던 이운한李雲漢이 김원봉 · 김두봉 같은 공산주의자들의 사주를 받아 김구를 저격했다. 김구는 총탄을 맞고 장시간의 수술 후 네 시간이나 의식불명이었다가 가까스로 깨어났다. 이때 그의 나이 63세였다.

이후 중일전쟁의 악화로 임시정부는 여기저기를 전전했다. 그러다가 전국연합진선협회가 결성되어 좌우합작이 추진되었다. 그러나 임시정부 준부 문제, 조선의용대 지휘권 문제 등에 대한 이견으로 이 역시 실패하였다. 그러자 임시정부는 이에 앞서 통합하려 했던 민족 3당(한국국민당, 한국독립당, 조선혁명당)을 1940년 한국독립당으로 통합하고 한국광복군을 창설해 대일 선전포고를 했다. 1945년에는 일본학도병으로 중국에 끌려왔다가 탈출한 50여 명의 젊은이를 규합해 OSS의 훈련을 받게 하고 연합국 일원으로 국내 진공 작전을 벌이려 했으나 실행에 옮기지 못한 채 해방을 맞이했다.

해방 직후 그는 동지들과 함께 귀국길에 올랐으나 미군정의 임시정부 불인정 방침 때문에 개인 자격으로 입국했다. 이후 모스크바 3상회의에서 신탁통치안이 발표되자 김구는 극렬한 반탁 운동을 전개했다. 그리고 이승만의 남한 단독정부 수립 운동을 거부하면서 자주적인 통일정부 수립을 위해 북한까지 다녀왔다. 그러나 소기의 목적을 달성하지 못하고 1949년 6월 26일 포병소위 안두희의 저격을 받고 74세의 나이로 세상을 떴다.

이처럼 백범 김구는 일생을 일제에 대한 독립투쟁과 통일 정부 수립에 바쳤다. 그의 이와 같은 정신과 의지는 다음의 《백범일지》나 《백범어록》의 내용에 잘 드러나 있다.

> 네 소원이 무엇이냐 하고 하나님이 내게 물으시면 나는 서슴지 않고 "내 소원은 대한 독립이오"라고 대답할 것이다. 그 다음 소원이 무엇이냐 하면 나는 또 "우리나라의 독립이오" 할 것이요, 또 그 다음 소원이 무엇이냐 하는 세 번째 물음에도 나는 더욱 소리를 높여서 "나의 소원은 우리나라 대한의 완전한 자주독립이오"라고 대답할 것이다. 동포 여러분 나 김구의 소원은 이것 하나밖에는 없다. 《백범일지》

나는 우리나라가 독재의 나라가 되기를 원치 않는다. 독재의 나라에서는 정권에 참여한 계급 하나를 제외하고는 다른 국민은 노예가 되고마는 것이다. 독재 중에서도 가장 무서운 독재는 어떤 주의 즉 철학을 기초로 하는 계급독재다.

《백범일지》

인 형仁兄(친구끼리 서로 높여 이르는 편지말로 여기서는 김두봉을 가리킴)이여, 지금 이곳에는 38선 이남과 이북을 별개국으로 생각하는 사람이 많습니다. (…) 남이 일시적으로 분할해놓은 조국을 우리가 우리의 관념이나 행동으로 영원히 분할해놓을 필요야 있겠습니까. 인형이여, 우리가 우리의 몸을 반쪽에 넘길지언정 허리가 끊어진 조국이야 어찌 차마 더 보겠나이까.

《백범어록》

이 같은 그의 정신과 사상은 인생역정에서 스스로 얻은 것이겠지만 그 배후에는 모친 곽낙원이 있었다. 그는 1896년 김구가 쓰치다 대위를 살해한 죄로 체포되어 탈출할 때까지 3년 동안 식모살이를 하면서 옥바라지를 했다. 또한 1911년 데라우치 총독 암살 미수 사건에 연좌 체포되어 17년형을 언도받고 복역 중일 때는 아들을 면회하는 자리에서 "자네가 그렇게 큰일을 했다고 하니 평안감사가 된 것보다 더 기쁘다"면서 위로했다.

1926년 8월, 후일 동양척식회사에 폭탄을 던지고 자결한 나석주 의사가 김구의 생일을 알고 옷을 저당잡혀 술과 고기를 사 왔을 때의 일이다. 곽낙원은 손님들이 돌아간 후 "독립운동을 한다는 사람이 자신의 생일을 알려 동지들의 옷을 저당잡히고 술을 사먹을 수가 있는가" 하며 50세가 넘은 김구의 종아리를 회초리로 때렸다 한다.

뿐만 아니라 1932년 윤봉길 의사의 상하이 훙커우 공원 거사가 있은 뒤 김구가 남경에 피신해 있을 때의 일이다. 김구를 따르던 청년들이 곽낙원의 생일을 차려주기 위해 돈을 조금씩 모으고 있었다. 이를 안 곽낙원은 그 돈을 달라고 하여 생일에 손님을 초대했다. 그러나 이 자리에서 그가 내놓은 것은 맛있는 음식이 아니라 권총 두 자루였다. 그러면서 "독립운동을 한다는 사람들이 생일은 무슨 생일이야. 그런 데 쓸 돈이 있으면 나라를 위해 쓰게. 이 총으로 왜놈들을 한 놈이라도 더 죽여야만 내 속이 편안하겠어"라고 했다 한다.

그러나 백범의 사생활은 불행한 편이었다. 그는 네 번에 걸친 약혼이 있었으나 결혼에는 실패했다. 첫 번째가 아버지의 함경도 친구 김치경의 딸, 두 번째가 20세에 약혼한 유학자 고능선의 손녀, 그리고 세 번째가 7년 뒤 유여옥과의 약혼으로 이 약혼은 그녀의 죽음으로 실패했다. 1년 뒤 안창호의 동생 안신호와 결혼하기로 했으나 그것도 이틀 만에 깨졌다. 안창호가 그전에 다른 친구에게 결혼 약속을 해놓았기 때문이다.

그러다가 29세에 비로소 김구는 황해도 신천의 최준례와 결혼했다. 부부는 인과 신, 두 아들을 얻었지만 최준례는 1924년 폐렴으로 사망했다. 김구는 홀몸으로 지내다가 1932년 이후 저장성 자싱嘉興에서 피신 생활을 하던 중 뱃사공이던 주아이바오朱愛寶를 만나 5년 동안 동거 생활을 했다. 그러나 1945년 2월, 그는 아내에 이어 장남 인이 죽는 슬픔을 겪어야 했다.

개화 운동가에서 해외 독립 운동가로 — 이승만

이승만은 고종 12년(1875) 3월 황해도 평산군 능내동에서 아버지 이경선과 어머니 김씨 사이에서 5대독자로 태어났다. 그는 전주 이씨 왕손으로 세종의 형 양녕대군의 16대손이었다. 대대로 서울에 살았으나 그의 할아버지 대에 황해도로 내려갔다가 이승만이 세 살 때 다시 서울로 옮아왔다. 이승만은 한문 선생을 모셔다가 친구들과 천자문을 배웠는데, 그 속에는 후일 이승만과 같이 대통령에 입후보한 신흥우中興雨도 있었다. 한데 그의 아버지는 벼슬도 얻지 못하고 어머니가 삯바느질로 연명하다시피 했으니 그의 어린 시절은 결코 유복하다 할 수 없었다.

이승만은 한문 공부를 열심히 해 수차례 과거에 응시했으나 번번이 낙방했다. 그러다가 20세 되던 1894년 신흥우의 형 신긍우의 권유에 따라 배재학당에 입학했다. 이때부터 그는 인생의 새로운 전기를 맞아 한말 개화운동의 선구적 역할을 하게 된다. 그의 일생을 3기로 나눈다면 이 시기가 1기에 해당된다.

배재학당에 입학한 그는 신학문을 접하면서 개화사상을 갖기 시작했고 어느 미국인에게 한국어를 가르치는 대가로 얼마간의 보수를 받기도 했다. 이것이 이승만과 미국이 연결된 계기가 되었다. 또한 1896년에는 미국에서 온 서재필이 배재학당의 서양사 선생으로 부임했고 이승만은 그가 조직한 '협성회協成會'에 들어가 미국 민주주의의 이념과 사상을 배웠다. 그는 협성회에서 발간한 주간신문 《협성회보》의 주필로 활약하기도 했다.

그는 독립협회에도 간여했는데, 독립협회는 왕권에 대치되는 민권운동을 전개했기 때문에 정부의 미움을 사 1898년 서재필이 미국으로 추방되고 그 간부들에 대한 체포령이 내려졌다. 이 무렵 이승만 역시 고종황제가 황태자에게 자리를 내주어야 한다는 전단(삐라)을 살포한 혐의로 체포되어 종신형을 선고받았다. 그는 복역 중 탈옥을 감행하지만 실패하고 특사로 7년 만에 풀려났다. 그러나 그 감옥 생활은 그에게 또

다른 사상적 계기를 가져다주었다. 감옥
에서 그는 많은 책을 읽었으며 영어 공
부도 부지런히 했다. 그의 사상이 피력된
《독립정신》이라는 책을 저술한 것도 이
때다. 함께 옥중 생활을 한 사람 가운데
는 신흥우도 있고 후일 하와이에서 정적
이 된 박용만朴容萬도 있었다.

• 이승만

　그는 《독립정신》에서 한국이 힘을 얻
으려면 다음의 여섯 가지 강령을 지켜야
한다고 주장했다. 첫째는 "세계와 마땅
히 통해야 할 줄로 안다" 하여 국제적 외교, 외국과의 친선과 통상 등
을 강조했다. 둘째는 "새 법으로써 각각 몸과 집안과 나라를 보전하는
근본을 삼을 것"이라 해놓고 새 질서 추구, 생활 개선, 낡은 사고방식의
탈피 등을 그 실천 항목으로 들었다. 셋째는 "외교를 잘할 줄 알아야 된
다"는 것이고 넷째는 "국권을 중히 여겨야 한다" 하여 치외법권을 물
리칠 것, 외국에 입적하지 말 것, 국기를 소중히 여길 것 등을 역설했다.
다섯째는 "의리를 존중하라" 하여 정의와 대의를 위해 죽을 줄도 알아
야 한다 했고 여섯째는 "자유권을 중히 여길지라" 하여 민주주의의 기
본인 자유·평등을 존중해야 하며 이를 확보하기 위해 권리와 의무에
충실할 것을 강조하고 있다. 이미 이때부터 그가 외교에 상당한 관심을
기울였음을 알 수 있는데, 후일 그의 행적과 관련해볼 때는 격세지감을
느끼게 하는 내용도 있다.

　이렇듯 그가 개화 운동에 관심을 가진 배경은 수차례 낙방한 과거시
험과 배재학당에서의 배움이 큰 요인으로 보이는데, 그 외에 내키지 않

은 결혼생활도 영향을 미친 듯하다. 그는 16세 때 부모의 주선으로 두 살 위인 박씨와 결혼했다. 거기서 태산泰山이라는 아들을 얻었지만 둘 사이가 원만하지 않았던 모양이다. 감옥에서 나온 후 미국으로 갈 때 그는 혼자만 떠났으며 그 뒤 아들만 미국으로 데려갔다. 그러나 아들은 12세의 나이로 미국에서 죽고 그는 오랜 기간 독신으로 지냈다. 이 같은 가정생활에 대한 불행은 부모가 결정해주는 전통적인 혼인 방식에 불만을 갖게 했던 것 같다. 자유 결혼에 대한 관심이 개화 운동으로 연결된 것이 아닌가 한다.

그가 출옥한 1904년은 일본에 의한 침략이 가일층 강화되고 있었다. 한일의정서가 체결되고 러일전쟁에서 유리한 고지를 점령한 일본이 어업권과 항해권을 빼앗는 등 횡포가 심했다. 이에 이승만은 당시 개화파로 알려진 민영환과 한규설을 찾아가 일본의 횡포를 막기 위해 미국의 힘을 빌려야 한다고 주장했고, 결국 이들의 주선으로 미국 유학생 여권과 주미한국공사에게 전하는 문서를 가지고 미국으로 건너갔다. 이때부터 그의 인생에서 제2기라 할 수 있는 외교 독립운동이 시작된 것이다.

미국으로 건너간 그는 상원의원 딘스모어Hugh A. Dinsmore와 루스벨트 Theodore Roosevelt 대통령을 만나 도움을 요청했으나 신통한 대답을 얻지 못했다. 한편 그는 워싱턴대학 · 하버드대학 · 프린스턴대학 등에서 수학하고 프린스턴대학에서 철학박사 학위까지 받았다. 그러던 중 1910년 한일합방이 되었고 그해 10월 이승만은 한국으로 잠시 돌아왔다. 귀국 후 YMCA에서 활동하는 한편 종로학교 교장직도 맡았다. 그러나 개인주의와 인간의 존엄성을 가르치는 기독교가 일본의 군국주의 지배에 방해가 된다는 판단하에 총독부가 기독교 간부 체포령을 내리자 1912년 다시 미국으로 돌아가야 했다.

그해 이승만은 박용만·안창호 등의 초대로 하와이로 가서 한국인 학교의 교장이 되었으나 얼마 지나지 않아 불화가 생겨 독자적으로 학교를 세웠다. 그는《한국태평양》이라는 신문을 발간하기도 했고, 1919년에는 김규식이 파리강화회의에 참석하는 데 도움을 주었다. 무엇보다 당시 그의 명성과 지위를 확인할 수 있는 것은, 3·1운동의 결과로 생겨난 한성정부와 상하이의 임시정부에서 최고 책임자인 집정관 총재 및 국무총리로 선출된 일이다.

　그러나 이러한 외교 독립 노선은 한계를 드러내기 시작했고 그의 독선적이고 고집 센 성격이 서서히 부각되기 시작했다. 1919년 파리강화회의 당시, 이승만은 원래 자신이 직접 가려고 윌슨Thomas Woodrow Wilson 미국 대통령에게 여권 신청을 했다가 거절당했고, 일본의 다이쇼大正 천황에게 한국의 독립을 요구하는 편지를 보냈으나 회답을 받지 못했다. 1921년 워싱턴에서 열린 군축회의에는 업서버 자격으로라도 참석하려 했으나 그 역시 거절당했다.

　하와이의 다른 독립 운동가들과의 불화도 문제였다. 특히 옥중 동지였던 박용만과의 대립이 심했는데, 이승만과 박용만은 독립운동 노선이 근본적으로 달랐다. 박용만은 일본에 대한 무력 투쟁이 독립할 수 있는 길이라 생각한 데 반해 이승만은 혁명 투쟁을 반대하고 서구 열강 특히 미국과의 외교에 의해 독립을 얻는 것이 효과적이라고 생각했다. 그는 박용만이 군사학교를 세우고 젊은이들에게 군사 훈련을 시키자 그것이 무의미한 일이며 오히려 역효과를 가져올 것이라 했다. 그리고 독선적인 성격을 드러낸 일도 많았는데, 한번은 교포 자제의 교육을 맡은 그가 독립 투쟁 목적으로 사놓은 토지를 교육 사업에 쓰자고 요구했다. 당시 국민회의가 이를 거절하자 그는 따로 '동지회'라는 단체를 만

• 이승만 부부 사진

들어 활동했다.

　이런 독립 노선의 차이와 독선적인 행동은 임시정부 내에서의 마찰과 분열도 심화시켰다. 임시정부 측에서는 무장 항쟁의 주장이 우세했지만 이승만은 이를 반대했다. 그리고 그는 한국인 앞에서는 집정관 총재로서 행동하면서 외국인을 대상으로 한 서류와 신문 등에는 언제나 대통령으로 행세했다. 이에 임시정부에서는 대통령 직제가 없음을 들어 그러한 행동을 헌법 위반이라 하며 자제할 것을 요구했다. 그러나 이승만은 그것이 외국 정부의 승인을 얻기 위한 방편이라며 태도를 바꾸려 하지 않았다. 결국 1922년 임시정부 의정원의 탄핵으로 그에 대한 불신임 결정이 내려졌다. 그 뒤로도 그는 계속하여 미국 본토를 돌아다니면서 한국의 독립을 읍소했으나 그의 호소를 들어주는 사람은 거의 없었다.

　1931년 만주사변이 일어나자 그는 국제연맹에 한국의 독립을 호소하기로 했다. 1932년 그는 유럽의 제네바로 달려가 각국 대표에게 일본의 침략 정책의 부당성을 전했으나 신통한 반응은 얻지 못했다. 이어 그는 일본의 대륙 진출을 반대하던 소련에 호소하기 위해 소련을 방문하기도 했다. 그러나 소련 역시 그를 냉대해 쫓겨 오다시피 했다. 그가 후일 철저한 반공·반소 태도를 보인 원인에 이때의 일이 있었을 것이다.

프란체스카 여사와의 결혼도 그에 대한 비난의 한 요인이었다. 미국으로 건너가 계속 혼자 살던 그는 1932년에 제네바에서 만난 오스트리아인 프란체스카와 2년 뒤 결혼했다. 교포들은 이러한 국제결혼을 비난했다. 그것은 그가 《독립정신》에서 강조한 민족 순수성 보전 논리에 어긋나는 것이었기 때문이다.

당시 그의 미국 생활이 어떠했는가에 대해 리처드 앨런Richard Allen(레이건 안보 보좌관)은 다음과 같이 기술하고 있다.

> 그의 수학과 여행은 미국과 유럽의 정치사상을 섭취하는 기회였다. 하와이에 있는 망명 결사 내부의 혹심한 파쟁을 통해 그는 음모와 암살을 무기로 하는 정치 집단 사이에서의 생존 수단을 체득했다. 그러나 내부적인 정쟁만 배웠지 문명적인 정치 경륜을 배우지 못했다는 것은 그의 불행이었다.

1945년 해방이 되자 그는 오랜 해외 생활을 청산하고 귀국했다. 이제 그의 일생 중 3기가 시작된 것이다. 그 기간 동안 그는 자신의 집권욕을 불태우면서 정적을 타도하고 분단 정부 수립에 진력했다. 그리고 독재와 부패의 정치를 펼침으로서 한국 민주주의 발전을 저해했다.

분단 정부의 대통령이 되다

해방이 되자 이승만은 임시정부가 먼저 귀국할 것을 염려해 귀국을 서둘렀으나 2개월 후인 1945년 10월 16일에야 서울에 도착했다. 그는 곧 정치단체의 범연합기구 성격인 독립촉성중앙협의회의 조직을 종용, 10월 23일에 회장으로 선출되었다. 이 단체는 얼마 지나지 않아 공산당과 건준(조선건국준비위원회) 등이 탈퇴함으로써 한국민주당을 중심으로 한 이승만의 기반 조직으로 성격이 굳어졌다. 당시 반공을 내세우며 친일·부일 세력이 중심이 되었던 한민당은 같은 반공주의자이며 나름으로 독립운동에 기여하여 촉망을 받고 있던 이승만을 영입함으로써 자신들의 안전과 기반을 다지려 했다. 이승만도 국내의 지지 기반이 취약하던 터라 양자는 손쉽게 밀착될 수 있었다.

이후 이승만은 반탁 운동을 벌이면서 남한 단독정부 수립에 힘을 쏟았다. 반탁 운동을 계기로 당시 한국은 좌우익으로 갈렸고 이 와중에서 한민당 당수 송진우가 1945년 12월 30일에 암살당했다. 이에 이승만은 큰 충격을 받았으나 곧 활동을 재기하여 대중 활동을 통한 활발한 반탁 운동을 벌이던 임시정부 계열을 견제했다. 이 와중에 미소공동위원회가 제 기능을 발휘하지 못하고 결렬되자 그는 정읍에서 남한 단독정부 수립의 가능성을 제시했다. 이후 이승만의 단독정부 수립 운동이 성공해 1948년 8월 15일, 이승만은 분단된 남한의 대통령으로 집권했다.

한편 김구와 김규식·여운형 등은 좌우 합작을 통해 통일 정부를 구성하려 애썼지만 1946년 12월 여운형이 정계 은퇴를 선언하고 다음 해 7월 암살당함으로써 실패하고 만다. 그리고 김구마저 1949년 6월 살해당함으로써 분단 체제는 고착화되었다.

분단 정부의 대통령이 된 이승만은 철저한 반공 정책으로 동족상잔의 비극인 6·25를 맞게 되었고 그 이후의 정치는 반민주적인 것으로 일관했다. 이승만 정권은 6·25전쟁 중 양민 500여 명을 공산 게릴라라는 혐의로 학살했으며(거창 양민 학살 사건, 1951년 2월 11일) 백만의 제2국민병을 조직해 그 간부들이 23억 원과 5만 석 이상의 양곡을 착취한 국민방위군사건(1951.3)이 일어나는 등 실정을 거듭했다. 결국 국회간선제로는 재선이 어렵다고 판단한 이승만 정권은 1952년 5월 임시수도 부산에서 군경이 국회를 포위하게 한 다음 국회의원 50여 명을 공산당 자금을 받았다는 혐의를 씌워 헌병대로 연행하는 등의 방법을 통해 대통령 직선제와 양원제를 골자로 하는 '발췌개헌안'을 통과시켰다.

이렇게 해서 재선에 성공한 이승만과 자유당은 1954년 11월 29일 종신 집권을 위한 '사사오입四捨五入 개헌'으로 3선 금지 조항을 철폐했다. 개헌에는 국회의원 3분의 2 이상의 찬성이 필요한데 결과는 가결선인 136표에서 한 표가 부족했다. 그러자 이들은 사사오입하면 136표도 가능하다는 논리를 내세워 개헌안을 통과시켰다.

이후 이승만의 독재 체제는 더욱 강화되어 그와 함께 부통령으로 당선된 장면이 피격되는가 하면(1956. 9) 북한과의 평화통일을 주장하던 진보당 당수 조봉암과 박정호 등이 간첩 혐의로 처형되었다(1959. 7. 30). 나아가 혁신 세력과 진보 언론에 대한 탄압도 감행해 1958년에는 신국가보안법을 제정했으며 야당계의《경향신문》을 폐간시키기도 했다.

이승만 정권의 부정과 부패는 1960년 3월 15일의 선거에서 절정에 달했다. 그들은 이승만 사후 정권 유지를 위해 이승만과 함께 이기붕을 부통령으로 당선시키기 위해 '40% 사전 투표'와 4인조·5인조 투표, 개표 조작 등을 통해 노골적인 부정선거를 감행했다. 그러나 투표 당일 경남 마산에서 부정선거 규탄 데모가 시작되었고, 4월 11일 최루탄에 맞아 죽은 김주열의 시체가 발견되면서 데모는 전국으로 확대되었다. 4월 18일에는 시위를 하던 고려대생들이 정치 폭력배들에게 습격·폭행당하는 사건이 일어났고 다음 날인 4월 19일, 서울 시내 10여 개 대학생들이 대규모 시위 행동에 돌입했다. 곧이어 재야인사들의 이승만 퇴진 요구와 대학교수단의 시위가 벌어지자 이승만은 이기붕의 사퇴, 3·15선거 무효 등의 수습책을 발표했다. 그러나 민중의 불만은 수그러들지 않았고 이승만은 4월 26일, 대통령 직에서 물러나 미국으로 망명했다. 그리고 이기붕은 부통령 당선을 사퇴한 뒤 일가족과 동반 자살했다.

이처럼 이승만은 분단 정부를 세워 독재와 부패 정치를 행하는 한편 외세 의존적인 실정을 거듭하기도 했다. 예컨대 한국에 대한 미국의 원조 사업과 관련된 협정인 한미경제원조협정은 원조의 대부분이 남한 군사력 유지와 주한미군에 집중됨으로써 국민 경제를 악화시키고 한국 경제의 주도권을 미국에 넘긴 것이라 할 수 있다. 그리고 6·25전쟁의 규모가 커지자 그해 7월 즉각적으로 군사 작전권을 미국에 양도해버린 주권 상실적 조치, 군사 작전권뿐 아니라 모든 영역에서 대미 예속을 구조화한 한미상호방위조약 체결 등이 있다. 특히 1953년 10월 1일 체결된 한미상호방위조약에는 "미합중국의 육군·해군과 공군을 대한민국의 영토 내와 그 부근에 배치하는 권리를 대한민국은 허여하고 미합중국은 이를 수락한다"고 규정되어 있고 "이 조약은 무기한으로 유효하다"라는 조항까지 들어 있다. 또한 제2조에는 "단독적으로나 공동적으로나 자조自助와 상호 원조에 의해 무력 공격을 방지하기 위한 적절한 수단을 지속하고 강화할 것이며"라고 규정되어 있어 한국의 반대가 있더라도 무력 행위를 포함한 일방적인 조치를 취할 수 있게 되어 있다.

해방 직후 수많은 군중의 환호를 받으며 귀국한 그는 이처럼 독재
와 반민주, 외세 의존적인 정치로 권력을 탐닉하다가 1960년 6월의 어
느 날, 임시정부 수반 허정이 혼자 전송하는 가운데 쓸쓸히 한국을 떠
났다. 이때 그의 동행은 부인 프란체스카뿐이었다. 그 뒤 1965년 7월
19일, 그는 90세의 나이로 미국에서 생을 마쳤다.

앨런의 이승만에 대한 묘사 가운데 아래의 글은 그의 잘못된 영화와
몰락의 과정을 잘 드러내준다.

> 귀국하기까지 그의 투쟁 생활은 연단에 서서 자기의 적을 몰아치는
> 생활의 연속이었다. 한 국가 원수의 직에 오른 후에도 그는 대통령의
> 지위가 요구하는 생활에 만족할 수 없었다. 그는 상대방이 쓰러질 때
> 까지 만족할 수 없었고 언제나 싸울 적을 찾는 싸움닭과도 같이 정
> 적을 때려눕히기를 그치지 않았다.

이상에서 본 바와 같이 김구와 이승만은 같은 시대에 태어나 일제의
암울한 시기에 한국의 독립을 위해 자기 역할을 다했다. 그러나 양자는
그 성격이나 정치적 신념에서 상당한 차이를 보인다. 김구는 자신이 신
학문을 많이 공부하지 못했으며 천한 상놈의 집안에서 태어났다고 겸
손해했다. 그것은 임시정부에서 경무국장 발령을 냈을 때 이를 한사코
거절하면서 문지기를 자원한 데서도 알 수 있다. 그리고 이승만과는 한
살 차이였음에도 항상 '형님'이라 불렀다. 반면 이승만은 자신이 왕족
의 혈통을 받은 양반 가문 출신이며 박사라는 사실에 우월감을 가지고
있었다. 그는 자신 위에 누가 있는 것을 싫어했다. 앞서 든 대통령을 자
칭한 예에서도 알 수 있고 동지들과 협조하기보다 분열과 독립을 거듭

한 데서도 그런 성격이 드러난다. 이러한 가문과 성격 차이 때문이기도 하겠지만 그들은 독립운동 노선도 달랐다. 김구는 철저한 무장 투쟁주의자였지만 이승만은 외교 제일주의자였다. 그리고 해방 이후의 정국에서도 김구는 이념과 사상을 초월해 통일 정부 수립에 온 힘을 기울였지만 이승만은 반공을 내세워 단독정부를 수립하고 권력을 쟁취했다.

결국 한 명은 권력의 최고 자리에 앉았고 다른 한 명은 암살이라는 비운을 당했다. 정치적으로만 보면 한쪽은 성공했고 한쪽은 실패했다. 그러나 역사와 후대의 평가는 그와 반대다. 물론 두 사람은 모두 조국 독립에 뜻을 두고 각자의 길을 걷기 시작했다. 그러나 한쪽은 오직 신념만을 바라보았고 한쪽은 야심에 끝내 눈이 멀어버렸다. 이 극단적인 두 인물의 삶은 우리에게 공적인 삶과 사적인 삶의 조화에 대한 질문을 던진다. 신념을 지킬 것인가, 야심을 펼칠 것인가. 답은 물론 우리의 선택에 달렸다.

| 생각해 보기 |

1. 바람직한 독립운동은 무장투쟁론이었는가, 외교독립론이었는가, 실력양성론이었는가?
2. 해방은 우리 스스로의 노력에 대한 결과물인가, 연합국에 의한 2차대전 승리의 결과물인가?
3. 인간 생활에 있어 중요한 것은 가정인가, 국가인가?
4. 남북 분단의 주요 원인은 무엇인가?

참고 문헌

1장 큰 적을 잊고 눈앞의 복수전에 급급하니 (성왕 vs 진흥왕)

- 공석구, 《고구려의 영역확장사 연구》, 서경문화사, 1998
- 금경숙, 《고구려전기 정치사 연구》, 고대 민족문화연구원, 2004
- 강선 외, 《고구려의 정치와 사회》, 동북아역사재단, 2007
- 노중국, 《백제 정치사 연구》, 일조각, 1988
- 신형식, 《백제사》, 이화여대출판부, 1992
- 노태돈, 〈고구려의 한강유역 상실의 원인에 대하여〉, 《한국사연구》 13, 1976
- 서영수, 〈광개토왕릉비문의 정복기사 재검토〉, 《역사학보》 96, 1982
- 김주성, 〈성왕의 한강 유역 점령과 상실〉, 《백제사상의 전쟁》, 충남대백제문화연구소, 1998
- 김갑동, 〈신라와 백제의 관산성 전투〉, 《백산학보》 52, 1999
- 노용필, 《신라 진흥왕 순수비 연구》, 일조각, 1996
- 충남역사문화연구원, 《인물로 보는 한권 백제》, 청오인쇄사, 2014

2장 미완에 그친 시대적 요구 (김춘추 vs 연개소문)

- 한규철, 《발해의 대외관계사》, 신서원, 1994
- 한규철, 〈신라와 발해의 정치적 교섭과정〉, 《한국사연구》 43호, 1983
- 김현구, 〈일당관계의 성립과 라일동맹〉, 《김준엽 화갑기념 중국학론총》, 1983
- 신형식, 〈삼국통일의 역사적 성격〉, 《한국사연구》 61·62 합집, 1988
- 김영하송기호 외, 《한국고대사론》, 한길사, 1988
- 변태섭, 〈삼국의 정립과 신라통일의 민족사적 의미〉, 《한국사 시민강좌》 5, 일조각, 1989
- 노태돈, 〈연개소문과 김춘추〉(위의 책)
- 송기호, 〈동아시아 국제관계 속의 발해와 신라〉(위의 책)
- 신형식, 《한국고대사의 신연구》, 일조각, 1984
- 이내옥, 〈연개소문의 집권과 도교〉, 《역사학보》 99·100합집, 1983
- 전미희, 〈연개소문의 집권과 그 정치의 성격〉, 《이기백선생고희기념한국사학론총》 上, 일조각, 1994
- 주보돈, 〈비담의 난과 선덕왕대 정치운영〉(위의 책)
- 정용숙, 〈신라 선덕왕대의 정국동향과 비담의 난〉(위의 책)
- 이호영, 《신라삼국통합과 려·제 패망 원인 연구》, 서경문화사, 1997
- 임상선, 《발해의 지배세력 연구》, 신서원, 1999
- 노태돈, 《삼국통일전쟁사》, 서울대학교출판부, 2009

- 송기호, 《발해 사회문화사 연구》, 서울대학교출판문화원, 2011
- 최진열, 《발해 국호 연구》, 서강대학교출판부, 2015

3장 서로 다른 방식으로 신라 불교를 완성하다 (원효 vs 의상)

- 김영태, 《한국불교사개설》, 경서원, 1986
- 겸전무웅 저, 신현숙 역, 《한국불교사》, 민족사, 1988
- 정의행, 《한국불교통사》, 한마당, 1991
- 양은용 편, 《신라원효연구》, 원광대출판부, 1979
- 이종익, 《원효대사와 보조국사의 생애와 사상》, 동국문화사, 1990
- 김상현, 《역사로 읽는 원효》, 고려원, 1994
- 전해주, 《의상화엄사상사연구》, 민족사, 1993
- 김두진, 《의상—그의 생애와 화엄사상》, 민음사, 1995
- 김복순, 《신라화엄종연구》, 민족사, 1990
- 김상현, 《신라화엄사상사연구》, 민족사, 1991
- 김영미, 《신라불교사상사연구》, 민족사, 1994
- 고익진, 〈원효사상의 화쟁적 성격〉, 《한국의 사상》, 열음사, 1984
- 김상현, 〈성속을 넘나들던 원효〉, 《불교사상》, 1986. 9
- 이기영, 〈원효의 철학〉, 《한국철학사상》, 한국철학회, 1987
- 정병조, 〈의상의 미타신앙연구〉, 《신라문화》 7, 1990
- 김두진, 〈의상의 중도실제사상〉, 《역사학보》 139, 1993
- 의상기념관, 《의상의 사상과 신앙 연구》, 불교시대사, 2001
- 정목, 《원효의 새벽이 온다》, 경서원, 2002
- 고영섭, 《원효》, 예문서원, 2002
- 박태원, 《의상의 화엄사상》, 울산대학교출판부, 2005
- 박태원, 《원효 : 하나로 만나는 길을 열다》, 한길사, 2012

4장 혼란을 잠재우고 새 시대를 열다 (견훤 vs 왕건)

- 김갑동, 《나말려초의 호족과 사회변동연구》, 고려대민족문화연구소, 1990
- 신호철, 《후백제견훤정권연구》, 일조각, 1993
- 홍승기 외, 《고려 태조의 국가 경영》, 서울대출판부, 1996
- 백제연구소, 《후백제와 견훤》, 서경문화사, 2000
- 전북전통문화연구소, 《후백제 견훤정권과 전주》, 주류성, 2001
- 김갑동, 《고려전기 정치사》, 일지사, 2005
- 류영철, 《고려의 후삼국통일과정 연구》, 경인문화사, 2005

- 이기동, 〈신라 쇠망사관의 개요〉, 《한우근정년기념사학논총》, 지식산업사, 1981
- 김수태, 〈신라 선덕왕·원성왕의 왕위계승〉, 《동아연구》 6, 1985
- 홍승기, 〈후삼국의 분열과 왕건에 의한 통일〉, 《한국사 시민강좌》 5, 일조각, 1989
- 김갑동, 〈후백제의 멸망과 견훤〉, 《한국사학보》 12, 2002
- 최규성, 《고려 태조 왕건 연구》, 주류성, 2005
- 김갑동, 《고려의 후삼국 통일과 후백제》, 서경문화사, 2010
- 김명진, 《고려 태조 왕건의 통일전쟁 연구》, 혜안, 2014

5장 반란의 또 다른 이름 '개혁' (묘청 vs 김부식)
- 박용운, 《고려시대사》, 일지사, 1988
- 김현묵, 《반역의 한국사》, 계백, 1994
- 남인국, 《고려중기 정치세력 연구》, 신서원, 1999
- 김갑동, 《고려전기 정치사》, 일지사, 2005
- 김갑동, 〈고려전기 정치체제의 성립과 구조〉, 《한국사》 5, 한길사, 1994
- 김윤곤, 〈고려귀족사회의 제모순〉, 《한국사》 7, 국사편찬위원회, 1973
- 김남규, 〈고려 인종대의 서경천도 운동과 서경반란에 대한 일고찰〉, 《경대사론》 창간호, 1985
- 강성원, 〈묘청의 재검토〉, 《국사관논총》 13, 1990
- 김병인, 〈김부식과 윤언이〉, 《전남사학》, 1995
- 강옥엽, 〈인종대 서경천도론의 대두와 서경세력의 역할〉, 《사학연구》 55·56, 1998
- 이정신, 〈묘청의 난과 대금관계〉, 《고려시대의 정치 변동과 대외정책》, 경인문화사, 2004.
- 김창현, 《윤관과 묘청, 천하를 꿈꾸다》, 경인문화사, 2008
- 정출헌, 《김부식과 일연은 왜?》, 한겨레출판사, 2012

6장 지킬 것인가 바꿀 것인가 (최영 vs 이성계)
- 이상백, 《이조건국의 연구》, 을유문화사, 1949
- 이현종, 《조선전기대일교섭사연구》, 한국연구원, 1964
- 한영우, 《정도전사상의 연구》, 서울대출판부, 1973
- 국사편찬위원회, 《한국사 8 : 고려후기의 사회와 문화》, 1981
- 박용운, 《고려시대사》, 일지사, 1988
- 김현묵, 《반역의 한국사》, 계백, 1994
- 민현구, 〈신돈의 집권과 그 정치적 성격〉, 《역사학보》 38·40, 1968
- 허흥식, 〈고려말 이성계의 세력기반〉, 《역사와 인간의 대응》, 한울, 1984
- 류창규, 〈이성계의 군사적 기반〉, 《진단학보》 58, 1984
- 조계찬, 〈조선건국과 윤이·이초사건〉, 《이병도구순기념한국사학논총》, 지식산업사, 1987

- 유창규, 〈고려말 최영 세력의 형성과 요동공략〉, 《역사학보》 143, 1994
- 이형우, 〈고려 공민왕대의 정치적 추이와 무장세력〉, 《군사》 39, 1999
- 김병섭, 《고려명장 최영의 역사흔적을 찾아서》, 해암, 2007
- 김당택, 《이성계와 조준 정도전의 조선왕조 개창》, 전남대학교출판부, 2012
- 이덕일, 《부자의 길, 이성계와 이방원》, 옥당, 2014

7장 그들의 선택이 충신도 변절자도 아니라면 (성삼문 vs 신숙주)
- 최승희, 《조선초기 언론·언관 연구》, 서울대출판부, 1976
- 정두희, 《조선초기정치지배세력연구》, 일조각, 1983
- 한영우, 《조선전기사회경제연구》, 을유문화사, 1983
- 민현구, 《조선초기의 군사제도와 정치》, 한국연구원, 1983
- 박덕규, 《신숙주 평전 : 사람의 길, 큰 사람의 길》, 둥지, 1995
- 최승희, 〈집현전연구〉, 《역사학보》 32·33, 1966·1967
- 김성준, 〈이징옥과 육진〉, 《사총》 12·13합집, 1968
- 정두희, 〈조선 세조~성종조의 공신연구〉, 《진단학보》 51, 1981
- 한충희, 〈조선초기 의정부 연구〉, 《한국사연구》 31·32, 1981·1982
- 박천식, 〈조선건국의 정치세력연구〉, 《전북사학》 8, 1984
- 최승희, 〈조선태조의 왕권과 정치운영〉, 《진단학보》 64, 1987
- 박덕규, 《사람의 길 큰사람의 길(신숙주평전)》, 둥지, 1995
- 최영성, 《매죽헌문집 : 성삼문과 그 시대》, 심산, 2002
- 박경남, 《신숙주 지식인을 말하다》, 포럼, 2009
- 성주탁, 《충신 성삼문》, 이화, 2010

8장 사상가와 실천가, 진정한 동학의 모범을 보이다 (이황 vs 이이)
- 이기백, 《한국사신론》 신수판, 일조각, 1992
- 김충렬, 《고려유학사》, 고려대출판부, 1984
- 이기백, 《신라사상사연구》, 일조각, 1986
- 한국정신문화연구원, 《한국민족문화대백과사전》 18, 1991
- 배종호, 《한국유학사》, 연세대학교출판부, 1978
- 이병도, 《한국유학사》, 아세아문화사, 1987
- 류정동, 《퇴계의 생애와 사상》, 박영사, 1974
- 윤사순, 《퇴계철학의 연구》, 고려대출판부, 1980
- 장립문 저, 이윤희 역, 《퇴계철학입문》, 퇴계학연구원, 1990
- 정순목, 《퇴계평전》, 지식산업사, 1991

- 이병도, 《율곡의 생애와 사상》, 서문당, 1973

- 이종호, 《율곡 : 인간과 사상》, 지식산업사, 1994

- 이범열, 《율곡과 신사임당》, 대한서적, 1989

- 배종호, 〈한국사상사에 있어서의 주리와 주기의 문제〉, 《한국사상사학》 2, 1988

- 이태진, 〈조선성리학의 역사적 기능〉, 《창작과 비평》 9~3, 1974

- 황의동, 《율곡 이이》, 예문서원, 2002

- 정도원, 《퇴계이황과 16세기 유학》, 문사철, 2010

- 조남호, 《이황&이이》, 김영사, 2013

- 한영우, 《율곡 이이 평전》, 민음사, 2013

9장 위인은 '인간'이 아닌 '신'이 되어야 하는가 (이순신 vs 원균)

- 이형석, 《임진전란사》, 임진전란사간행위원회, 1967

- 최영희, 《임진왜란중의 사회동태》, 한국연구원, 1975

- 조원래, 《의병장김천일연구》, 학문사, 1982

- 이장희, 《곽재우연구》, 양영각, 1983

- 신형식, 《한국전통사회와 역사의식》, 삼지원, 1990

- 이이화, 《이야기 인물한국사》 5, 한길사, 1993

- 남천우, 《이순신》, 역사비평사, 1994

- 최영희, 〈일본의 침구〉, 《한국사》 12, 국편위, 1981

- 허선도, 〈임진왜란과 이충무공의 승첩〉, 《군사》 2, 1981

- 이정일, 〈원균론〉, 《역사학보》 89, 1981

- 강영철, 〈임진왜란과 원균〉, 《사학연구》 35, 1982

- 이태진, 〈임진왜란에 대한 새로운 인식〉, 《한국문화》 5, 1983

- 허선도, 〈임진왜란론〉, 《천관우선생환력기념한국사학론총》, 1985

- 이장희, 〈이순신〉, 《한국민족문화대백과사전》 18, 1991

- 정두희, 〈이순신연구〉, 《이기백선생고희기념한국사학론총》 下, 일조각, 1994

- 이순신역사연구회, 《이순신과 임진왜란 1,2》, 비봉출판사, 2005

- 임원빈, 《이순신 승리의 리더십》, 한국경제신문사, 2008

- 이민웅, 《이순신 평전》, 책문, 2012

- 김종대, 《이순신 : 신은 이미 준비를 마치었나이다》, 시루, 2014

- 조성도, 《이순신의 생애와 사상》, 명문당, 2014

- 노승석, 《이순신의 리더십》, 여해고전연구소, 2014

- 이은식, 《원균 그리고 이순신》, 타오름, 2015

- 김인호, 《원균 이야기》, 경인문화사, 2015

10장 애정과 존경이 빠진 사제지간 (송시열 vs 윤증)

- 변태섭, 《한국사통론》, 삼영사, 1986
- 강주진, 《이조당쟁사연구》, 서울대출판부, 1971
- 정석종, 《조선후기사회변동연구》, 일조각, 1984
- 이태진, 《조선시대 정치사의 재조명》, 범조사, 1985
- 이은순, 《조선후기 당쟁사연구》, 일조각, 1988
- 권오돈, 〈송시열 : 예론에 얽힌 송자대전〉, 《한국의 인간상》 4, 1965
- 한명기, 〈광해군대의 대북세력과 정국의 동향〉, 《한국사론》 20, 서울대출판부, 1988
- 한우근, 〈백호 윤휴 연구〉, 《역사학보》 15·16·19, 1961~1962
- 황원구, 〈이조 예학의 형성과정〉, 《동방학지》 6, 1963
- 이희환, 〈노소론의 대립과 숙종〉, 《송준호교수정년기념론총》, 1987
- 홍순민, 〈숙종초기의 정치구조와 환국〉, 《한국사론》 15, 서울대출판부, 1986
- 이영춘, 〈우암 송시열의 존주사상〉, 《청계사학》 2, 1985
- 최완기, 〈영조대 탕평책의 찬반론 검토〉, 《진단학보》 56, 1983
- 지두환, 〈조선 후기 예송연구〉, 《부대사학》 11, 1987
- 이덕일, 《송시열과 그들의 나라》, 김영사, 2000
- 충남대학교 유학연구소, 《명재 윤증의 학문연원과 가학》, 예문서원, 2006
- 송민호, 《우암선비의 이야기》, 경일문화사, 2009
- 곽신환, 《우암 송시열》, 서광사, 2012

11장 집안싸움에 고래 등 터지다? (대원군 vs 명성황후)

- 강만길, 《한국근대사》, 창작과비평사, 1984
- 이광린, 《개화당연구》, 일조각, 1973
- 이원순, 《한국천주교회사연구》, 한국교회사연구소, 1986
- 조광, 《조선후기천주교사연구》, 고려대민족문화연구소, 1986
- 권오돈, 〈대원군 : 관의 독재자〉, 《한국의 인간상》 1, 1965
- 김흥수, 〈세도정치연구〉, 《변태섭박사화갑기념사학론총》, 삼영사, 1985
- 정석종, 〈홍경래난의 성격〉, 《한국사연구》 7, 1972
- 김진봉, 〈진주민란에 대하여〉, 《백산학보》 8, 1972
- 이태영, 〈민비 : 이조사 마지막 불꽃〉, 《한국인물사》 6, 양우당, 1985
- 이선근, 〈대원군의 정치〉, 《한국사》 16, 국사편찬위원회, 1981
- 성대경, 〈대원군정권의 정책〉, 《대동문화연구》 18, 1984
- 김정기, 〈대원군 납치와 반청의식의 형성(1882~1894)〉, 《한국사론》 19, 서울대출판부, 1988
- 정창렬, 〈고부민란의 연구(상·하)〉, 《한국사연구》 48·49, 1985

- 김제방, 《흥선대원군, 명성황후》, 지문사, 2003
- 최문형, 《명성황후 시해의 진실을 밝힌다》, 지식산업사, 2006
- 한영우, 《명성황후 제국을 일으키다》, 효형출판, 2006
- 김문자 지음, 김승일 옮김, 《명성황후 시해와 일본인》, 태학사, 2011
- 김영수, 《명성황후 최후의 날》, 말글빛냄, 2014
- 이종각, 《미야모토 소위, 명성황후를 찌르다》, 메디치미디어, 2015

12장 무엇이 그들의 운명을 갈라놓았는가 (이완용 vs 민영환)

- 강만길, 《한국근대사》, 창작과비평사, 1984
- 김의환, 《의병운동사》, 박영사, 1974
- 역사문제연구소, 《인물로 보는 친일파 역사》, 역사비평사, 1993
- 김성균, 〈민영환 : 혈죽의 순절〉, 《한국의 인간상》 6, 신구문화사, 1965
- 김경춘, 〈한일의정서 조인경위와 대한침략의 기본방향〉, 《남도영기념사학론총》, 1984
- 서건익, 〈민영환 : 국치민욕 속의 산화〉, 《한국인물사》 6, 양우당, 1985
- 차문섭, 〈이완용 : 매국, 민족의 파산〉, 《한국의 인간상》 1, 신구문화사, 1965
- 강성조, 〈계정 민영환 연구〉, 《관동사학》 2, 1984
- 강창석, 〈통감부 연구〉, 《부산사학》 8·13 및 14·15합집, 1987·1988
- 최영희, 〈을사조약체결을 전후한 한국민의 항일투쟁〉, 《사총》 12·13합집, 1968
- 윤병석, 〈십삼도창의군의 결성〉, 《사학연구》 36, 1983
- 이동우, 〈한말의병에 대하여〉, 《군사》 2, 1981
- 윤덕한, 《이완용 평전》, 길, 2012
- 조재곤, 《민영환》, 역사공간, 2014

13장 빼앗긴 땅, 정신만은 지키리라 (신채호 vs 백남운)

- 강만길, 《한국현대사》, 창작과비평사, 1984
- 한국역사연구회, 《한국역사》, 역사비평사, 1992
- 구로역사연구소, 《바로 보는 우리 역사》, 거름, 1990
- 김운태, 《일본제국주의의 한국통치》, 박영사, 1986
- 박경식, 《일본제국주의의 조선지배》, 청아출판사, 1986
- 국사편찬위원회, 《한국사》 21·22, 1976
- 이기백, 《민족과 역사》, 일조각, 1971
- 이우성·강만길 편, 《한국의 역사인식》, 창작과비평사, 1976
- 신일철, 《신채호의 역사사상연구》, 고려대학교출판부, 1981
- 이만열, 《단재 신채호의 역사학연구》, 문학과지성사, 1990

- 강진철, 《한국사회의 역사상》, 일지사, 1992
- 방기중, 《한국근현대사상사연구 : 1930·40년대 백남운의 학문과 정치경제사상》, 역사비평사, 1992
- 심지연, 〈백남운의 역사의식과 정치노선 분석〉, 《한국과 국제정치》 10, 1989
- 임영태, 〈북으로 간 맑스주의 역사학자와 사회경제사학자들〉, 《역사비평》, 1989년 가을호
- 최홍규, 《신채호의 역사학과 민족운동》, 일지사, 2005
- 신일철, 《신채호의 역사사상 연구》, 고려대학교출판부, 2007
- 충남대학교 충청문화연구소, 《단재 신채호의 사상과 민족운동》, 경인문화사, 2010
- 김삼웅, 《단재 신채호 평전》, 시대의창, 2011
- 이호룡, 《신채호》, 역사공간, 2013

14장 신념가와 야심가, 조국의 운명은? (김구 vs 이승만)

- 강만길, 《한국현대사》, 창작과비평사, 1984
- 구로역사연구소, 《바로보는 우리 역사》, 거름, 1990
- 한국역사연구회, 《한국역사》, 역사비평사, 1992
- 박영석, 《한민족독립운동사연구》, 일조각, 1982
- 동아일보사, 《3·1운동50주년기념론집》, 1969
- 서대숙, 《한국 공산주의 운동사 연구》, 화다, 1985
- 조동걸, 《일제하 한국농민운동사》, 한길사, 1979
- 이현희, 《대한민국임시정부사》, 집문당, 1982
- 박영석, 《재만한인독립운동사연구》, 일조각, 1988
- 조순승 외, 《한국분단사》, 형성사, 1982
- 송남헌, 《해방삼년사》, 까치, 1985.
- 손충무, 《상하이임시정부와 백범 김구》, 범우사, 1976
- 송건호 외, 《해방전후사의 인식》, 한길사, 1979
- 서정주, 《우남이승만전》, 화산문화기획, 1995
- 윤병석, 〈1910년대의 한국독립운동시론〉, 《사학연구》 27, 1977
- 서중석, 〈이승만 대통령과 한국 민족주의〉, 《한국민족주의론》 2, 1983
- 강정구, 〈이승만에 대한 민족사적 평가〉, 《한국사연구》 88, 1995
- 서대숙, 〈김일성의 권력장악과정 : 1945~1948〉, 《한국현대사의 재조명》, 돌베개, 1982
- 김구 지음, 도진순 옮김, 《백범일지》, 돌베개, 2005
- 이주영, 《이승만 평전》, 살림, 2015

시대별 왕계표

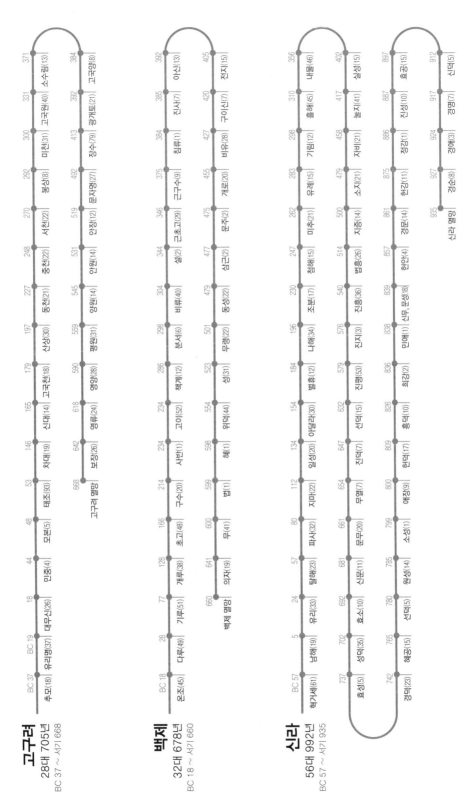

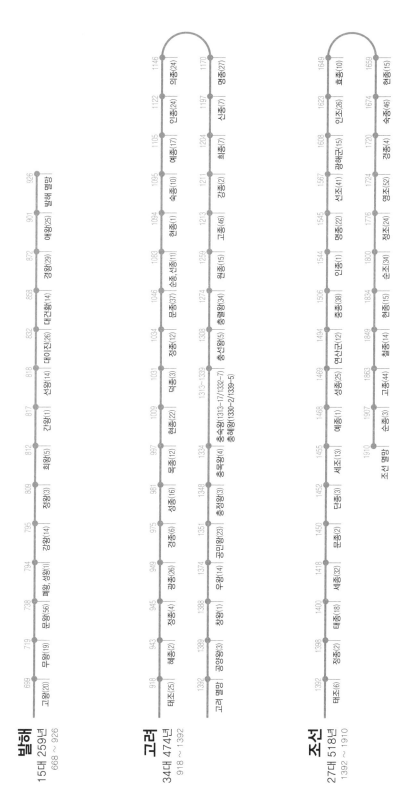

발해
15대 259년
668 ~ 926

고려
34대 474년
918 ~ 1392

조선
27대 518년
1392 ~ 1910

인물로 만나는
라이벌 한국사

초판 1쇄 발행 2007년 12월 7일
개정1판 1쇄 발행 2015년 11월 30일
개정2판 1쇄 발행 2025년 4월 10일

지은이 김갑동
펴낸이 이범상
펴낸곳 (주)비전비엔피 · 애플북스

기획편집 차재호 김승희 김혜경 한윤지 박성아 신은정
디자인 김혜림 이민선 인주영
마케팅 이성호 이병준 문세희 이유빈
전자책 김희정 안상희 김낙기
관리 이다정
인쇄 위프린팅

주소 우)04034 서울시 마포구 잔다리로7길 12 (서교동)
전화 02)338-2411 | **팩스** 02)338-2413
홈페이지 www.visionbp.co.kr
인스타그램 www.instagram.com/visionbnp
이메일 visioncorea@naver.com
원고투고 editor@visionbp.co.kr

등록번호 제313-2007-000012호

ISBN 979-11-92641-81-2 03900